U0165044

皇极经世书

[宋]邵雍 ／著　　郭彧　于天宝 ／点校

下

一 声	血血血血	开宰爱〇	
	血血血血	回每退〇	
	血血血血	良两向〇	
二 音	血血血血	光广况〇	
二 声	血血血血	丁井亘〇	
	血血血血	兄永莹〇	
	血血血血	千典旦〇	
二 音	血血血血	元犬半〇	
三 声	血血血血	臣引艮〇	
	血血血血	君允巽〇	
	血血血血	刀早孝岳	
二 音	血血血血	毛宝报霍	
四 声	血血血血	牛斗奏六	
	血血血血	〇〇〇玉	
	血血血血	妻子四日	
二 音	血血血血	衰〇帅骨	
五 声	血血血血	〇〇〇德	
	血血血血	龟水贵北	
	血血血血	宫孔众〇	
二 音	血血血血	龙甬用〇	
六 声	血血血血	鱼鼠去〇	
	血血血血	乌虎兔〇	
	血血血血	心审禁〇	
二 音	血血血血	〇〇〇十	
七 声	血血血血	男坎欠〇	
	血血血血	〇〇〇妾	
	血血血血	●●●●	
二 音	血血血血	●●●●	

一 声	■叉赤■	舌舌舌舌	
	■崇辰■	舌舌舌舌	
	■卓中■	舌舌舌舌	
十二音	■宅直■	舌舌舌舌	
一 声	■坼丑■	舌舌舌舌	
	■茶呈■	舌舌舌舌	

入声辟唱吕一之二

	古甲九癸	〇〇〇〇	
一 音	□□近揆	〇〇〇〇	
二 声	坤巧丘弃	〇〇〇〇	
	□□乾虬	〇〇〇〇	
	黑花香血	〇〇〇〇	
二 音	黄华雄贤	〇〇〇〇	
二 声	五瓦仰□	〇〇〇〇	
	吾牙月尧	〇〇〇〇	
	安亚乙一	〇〇〇〇	
三 音	□爻王寅	〇〇〇〇	
二 声	母马美米	〇〇〇〇	
	目皃眉民	〇〇〇〇	
	夫法□飞	〇〇〇〇	
四 音	父凡□吠	〇〇〇〇	
二 声	武晚□尾	〇〇〇〇	
	文万□未	〇〇〇〇	
	卜百丙必	〇〇〇〇	
五 音	步白葡鼻	〇〇〇〇	
二 声	普朴品匹	〇〇〇〇	
	旁排平瓶	〇〇〇〇	
	东丹帝■	〇〇〇〇	
六 音	兑大弟■	〇〇〇〇	

八 声	血血血血	●●●●	二 声	土贪天■	○○○○
	血血血血	●●●●		同覃田■	○○○○
	血血血血	●●●●		乃妳女■	○○○○
二 音	血血血血	●●●●	七 音	内南年■	○○○○
九 声	血血血血	●●●●	二 声	老冷吕■	○○○○
	血血血血	●●●●		鹿荤离■	○○○○
	血血血血	●●●●		走哉足■	○○○○
二 音	血血血血	●●●●	八 音	自在匠■	○○○○
十 声	血血血血	●●●●	二 声	草采七■	○○○○
	血血血血	●●●●		曹才全■	○○○○

闭音清和律一之三

	———	多可个舌		思三星■	○○○○
三 音	———	禾火化八	九 音	寺□象■	○○○○
一 声	———	开宰爱○	二 声	□□□■	○○○○
	———	回每退○		□□□■	○○○○
	———	良两向○		■山手■	○○○○
三 音	———	光广况○	十 音	■士石■	○○○○
二 声	———	丁井亘○	二 声	■□耳■	○○○○
	———	兄永莹○		■□二■	○○○○
	———	千典旦○		■庄震■	○○○○
三 音	———	元犬半○	十一音	■乍□■	○○○○
三 声	———	臣引艮○	二 声	■叉赤■	○○○○
	———	君允巽○		■崇辰■	○○○○
	———	刀早孝岳		■卓中■	○○○○
三 音	———	毛宝报霍	十二音	■宅直■	○○○○
四 声	———	牛斗奏六	二 声	■坼丑■	○○○○
	———	○○○玉		■茶呈■	○○○○

入声辟唱吕一之三

	古甲九癸	〇〇〇〇
一音	□□近揆	〇〇〇〇
三声	坤巧丘弃	〇〇〇〇
	□□乾虬	〇〇〇〇
	黑花香血	〇〇〇〇
二音	黄华雄贤	〇〇〇〇
三声	五瓦仰□	〇〇〇〇
	吾牙月尧	〇〇〇〇
	安亚乙一	〇〇〇〇
三音	□爻王寅	〇〇〇〇
三声	母马美米	〇〇〇〇
	目兑眉民	〇〇〇〇
	夫法□飞	〇〇〇〇
四音	父凡□吠	〇〇〇〇
三声	武晚□尾	〇〇〇〇
	文万□未	〇〇〇〇
	卜百丙必	〇〇〇〇
五音	步白葡鼻	〇〇〇〇
三声	普朴品匹	〇〇〇〇
	旁排平瓶	〇〇〇〇
	东丹帝■	〇〇〇〇
六音	兑大弟■	〇〇〇〇
三声	土贪天■	〇〇〇〇
	同覃田■	〇〇〇〇
	乃妳女■	〇〇〇〇
七音	内南年■	〇〇〇〇

	一一一一	妻子四日
三音	一一一一	衰〇帅骨
五声	一一一一	〇〇〇德
	一一一一	龟水贵北
	一一一一	宫孔众〇
三音	一一一一	龙甬用〇
六声	一一一一	鱼鼠去〇
	一一一一	乌虎兔〇
	一一一一	心审禁〇
三音	一一一一	〇〇〇十
七声	一一一一	男坎欠〇
	一一一一	〇〇〇妾
	一一一一	●●●●
三音	一一一一	●●●●
八声	一一一一	●●●●
	一一一一	●●●●
	一一一一	●●●●
三音	一一一一	●●●●
九声	一一一一	●●●●
	一一一一	●●●●
	一一一一	●●●●
三音	一一一一	●●●●
十声	一一一一	●●●●
	一一一一	●●●●

闭音清和律一之四

	飞飞飞飞	多可个舌
四音	飞飞飞飞	禾火化八

一　声　飞飞飞飞　开宰爱〇
　　　　飞飞飞飞　回每退〇
　　　　飞飞飞飞　良两向〇
四　音　飞飞飞飞　光广况〇
二　声　飞飞飞飞　丁井亘〇
　　　　飞飞飞飞　兄永莹〇
　　　　飞飞飞飞　千典旦〇
四　音　飞飞飞飞　元犬半〇
三　声　飞飞飞飞　臣引艮〇
　　　　飞飞飞飞　君允巽〇
　　　　飞飞飞飞　刀早孝岳
四　音　飞飞飞飞　毛宝报霍
四　声　飞飞飞飞　牛斗奏六
　　　　飞飞飞飞　〇〇〇玉
　　　　飞飞飞飞　妻子四日
四　音　飞飞飞飞　衰〇帅骨
五　声　飞飞飞飞　〇〇〇德
　　　　飞飞飞飞　龟水贵北
　　　　飞飞飞飞　宫孔众〇
四　音　飞飞飞飞　龙甬用〇
六　声　飞飞飞飞　鱼鼠去〇
　　　　飞飞飞飞　乌虎兔〇
　　　　飞飞飞飞　心审禁〇
四　音　飞飞飞飞　〇〇〇十
七　声　飞飞飞飞　男坎欠〇
　　　　飞飞飞飞　〇〇〇姜
　　　　飞飞飞飞　●●●●
四　音　飞飞飞飞　●●●●

三　声　老冷吕■　〇〇〇〇
　　　　鹿荤离■　〇〇〇〇
　　　　走哉足■　〇〇〇〇
八　音　自在匠■　〇〇〇〇
三　声　草采七■　〇〇〇〇
　　　　曹才全■　〇〇〇〇
　　　　思三星■　〇〇〇〇
九　音　寺□象■　〇〇〇〇
三　声　□□□■　〇〇〇〇
　　　　□□□■　〇〇〇〇
　　　　■山手■　〇〇〇〇
十　音　■士石■　〇〇〇〇
三　声　■□耳■　〇〇〇〇
　　　　■□二■　〇〇〇〇
　　　　■庄震■　〇〇〇〇
十一音　■乍□■　〇〇〇〇
三　声　■叉赤■　〇〇〇〇
　　　　■崇辰■　〇〇〇〇
　　　　■卓中■　〇〇〇〇
十二音　■宅直■　〇〇〇〇
三　声　■圻丑■　〇〇〇〇
　　　　■茶呈■　〇〇〇〇

入声辟唱吕一之四

　　　　古甲九癸　岳岳岳岳
一　音　□□近揆　岳岳岳岳
四　声　坤巧丘弃　岳岳岳岳
　　　　□□乾虬　岳岳岳岳
　　　　黑花香血　岳岳岳岳
二　音　黄华雄贤　岳岳岳岳

八　声　飞飞飞飞　●●●●
　　　　飞飞飞飞　●●●●
　　　　飞飞飞飞　●●●●
四　音　飞飞飞飞　●●●●
九　声　飞飞飞飞　●●●●
　　　　飞飞飞飞　●●●●
　　　　飞飞飞飞　●●●●
四　音　飞飞飞飞　●●●●
十　声　飞飞飞飞　●●●●
　　　　飞飞飞飞　●●●●

闭音清和律一之五

五　音　必必必必　多可个舌
一　声　必必必必　禾火化八
　　　　必必必必　开宰爱○
　　　　必必必必　回每退○

五　音　必必必必　良两向○
二　声　必必必必　光广况○
　　　　必必必必　丁井亘○
　　　　必必必必　兄永莹○

五　音　必必必必　千典旦○
三　声　必必必必　元犬半○
　　　　必必必必　臣引艮○
　　　　必必必必　君允巽○

五　音　必必必必　刀早孝岳
四　声　必必必必　毛宝报霍
　　　　必必必必　牛斗奏六
　　　　必必必必　○○○玉

五　音　必必必必　妻子四日
　　　　必必必必　衰○帅骨

四　声　五瓦仰□　岳岳岳岳
　　　　吾牙月尧　岳岳岳岳
　　　　安亚乙一　岳岳岳岳
三　音　□爻王寅　岳岳岳岳
四　声　母马美米　岳岳岳岳
　　　　目皃眉民　岳岳岳岳
　　　　夫法□飞　岳岳岳岳
四　音　父凡□吠　岳岳岳岳
四　声　武晚□尾　岳岳岳岳
　　　　文万□未　岳岳岳岳

五　音　卜百丙必　岳岳岳岳
四　声　步白葡鼻　岳岳岳岳
　　　　普朴品匹　岳岳岳岳
　　　　旁排平瓶　岳岳岳岳

六　音　东丹帝■　岳岳岳岳
四　声　兑大弟■　岳岳岳岳
　　　　土贪天■　岳岳岳岳
　　　　同覃田■　岳岳岳岳

七　音　乃妳女■　岳岳岳岳
四　声　内南年■　岳岳岳岳
　　　　老冷吕■　岳岳岳岳
　　　　鹿荦离■　岳岳岳岳

八　音　走哉足■　岳岳岳岳
四　声　自在匠■　岳岳岳岳
　　　　草采七■　岳岳岳岳
　　　　曹才全■　岳岳岳岳

九　音　思三星■　岳岳岳岳
　　　　寺□象■　岳岳岳岳

五 声	必必必必	○○○德	
	必必必必	龟水贵北	
	必必必必	宫孔众○	
五 音	必必必必	龙甬用○	
六 声	必必必必	鱼鼠去○	
	必必必必	乌虎兔○	
	必必必必	心审禁○	
五 音	必必必必	○○○十	
七 声	必必必必	男坎欠○	
	必必必必	○○○妾	
	必必必必	●●●●	
五 音	必必必必	●●●●	
八 声	必必必必	●●●●	
	必必必必	●●●●	
五 音	必必必必	●●●●	
九 声	必必必必	●●●●	
	必必必必	●●●●	
五 音	必必必必	●●●●	
十 声	必必必必	●●●●	
	必必必必	●●●●	

闭音清和律一之六

六 音	■■■■	多可个舌	
一 声	■■■■	禾火化八	
	■■■■	开宰爱○	
	■■■■	回每退○	

四 声	□□□■	岳岳岳岳	
	□□□■	岳岳岳岳	
	■山手■	岳岳岳岳	
十 音	■士石■	岳岳岳岳	
四 声	■□耳■	岳岳岳岳	
	■□二■	岳岳岳岳	
	■庄震■	岳岳岳岳	
十一音	■乍□■	岳岳岳岳	
四 声	■叉赤■	岳岳岳岳	
	■崇辰■	岳岳岳岳	
	■卓中■	岳岳岳岳	
十二音	■宅直■	岳岳岳岳	
四 声	■坼丑■	岳岳岳岳	
	■茶呈■	岳岳岳岳	

入声辟唱吕一之五

	古甲九癸	日日日日	
一 音	□□近揆	日日日日	
五 声	坤巧丘弃	日日日日	
	□□乾虬	日日日日	
	黑花香血	日日日日	
二 音	黄华雄贤	日日日日	
五 声	五瓦仰□	日日日日	
	吾牙月尧	日日日日	
	安亚乙一	日日日日	
三 音	□爻王寅	日日日日	
五 声	母马美米	日日日日	
	目皃眉民	日日日日	

六音二声	■■■■ 良两向○
	■■■■ 光广况○
	■■■■ 丁井亘○
	■■■■ 兄永莹○
六音三声	■■■■ 千典旦○
	■■■■ 元犬半○
	■■■■ 臣引艮○
	■■■■ 君允巽○
六音四声	■■■■ 刀早孝岳
	■■■■ 毛宝报霍
	■■■■ 牛斗奏六
	■■■■ ○○○玉
六音五声	■■■■ 妻子四日
	■■■■ 衰○帅骨
	■■■■ ○○○德
	■■■■ 龟水贵北
六音六声	■■■■ 宫孔众○
	■■■■ 龙甬用○
	■■■■ 鱼鼠去○
	■■■■ 乌虎兔○
六音七声	■■■■ 心审禁○
	■■■■ ○○○十
	■■■■ 男坎欠○
	■■■■ ○○○妾
六音八声	■■■■ ●●●●
	■■■■ ●●●●
	■■■■ ●●●●
	■■■■ ●●●●

四音五声	夫法□飞 日日日日
	父凡□吠 日日日日
	武晚□尾 日日日日
	文万□未 日日日日
五音五声	卜百丙必 日日日日
	步白葡鼻 日日日日
	普朴品匹 日日日日
	旁排平瓶 日日日日
六音五声	东丹帝■ 日日日日
	兑大弟■ 日日日日
	土贪天■ 日日日日
	同覃田■ 日日日日
七音五声	乃妳女■ 日日日日
	内南年■ 日日日日
	老冷吕■ 日日日日
	鹿荦离■ 日日日日
八音五声	走哉足■ 日日日日
	自在匠■ 日日日日
	草采七■ 日日日日
	曹才全■ 日日日日
九音五声	思三星■ 日日日日
	寺□象■ 日日日日
	□□□■ 日日日日
	□□□■ 日日日日
十音五声	■山手■ 日日日日
	■土石■ 日日日日
	■□耳■ 日日日日
	■□二■ 日日日日

六音 九声	■■■■ ●●●● ■■■■ ●●●● ■■■■ ●●●● ■■■■ ●●●●	十一音 五声	■庄震■ 日日日日 ■乍□■ 日日日日 ■叉赤■ 日日日日 ■崇辰■ 日日日日
六音 十声	■■■■ ●●●● ■■■■ ●●●● ■■■■ ●●●●	十二音 五声	■卓中■ 日日日日 ■宅直■ 日日日日 ■坼丑■ 日日日日 ■茶呈■ 日日日日

闭音清和律一之七　　　入声辟唱吕一之六

七音 一声	■■■■ 多可个舌 ■■■■ 禾火化八 ■■■■ 开宰爱○ ■■■■ 回每退○	一音 六声	古甲九癸 ○○○○ □□近揆 ○○○○ 坤巧丘弃 ○○○○ □□乾虬 ○○○○
七音 二声	■■■■ 良两向○ ■■■■ 光广况 ■■■■ 丁井亘○ ■■■■ 兄永莹○	二音 六声	黑花香血 ○○○○ 黄华雄贤 ○○○○ 五瓦仰□ ○○○○ 吾牙月尧 ○○○○
七音 三声	■■■■ 千典旦○ ■■■■ 元犬半○ ■■■■ 臣引艮○ ■■■■ 君允巽○	三音 六声	安亚乙一 ○○○○ □爻王寅 ○○○○ 母马美米 ○○○○ 目兒眉民 ○○○○
七音 四声	■■■■ 刀早孝岳 ■■■■ 毛宝报霍 ■■■■ 牛斗奏六 ■■■■ ○○○玉	四音 六声	夫法□飞 ○○○○ 父凡□吠 ○○○○ 武晚□尾 ○○○○ 文万□未 ○○○○
七音 五声	■■■■ 妻子四日 ■■■■ 衰○帅骨 ■■■■ ○○○德 ■■■■ 龟水贵北	五音 六声	卜百丙必 ○○○○ 步白葡鼻 ○○○○ 普朴品匹 ○○○○ 旁排平瓶 ○○○○

左

七音
六声
- ■■■■ 宫孔众○
- ■■■■ 龙甬用○
- ■■■■ 鱼鼠去○
- ■■■■ 乌虎兔○

七音
七声
- ■■■■ 心审禁○
- ■■■■ ○○○十
- ■■■■ 男坎欠○
- ■■■■ ○○○妾

七音
八声
- ■■■■ ●●●●
- ■■■■ ●●●●
- ■■■■ ●●●●
- ■■■■ ●●●●

七音
九声
- ■■■■ ●●●●
- ■■■■ ●●●●
- ■■■■ ●●●●

七音
十声
- ■■■■ ●●●●
- ■■■■ ●●●●
- ■■■■ ●●●●

闭音清和律一之八

八音
一声
- ■■■■ 多可个舌
- ■■■■ 禾火化八
- ■■■■ 开宰爱○
- ■■■■ 回每退○

八音
二声
- ■■■■ 良两向○
- ■■■■ 光广况○
- ■■■■ 丁井亘○
- ■■■■ 兄永莹○

右

六音
六声
- 东丹帝■ ○○○○
- 兑大弟■ ○○○○
- 土贪天■ ○○○○
- 同覃田■ ○○○○

七音
六声
- 乃妳女■ ○○○○
- 内南年■ ○○○○
- 老冷吕■ ○○○○
- 鹿荦离■ ○○○○

八音
六声
- 走哉足■ ○○○○
- 自在匠■ ○○○○
- 草采七■ ○○○○
- 曹才全■ ○○○○

九音
六声
- 思三星■ ○○○○
- 寺□象■ ○○○○
- □□□■ ○○○○
- □□□■ ○○○○

十音
六声
- ■山手■ ○○○○
- ■士石■ ○○○○
- ■□耳■ ○○○○
- ■□二■ ○○○○

十一音
六声
- ■庄震■ ○○○○
- ■乍□■ ○○○○
- ■叉赤■ ○○○○
- ■崇辰■ ○○○○

十二音
六声
- ■卓中■ ○○○○
- ■宅直■ ○○○○
- ■坼丑■ ○○○○
- ■茶呈■ ○○○○

八音三声	■■■■ 千典旦○	一音七声	古甲九癸 ○○○○
	■■■■ 元犬半○		□□近揆 ○○○○
	■■■■ 臣引艮○		坤巧丘弃 ○○○○
	■■■■ 君允巽○		□□乾虬 ○○○○
八音四声	■■■■ 刀早孝岳	二音七声	黑花香血 ○○○○
	■■■■ 毛宝报霍		黄华雄贤 ○○○○
	■■■■ 牛斗奏六		五瓦仰□ ○○○○
	■■■■ ○○○玉		吾牙月尧 ○○○○
八音五声	■■■■ 妻子四日	三音七声	安亚乙一 ○○○○
	■■■■ 衰○帅骨		□爻王寅 ○○○○
	■■■■ ○○○德		母马美米 ○○○○
	■■■■ 龟水贵北		目兒眉民 ○○○○
八音六声	■■■■ 宫孔众○	四音七声	夫法□飞 ○○○○
	■■■■ 龙甫用○		父凡□吠 ○○○○
	■■■■ 鱼鼠去○		武晚□尾 ○○○○
	■■■■ 乌虎兔○		文万□未 ○○○○
八音七声	■■■■ 心审禁○	五音七声	卜百丙必 ○○○○
	■■■■ ○○○十		步白葡鼻 ○○○○
	■■■■ 男坎欠○		普朴品匹 ○○○○
	■■■■ ○○○妾		旁排平瓶 ○○○○
八音八声	■■■■ ●●●●	六音七声	东丹帝■ ○○○○
	■■■■ ●●●●		兑大弟■ ○○○○
	■■■■ ●●●●		土贪天■ ○○○○
	■■■■ ●●●●		同覃田■ ○○○○
八音九声	■■■■ ●●●●	七音七声	乃妳女■ ○○○○
	■■■■ ●●●●		内南年■ ○○○○
	■■■■ ●●●●		老冷吕■ ○○○○
			鹿荦离■ ○○○○

八　音　■■■■　●●●●
十　声　■■■■　●●●●
　　　　■■■■　●●●●

八　音　走哉足■　○○○○
七　声　自在匠　○○○○
　　　　草采七■　○○○○
　　　　曹才全■　○○○○

闭音清和律一之九

九　音　■■■■　多可个舌
一　声　■■■■　禾火化八
　　　　■■■■　开宰爱○
　　　　■■■■　回每退○

九　音　思三星■　○○○○
七　声　寺□象　○○○○
　　　　□□□　○○○○
　　　　□□□　○○○○

九　音　■■■■　良两向○
二　声　■■■■　光广况○
　　　　■■■■　丁井亘○
　　　　■■■■　兄永莹○

十　音　■山手■　○○○○
七　声　■士石■　○○○○
　　　　■□耳　○○○○
　　　　■□二　○○○○

九　音　■■■■　千典旦○
三　声　■■■■　元犬半○
　　　　■■■■　臣引艮○
　　　　■■■■　君允巽○

十一音　■庄震■　○○○○
七　声　■乍□□　○○○○
　　　　■叉赤■　○○○○
　　　　■崇辰■　○○○○

九　音　■■■■　刀早孝岳
四　声　毛宝报霍　■■■■
　　　　■■■■　牛斗奏六
　　　　■■■■　○○○玉

十二音　■卓中　○○○○
七　声　■宅直　○○○○
　　　　■坼丑　○○○○
　　　　■茶呈■　○○○○

入声辟唱吕一之八

九　音　■■■■　妻子四日
五　声　■■■■　衰○帅骨
　　　　■■■■　○○○德
　　　　■■■■　龟水贵北

一　音　古甲九癸　●●●●
八　声　□□近揆　●●●●
　　　　坤巧丘弃　●●●●
　　　　□□乾虬　●●●●

九　音　■■■■　宫孔众○
　　　　■■■■　龙甬用○

二　音　黑花香血　●●●●
　　　　黄华雄贤　●●●●

六　声　■■■■　鱼鼠去○
　　　　■■■■　乌虎兔○
　　　　■■■■　心审禁
九　音　■■■■　○○○十
七　声　■■■■　男坎欠○
　　　　■■■■　○○○妾
　　　　■■■■　●●●●
九　音　■■■■　●●●●
八　声　■■■■　●●●●
　　　　■■■■　●●●●
九　音　■■■■　●●●●
九　声　■■■■　●●●●
　　　　■■■■　●●●●
九　音　■■■■　●●●●
十　声　■■■■　●●●●
　　　　■■■■　●●●●

闭音清和律一之十

　　　　■■■■　多可个舌
十　音　■■■■　禾火化八
一　声　■■■■　开宰爱○
　　　　■■■■　回每退○
　　　　■■■■　良两向○
十　音　■■■■　光广况○
二　声　■■■■　丁井亘○
　　　　■■■■　兄永莹○
　　　　■■■■　千典旦○
十　音　■■■■　元犬半○

八　声　五瓦仰□　●●●●
　　　　吾牙月尧　●●●●
　　　　安亚乙一　●●●●
三　音　□爻王寅　●●●●
八　声　母马美米　●●●●
　　　　目兑眉民　●●●●
　　　　夫法□飞　●●●●
四　音　父凡□吠　●●●●
八　声　武晚□尾　●●●●
　　　　文万□未　●●●●
　　　　卜百丙必　●●●●
五　音　步白葡鼻　●●●●
八　声　普朴品匹　●●●●
　　　　旁排平瓶　●●●●
　　　　东丹帝■　●●●
六　音　兑大弟■　●●●
八　声　土贪天■　●●●
　　　　同覃田■　●●●●
　　　　乃妳女■　●●●●
七　音　内南年■　●●●●
八　声　老冷吕■　●●●●
　　　　鹿荦离■　●●●●
　　　　走哉足■　●●●
八　音　自在匠■　●●●
八　声　草采七■　●●●
　　　　曹才全■　●●●
　　　　思三星■　●●●●
九　音　寺□象■　●●●●

四　声　癸癸癸癸　牛斗奏六　　　　一　声　武晚□尾　舌舌舌舌
　　　　癸癸癸癸　○○○玉　　　　　　　　文万□未　舌舌舌舌
　　　　癸癸癸癸　妻子四日　　　　　　　　卜百丙必　舌舌舌舌
一　音　癸癸癸癸　衰○帅骨　　　　五　音　步白葡鼻　舌舌舌舌
五　声　癸癸癸癸　○○○德　　　　一　声　普朴品匹　舌舌舌舌
　　　　癸癸癸癸　龟水贵北　　　　　　　　旁排平瓶　舌舌舌舌
　　　　癸癸癸癸　宫孔众○　　　　　　　　东丹帝■　舌舌舌舌
一　音　癸癸癸癸　龙甫用○　　　　六　音　兑大弟■　舌舌舌舌
六　声　癸癸癸癸　鱼鼠去○　　　　一　声　土贪天■　舌舌舌舌
　　　　癸癸癸癸　乌虎兔○　　　　　　　　同覃田■　舌舌舌舌
　　　　癸癸癸癸　心审禁○　　　　　　　　乃妳女■　舌舌舌舌
一　音　癸癸癸癸　○○○十　　　　七　音　内南年■　舌舌舌舌
七　声　癸癸癸癸　男坎欠○　　　　一　声　老冷吕■　舌舌舌舌
　　　　癸癸癸癸　○○○妾　　　　　　　　鹿荦离■　舌舌舌舌
　　　　癸癸癸癸　●●●●　　　　　　　　走哉足■　舌舌舌舌
一　音　癸癸癸癸　●●●●　　　　八　音　自在匠■　舌舌舌舌
八　声　癸癸癸癸　●●●●　　　　一　声　草采七■　舌舌舌舌
　　　　癸癸癸癸　●●●●　　　　　　　　曹才全■　舌舌舌舌
　　　　癸癸癸癸　●●●●　　　　　　　　思三星■　舌舌舌舌
一　音　癸癸癸癸　●●●●　　　　九　音　寺□象■　舌舌舌舌
九　声　癸癸癸癸　●●●●　　　　一　声　□□□■　舌舌舌舌
　　　　癸癸癸癸　●●●●　　　　　　　　□□□■　舌舌舌舌
　　　　癸癸癸癸　●●●●　　　　　　　　■山手■　舌舌舌舌
一　音　癸癸癸癸　●●●●　　　　十　音　■士石■　舌舌舌舌
十　声　癸癸癸癸　●●●●　　　　一　声　■□耳■　舌舌舌舌
　　　　癸癸癸癸　●●●●　　　　　　　　■□二■　舌舌舌舌

闭音清和律一之二

　　　　血血血血　多可个舌　　　　　　　　■庄震■　舌舌舌舌
二　音　血血血血　禾火化八　　　十一音　■乍□■　舌舌舌舌

皇极经世卷第十

观物篇之四十七

辰日声入辟
　舌○○岳日
　○○●●●

辰日声七，下唱地之用音一百五十二，是谓入声辟音。入声辟音一千六十四。

石水音闭清
　癸血一飞必■
　■■■■■■

水石音五，上和天之用声一百一十二，是谓闭音清声。闭音清声五百六十。

辰日声入之一辟
闭音清和律一之一

		癸癸癸癸	多可个舌
一	音	癸癸癸癸	禾火化八
一	声	癸癸癸癸	开宰爱○
		癸癸癸癸	回每退○
		癸癸癸癸	良两向○
一	音	癸癸癸癸	光广况○
二	声	癸癸癸癸	丁井亘○
		癸癸癸癸	兄永莹○
		癸癸癸癸	千典旦○
一	音	癸癸癸癸	元犬半○
三	声	癸癸癸癸	臣引艮○
		癸癸癸癸	君允巽○
		癸癸癸癸	刀早孝岳
一	音	癸癸癸癸	毛宝报霍

石水音闭之一清
入声辟唱吕一之一

		古甲九癸	舌舌舌舌
一	音	□□近揆	舌舌舌舌
一	声	坤巧丘弃	舌舌舌舌
		□□乾虬	舌舌舌舌
		黑花香血	舌舌舌舌
二	音	黄华雄贤	舌舌舌舌
一	声	五瓦仰□	舌舌舌舌
		吾牙月尧	舌舌舌舌
		安亚乙一	舌舌舌舌
三	音	□爻王寅	舌舌舌舌
一	声	母马美米	舌舌舌舌
		目皃眉民	舌舌舌舌
		夫法□飞	舌舌舌舌
四	音	父凡□吠	舌舌舌舌

三 声	■■■■	臣引艮○
	■■■■	君允巽○
	■■■■	刀早孝岳
十 音	■■■■	毛宝报霍
四 声	■■■■	牛斗奏六
	■■■■	○○○玉
	■■■■	妻子四日
十 音	■■■■	衰○帅骨
五 声	■■■■	○○○德
	■■■■	龟水贵北
	■■■■	宫孔众○
十 音	■■■■	龙甬用○
六 声	■■■■	鱼鼠去○
	■■■■	乌虎兔○
	■■■■	心审禁○
十 音	■■■■	○○○十
七 声	■■■■	男坎欠○
	■■■■	○○○妾
	■■■■	●●●●
十 音	■■■■	●●●●
八 声	■■■■	●●●●
	■■■■	●●●●
十 音	■■■■	●●●●
九 声	■■■■	●●●●
	■■■■	●●●●
	■■■■	●●●●
十 音	■■■■	●●●●

八 声	□□□■	●●●●
	□□□■	●●●●
	■山手■	●●●●
十 音	■土石■	●●●●
八 声	■□耳■	●●●●
	■□二■	●●●●
	■庄震■	●●●●
十一音	■乍□■	●●●●
八 声	■叉赤■	●●●●
	■崇辰■	●●●●
	■卓中■	●●●●
十二音	■宅直■	●●●●
八 声	■坼丑■	●●●●
	■茶呈■	●●●●

入声辟唱吕一之九

	古甲九癸	●●●●
一 音	□□近揆	●●●●
九 声	坤巧丘弃	●●●●
	□□乾虬	●●●●
	黑花香血	●●●●
二 音	黄华雄贤	●●●●
九 声	五瓦仰□	●●●●
	吾牙月尧	●●●●
	安亚乙一	●●●●
三 音	□爻王寅	●●●●
九 声	母马美米	●●●●
	目皃眉民	●●●●
	夫法□飞	●●●●
四 音	父凡□吠	●●●●

	左	右

十　声　■■■■ ●●●●　　　　九　声　武晚□尾 ●●●●
　　　　■■■■ ●●●●　　　　　　　　文万□未 ●●●●

闭音清和律一之十一

	■■■■ 多可个舌	卜百丙必 ●●●●
十一音 ■■■■ 禾火化八	五　音 步白葡鼻 ●●●●
一　声　■■■■ 开宰爱○	九　声 普朴品匹 ●●●●
■■■■ 回每退○	旁排平瓶 ●●●●
■■■■ 良两向○	东丹帝■ ●●●●
十一音 ■■■■ 光广况○	六　音 兑大弟■ ●●●●
二　声　■■■■ 丁井亘○	九　声 土贪天■ ●●●●
■■■■ 兄永莹○	同覃田■ ●●●●
■■■■ 千典旦○	乃妳女■ ●●●●
十一音 ■■■■ 元犬半○	七　音 内南年■ ●●●●
三　声　■■■■ 臣引艮○	九　声 老冷吕■ ●●●●
■■■■ 君允巽○	鹿荦离■ ●●●●
■■■■ 刀早孝岳	走哉足■ ●●●●
十一音 ■■■■ 毛宝报霍	八　音 自在匠■ ●●●●
四　声　■■■■ 牛斗奏六	九　声 草采七■ ●●●●
■■■■ ○○○玉	曹才全■ ●●●●
■■■■ 妻子四日	思三星■ ●●●●
十一音 ■■■■ 衰○帅骨	九　音 寺□象■ ●●●●
五　声　■■■■ ○○○德	九　声 □□□■ ●●●●
■■■■ 龟水贵北	□□□■ ●●●●
■■■■ 宫孔众○	■山手■ ●●●●
十一音 ■■■■ 龙甬用○	十　音 ■士石■ ●●●●
六　声　■■■■ 鱼鼠去○	九　声 ■□耳■ ●●●●
■■■■ 乌虎兔○	■□二■ ●●●●
■■■■ 心审禁○	■庄震■ ●●●●
十一音 ■■■■ ○○○十	十一音 ■乍□■ ●●●●

七　声　■■■■　男坎欠〇
　　　　■■■■　〇〇〇妾
　　　　■■■■　●●●●
十一音　■■■■　●●●●
八　声　■■■■　●●●●
　　　　■■■■　●●●●
　　　　■■■■　●●●●
十一音　■■■■　●●●●
九　声　■■■■　●●●●
　　　　■■■■　●●●●
十一音　■■■■　●●●●
十　声　■■■■　●●●●
　　　　■■■■　●●●●

闭音清和律一之十二

　　　　■■■■　多可个舌
十二音　■■■■　禾火化八
一　声　■■■■　开宰爱〇
　　　　■■■■　回每退〇
　　　　■■■■　良两向〇
十二音　■■■■　光广况〇
二　声　■■■■　丁井亘〇
　　　　■■■■　兄永莹〇
　　　　■■■■　千典旦〇
十二音　■■■■　元犬半〇
三　声　■■■■　臣引艮〇
　　　　■■■■　君允巽〇

九　声　■叉赤■　●●●●
　　　　■崇辰■　●●●●
　　　　■卓中■　●●●●
十二音　■宅直■　●●●●
九　声　■坼丑■　●●●●
　　　　■茶呈■　●●●●

入声辟唱吕一之十

　　　　古甲九癸　●●●●
一　音　□□近揆　●●●●
十　声　坤巧丘弃　●●●●
　　　　□□乾虬　●●●●
　　　　黑花香血　●●●●
二　音　黄华雄贤　●●●●
十　声　五瓦仰□　●●●●
　　　　吾牙月尧　●●●●
　　　　安亚乙一　●●●●
三　音　□爻王寅　●●●●
十　声　母马美米　●●●●
　　　　目皃眉民　●●●●
　　　　夫法□飞　●●●●
四　音　父凡□吠　●●●●
十　声　武晚□尾　●●●●
　　　　文万□未　●●●●
　　　　卜百丙必　●●●●
五　音　步白葡鼻　●●●●
十　声　普朴品匹　●●●●
　　　　旁排平瓶　●●●●

	▦ 刀早孝岳	东丹帝■ ●●●●	
十二音 四 声	▦ 毛宝报霍	六 音 十 声	兑大弟■ ●●●●
	▦ 牛斗奏六		土贪天■ ●●●●
	▦ ○○○玉		同覃田■ ●●●●
	▦ 妻子四日		乃妳女■ ●●●●
十二音 五 声	▦ 衰○帅骨	七 音 十 声	内南年■ ●●●●
	▦ ○○○德		老冷吕■ ●●●●
	▦ 龟水贵北		鹿荦离■ ●●●●
	▦ 宫孔众○		走哉足■ ●●●●
十二音 六 声	▦ 龙甬用○	八 音 十 声	自在匠■ ●●●●
	▦ 鱼鼠去○		草采七■ ●●●●
	▦ 乌虎兔○		曹才全■ ●●●●
	▦ 心审禁○		思三星■ ●●●●
十二音 七 声	▦ ○○○十	九 音 十 声	寺□象■ ●●●●
	▦ 男坎欠○		□□□■ ●●●●
	▦ ○○○妾		□□□■ ●●●●
	▦ ●●●●		■山手■ ●●●●
十二音 八 声	▦ ●●●●	十 音 十 声	■士石■ ●●●●
	▦ ●●●●		■□耳■ ●●●●
	▦ ●●●●		■□二■ ●●●●
	▦ ●●●●		■庄震■ ●●●●
十二音 九 声	▦ ●●●●	十一音 十 声	■乍□■ ●●●●
	▦ ●●●●		■叉赤■ ●●●●
	▦ ●●●●		■崇辰■ ●●●●
	▦ ●●●●		■卓中■ ●●●●
十二音 十 声	▦ ●●●●	十二音 十 声	■宅直■ ●●●●
	▦ ●●●●		■坼丑■ ●●●●
			■茶呈■ ●●●●

观物篇之四十八

辰月声入翕
八〇〇霍骨
〇十●●●

辰月声七,下唱地之用音一百五十二,是谓入声翕音。入声翕音一千六十四。

辰月声入之二翕
闭音浊和律二之一

		揆揆揆揆	多可个舌
一	音	揆揆揆揆	禾火化八
一	声	揆揆揆揆	开宰爱〇
		揆揆揆揆	回每退〇
		揆揆揆揆	良两向〇
一	音	揆揆揆揆	光广况〇
二	声	揆揆揆揆	丁井亘〇
		揆揆揆揆	兄永莹〇
		揆揆揆揆	千典旦〇
一	音	揆揆揆揆	元犬半〇
三	声	揆揆揆揆	臣引艮〇
		揆揆揆揆	君允巽〇
		揆揆揆揆	刀早孝岳
一	音	揆揆揆揆	毛宝报霍
四	声	揆揆揆揆	牛斗奏六
		揆揆揆揆	〇〇〇玉
		揆揆揆揆	妻子四日
一	音	揆揆揆揆	衰〇帅骨

石火音闭浊
揆贤寅吷鼻■
■■■■■■

石火音五,上和天之用声一百一十二,是谓闭音浊声。闭音浊声五百六十。

石火音闭之二浊
入声翕唱吕二之一

		古甲九癸	八八八八
一	音	□□近揆	八八八八
一	声	坤巧丘弃	八八八八
		□□乾虬	八八八八
		黑花香血	八八八八
二	音	黄华雄贤	八八八八
一	声	五瓦仰□	八八八八
		吾牙月尧	八八八八
		安亚乙一	八八八八
三	音	□爻王寅	八八八八
一	声	母马美米	八八八八
		目皃眉民	八八八八
		夫法□飞	八八八八
四	音	父凡□吠	八八八八
一	声	武晚□尾	八八八八
		文万□未	八八八八
		卜百丙必	八八八八
五	音	步白葡鼻	八八八八

五　声　揆揆揆揆　○○○德　　　　　一　声　普朴品匹　八八八八
　　　　揆揆揆揆　龟水贵北　　　　　　　　　旁排平瓶　八八八八
　　　　揆揆揆揆　宫孔众○　　　　　　　　　东丹帝■　八八八八
一　音　揆揆揆揆　龙甬用○　　　　　六　音　兑大弟■　八八八八
六　声　揆揆揆揆　鱼鼠去○　　　　　一　声　土贪天■　八八八八
　　　　揆揆揆揆　乌虎兔○　　　　　　　　　同覃田■　八八八八
　　　　揆揆揆揆　心审禁○　　　　　　　　　乃妳女■　八八八八
一　音　揆揆揆揆　○○○十　　　　　七　音　内南年■　八八八八
七　声　揆揆揆揆　男坎欠○　　　　　一　声　老冷吕■　八八八八
　　　　揆揆揆揆　○○○妾　　　　　　　　　鹿荦离■　八八八八
　　　　揆揆揆揆　●●●●　　　　　　　　　走哉足■　八八八八
一　音　揆揆揆揆　●●●●　　　　　八　音　自在匠■　八八八八
八　声　揆揆揆揆　●●●●　　　　　一　声　草采七■　八八八八
　　　　揆揆揆揆　●●●●　　　　　　　　　曹才全■　八八八八
　　　　揆揆揆揆　●●●●　　　　　　　　　思三星■　八八八八
一　音　揆揆揆揆　●●●●　　　　　九　音　寺□象■　八八八八
九　声　揆揆揆揆　●●●●　　　　　一　声　□□□■　八八八八
　　　　揆揆揆揆　●●●●　　　　　　　　　□□□■　八八八八
　　　　揆揆揆揆　●●●●　　　　　　　　　■山手■　八八八八
一　音　揆揆揆揆　●●●●　　　　　十　音　■士石■　八八八八
十　声　揆揆揆揆　●●●●　　　　　一　声　■□耳■　八八八八
　　　　揆揆揆揆　●●●●　　　　　　　　　■□二■　八八八八

闭音浊和律二之二

　　　　贤贤贤贤　多可个舌　　　　　　　　　■庄震■　八八八八
二　音　贤贤贤贤　禾火化八　　　　　十一音　■乍□■　八八八八
一　声　贤贤贤贤　开宰爱○　　　　　一　声　■叉赤■　八八八八
　　　　贤贤贤贤　回每退○　　　　　　　　　■崇辰■　八八八八
　　　　贤贤贤贤　良两向○　　　　　　　　　■卓中■　八八八八
二　音　贤贤贤贤　光广况○　　　　　十二音　■宅直■　八八八八

二 声	贤贤贤贤	丁井亘○		一 声	■坼丑■	八八八八
	贤贤贤贤	兄永莹○			■茶呈■	八八八八

入声翕唱吕二之二

	贤贤贤贤	千典旦○			古甲九癸	○○○○
二 音	贤贤贤贤	元犬半○		一 音	□□近揆	○○○○
三 声	贤贤贤贤	臣引艮○		二 声	坤巧丘弃	○○○○
	贤贤贤贤	君允巽○			□□乾虬	○○○○
	贤贤贤贤	刀早孝岳			黑花香血	○○○○
二 音	贤贤贤贤	毛宝报霍		二 音	黄华雄贤	○○○○
四 声	贤贤贤贤	牛斗奏六		二 声	五瓦仰□	○○○○
	贤贤贤贤	○○○玉			吾牙月尧	○○○○
	贤贤贤贤	妻子四日			安亚乙一	○○○○
二 音	贤贤贤贤	衰○帅骨		三 音	□爻王寅	○○○○
五 声	贤贤贤贤	○○○德		二 声	母马美米	○○○○
	贤贤贤贤	龟水贵北			目皃眉民	○○○○
	贤贤贤贤	宫孔众○			夫法□飞	○○○○
二 音	贤贤贤贤	龙甬用○		四 音	父凡□吠	○○○○
六 声	贤贤贤贤	鱼鼠去○		二 声	武晚□尾	○○○○
	贤贤贤贤	乌虎兔○			文万□未	○○○○
	贤贤贤贤	心审禁○			卜百丙必	○○○○
二 音	贤贤贤贤	○○○十		五 音	步白葡鼻	○○○○
七 声	贤贤贤贤	男坎欠○		二 声	普朴品匹	○○○○
	贤贤贤贤	○○○妾			旁排平瓶	○○○○
	贤贤贤贤	●●●●			东丹帝■	○○○○
二 音	贤贤贤贤	●●●●		六 音	兑大弟■	○○○○
八 声	贤贤贤贤	●●●●		二 声	土贪天■	○○○○
	贤贤贤贤	●●●●			同覃田■	○○○○
	贤贤贤贤	●●●●			乃妳女■	○○○○
二 音	贤贤贤贤	●●●●		七 音	内南年■	○○○○

九 声	贤贤贤贤	●●●●	
	贤贤贤贤	●●●●	
	贤贤贤贤	●●●●	
二 音	贤贤贤贤	●●●●	
十 声	贤贤贤贤	●●●●	
	贤贤贤贤	●●●●	

闭音浊和律二之三

	寅寅寅寅	多可个舌
三 音	寅寅寅寅	禾火化八
一 声	寅寅寅寅	开宰爱○
	寅寅寅寅	回每退○
三 音	寅寅寅寅	良两向○
	寅寅寅寅	光广况○
二 声	寅寅寅寅	丁井亘○
	寅寅寅寅	兄永莹○
	寅寅寅寅	千典旦○
三 音	寅寅寅寅	元犬半○
三 声	寅寅寅寅	臣引艮○
	寅寅寅寅	君允巽○
	寅寅寅寅	刀早孝岳
三 音	寅寅寅寅	毛宝报霍
四 声	寅寅寅寅	牛斗奏六
	寅寅寅寅	○○○玉
	寅寅寅寅	妻子四日
三 音	寅寅寅寅	衰○帅骨
五 声	寅寅寅寅	○○○德
	寅寅寅寅	龟水贵北

二 声	老冷吕■	○○○○
	鹿荤离■	○○○○
	走哉足■	○○○○
八 音	自在匠■	○○○○
二 声	草采七■	○○○○
	曹才全■	○○○○
	思三星■	○○○○
九 音	寺□象■	○○○○
二 声	□□□■	○○○○
	□□□■	○○○○
	■山手■	○○○○
十 音	■士石■	○○○○
二 声	■□耳■	○○○○
	■□二■	○○○○
	■庄震■	○○○○
十一音	■乍□■	○○○○
二 声	■叉赤■	○○○○
	■崇辰■	○○○○
	■卓中■	○○○○
十二音	■宅直■	○○○○
二 声	■坼丑■	○○○○
	■茶呈■	○○○○

入声翕唱吕二之三

	古甲九癸	○○○○
一 音	□□近揆	○○○○
三 声	坤巧丘弃	○○○○
	□□乾虬	○○○○

三音
六声
寅寅寅寅　宫孔众〇
寅寅寅寅　龙甬用〇
寅寅寅寅　鱼鼠去〇
寅寅寅寅　乌虎兔〇

三音
七声
寅寅寅寅　心审禁〇
寅寅寅寅　〇〇〇十
寅寅寅寅　男坎欠〇
寅寅寅寅　〇〇〇妾

三音
八声
寅寅寅寅　●●●●
寅寅寅寅　●●●●
寅寅寅寅　●●●●

三音
九声
寅寅寅寅　●●●●
寅寅寅寅　●●●●
寅寅寅寅　●●●●

三音
十声
寅寅寅寅　●●●●
寅寅寅寅　●●●●

闭音浊和律二之四

四音
一声
吠吠吠吠　多可个舌
吠吠吠吠　禾火化八
吠吠吠吠　开宰爱〇
吠吠吠吠　回每退〇
吠吠吠吠　良两向〇
四音　吠吠吠吠　光广况〇

二音
三声
黑花香血　〇〇〇〇
黄华雄贤　〇〇〇〇
五瓦仰□　〇〇〇〇
吾牙月尧　〇〇〇〇

三音
三声
安亚乙一　〇〇〇〇
□爻王寅　〇〇〇〇

三音
三声
母马美米　〇〇〇〇
目皃眉民　〇〇〇〇

四音
三声
夫法□飞　〇〇〇〇
父凡□吠　〇〇〇〇
武晚□尾　〇〇〇〇
文万□未　〇〇〇〇

五音
三声
卜百丙必　〇〇〇〇
步白葡鼻　〇〇〇〇
普朴品匹　〇〇〇〇
旁排平瓶　〇〇〇〇

六音
三声
东丹帝■　〇〇〇〇
兑大弟■　〇〇〇〇
土贪天■　〇〇〇〇
同覃田■　〇〇〇〇

七音
三声
乃妳女■　〇〇〇〇
内南年■　〇〇〇〇
老冷吕■　〇〇〇〇
鹿荦离■　〇〇〇〇

八音
走哉足■　〇〇〇〇
自在匠■　〇〇〇〇

二 声	吠吠吠吠	丁井亘〇		三 声	草采七■	〇〇〇〇	
	吠吠吠吠	兄永莹〇			曹才全■	〇〇〇〇	
	吠吠吠吠	千典旦〇			思三星■	〇〇〇〇	
四 音	吠吠吠吠	元犬半〇		九 音	寺□象■	〇〇〇〇	
三 声	吠吠吠吠	臣引艮〇		三 声	□□□■	〇〇〇〇	
	吠吠吠吠	君允巽〇			□□□■	〇〇〇〇	
	吠吠吠吠	刀早孝岳			■山手■	〇〇〇〇	
四 音	吠吠吠吠	毛宝报霍		十 音	■士石■	〇〇〇〇	
四 声	吠吠吠吠	牛斗奏六		三 声	■□耳■	〇〇〇〇	
	吠吠吠吠	〇〇〇玉			■□二■	〇〇〇〇	
	吠吠吠吠	妻子四日			■庄震■	〇〇〇〇	
四 音	吠吠吠吠	衰〇帅骨		十一音	■乍□■	〇〇〇〇	
五 声	吠吠吠吠	〇〇〇德		三 声	■叉赤■	〇〇〇〇	
	吠吠吠吠	龟水贵北			■崇辰■	〇〇〇〇	
	吠吠吠吠	宫孔众〇			■卓中■	〇〇〇〇	
四 音	吠吠吠吠	龙甬用〇		十二音	■宅直■	〇〇〇〇	
六 声	吠吠吠吠	鱼鼠去〇		三 声	■坼丑■	〇〇〇〇	
	吠吠吠吠	乌虎兔〇			■茶呈■	〇〇〇〇	

入声翕唱吕二之四

	吠吠吠吠	心审禁〇	
四 音	吠吠吠吠	〇〇〇十	
七 声	吠吠吠吠	男坎欠〇	
	吠吠吠吠	〇〇〇妾	
	吠吠吠吠	●●●●	
四 音	吠吠吠吠	●●●●	
八 声	吠吠吠吠	●●●●	
	吠吠吠吠	●●●●	

	古甲九癸	霍霍霍霍
一 音	□□近揆	霍霍霍霍
四 声	坤巧丘弃	霍霍霍霍
	□□乾虬	霍霍霍霍
	黑花香血	霍霍霍霍
二 音	黄华雄贤	霍霍霍霍
四 声	五瓦仰□	霍霍霍霍
	吾牙月尧	霍霍霍霍

<table>
<tr><td>

		吠吠吠吠	●●●●
四音	吠吠吠吠	●●●●
九声	吠吠吠吠	●●●●
	吠吠吠吠	●●●●

</td></tr>
</table>

四音	吠吠吠吠	●●●●
九声	吠吠吠吠	●●●●
	吠吠吠吠	●●●●
	吠吠吠吠	●●●●
四音	吠吠吠吠	●●●●
十声	吠吠吠吠	●●●●
	吠吠吠吠	●●●●

闭音浊和律二之五

	鼻鼻鼻鼻	多可个舌
五音	鼻鼻鼻鼻	禾火化八
一声	鼻鼻鼻鼻	开宰爱○
	鼻鼻鼻鼻	回每退○
	鼻鼻鼻鼻	良两向○
五音	鼻鼻鼻鼻	光广况○
二声	鼻鼻鼻鼻	丁井亘○
	鼻鼻鼻鼻	兄永莹○
	鼻鼻鼻鼻	千典旦○
五音	鼻鼻鼻鼻	元犬半○
三声	鼻鼻鼻鼻	臣引艮○
	鼻鼻鼻鼻	君允巽○
	鼻鼻鼻鼻	刀早孝岳
五音	鼻鼻鼻鼻	毛宝报霍
四声	鼻鼻鼻鼻	牛斗奏六
	鼻鼻鼻鼻	○○○玉
	鼻鼻鼻鼻	妻子四日
五音	鼻鼻鼻鼻	衰○帅骨

	安亚乙一	霍霍霍霍
三音	□爻王寅	霍霍霍霍
四声	母马美米	霍霍霍霍
	目皃眉民	霍霍霍霍
	夫法□飞	霍霍霍霍
四音	父凡□吠	霍霍霍霍
四声	武晚□尾	霍霍霍霍
	文万□未	霍霍霍霍
	卜百丙必	霍霍霍霍
五音	步白葡鼻	霍霍霍霍
四声	普朴品匹	霍霍霍霍
	旁排平瓶	霍霍霍霍
	东丹帝■	霍霍霍霍
六音	兑大弟■	霍霍霍霍
四声	土贪天■	霍霍霍霍
	同覃田■	霍霍霍霍
	乃妳女■	霍霍霍霍
七音	内南年■	霍霍霍霍
四声	老冷吕■	霍霍霍霍
	鹿荦离■	霍霍霍霍
	走哉足■	霍霍霍霍
八音	自在匠■	霍霍霍霍
四声	草采七■	霍霍霍霍
	曹才全■	霍霍霍霍
	思三星■	霍霍霍霍
九音	寺□象■	霍霍霍霍

五 声	鼻鼻鼻鼻	○○○德
	鼻鼻鼻鼻	龟水贵北
	鼻鼻鼻鼻	宫孔众○
五 音	鼻鼻鼻鼻	龙甬用○
六 声	鼻鼻鼻鼻	鱼鼠去○
	鼻鼻鼻鼻	乌虎兔○
	鼻鼻鼻鼻	心审禁○
五 音	鼻鼻鼻鼻	○○○十
七 声	鼻鼻鼻鼻	男坎欠○
	鼻鼻鼻鼻	○○○妾
	鼻鼻鼻鼻	●●●●
五 音	鼻鼻鼻鼻	●●●●
八 声	鼻鼻鼻鼻	●●●●
	鼻鼻鼻鼻	●●●●
	鼻鼻鼻鼻	●●●●
五 音	鼻鼻鼻鼻	●●●●
九 声	鼻鼻鼻鼻	●●●●
	鼻鼻鼻鼻	●●●●
	鼻鼻鼻鼻	●●●●
五 音	鼻鼻鼻鼻	●●●●
十 声	鼻鼻鼻鼻	●●●●
	鼻鼻鼻鼻	●●●●

闭音浊和律二之六

	■■■□	多可个舌
六 音	■■■□	禾火化八
一 声	■■■□	开宰爱○
	■■■□	回每退○

四 声	□□□■	霍霍霍霍
	□□□■	霍霍霍霍
	■山手■	霍霍霍霍
十 音	■士石■	霍霍霍霍
四 声	■□耳■	霍霍霍霍
	■□二■	霍霍霍霍
	■庄震■	霍霍霍霍
十一音	■乍□■	霍霍霍霍
四 声	■叉赤■	霍霍霍霍
	■崇辰■	霍霍霍霍
	■卓中■	霍霍霍霍
十二音	■宅直■	霍霍霍霍
四 声	■坼丑■	霍霍霍霍
	■茶呈■	霍霍霍霍

入声翕唱吕二之五

	古甲九癸	骨骨骨骨
一 音	□□近揆	骨骨骨骨
五 声	坤巧丘弃	骨骨骨骨
	□□乾虬	骨骨骨骨
	黑花香血	骨骨骨骨
二 音	黄华雄贤	骨骨骨骨
五 声	五瓦仰□	骨骨骨骨
	吾牙月尧	骨骨骨骨
	安亚乙一	骨骨骨骨
三 音	□爻王寅	骨骨骨骨
五 声	母马美米	骨骨骨骨
	目皃眉民	骨骨骨骨

	■■■■	良两向○	
六音	■■■■	光广况○	
二声	■■■■	丁井亘○	
	■■■■	兄永莹○	
	■■■■	千典旦○	
六音	■■■■	元犬半○	
三声	■■■■	臣引艮○	
	■■■■	君允巽○	
	■■■■	刀早孝岳	
六音	■■■■	毛宝报霍	
四声	■■■■	牛斗奏六	
	■■■■	○○○玉	
	■■■■	妻子四日	
六音	■■■■	衰○帅骨	
五声	■■■■	○○○德	
	■■■■	龟水贵北	
	■■■■	宫孔众○	
六音	■■■■	龙甬用○	
六声	■■■■	鱼鼠去○	
	■■■■	乌虎兔○	
	■■■■	心审禁○	
六音	■■■■	○○○十	
七声	■■■■	男坎欠○	
	■■■■	○○○妾	
	■■■■	●●●●	
六音	■■■■	●●●●	
八声	■■■■	●●●●	

		夫法□飞	骨骨骨骨
四音		父凡□吠	骨骨骨骨
五声		武晚□尾	骨骨骨骨
		文万□未	骨骨骨骨
		卜百丙必	骨骨骨骨
五音		步白葡鼻	骨骨骨骨
五声		普朴品匹	骨骨骨骨
		旁排平瓶	骨骨骨骨
		东丹帝■	骨骨骨骨
六音		兑大弟■	骨骨骨骨
五声		土贪天■	骨骨骨骨
		同覃田■	骨骨骨骨
		乃妳女■	骨骨骨骨
七音		内南年■	骨骨骨骨
五声		老冷吕■	骨骨骨骨
		鹿荦离■	骨骨骨骨
		走哉足■	骨骨骨骨
八音		自在匠■	骨骨骨骨
五声		草采七■	骨骨骨骨
		曹才全■	骨骨骨骨
		思三星■	骨骨骨骨
九音		寺□象■	骨骨骨骨
五声		□□□■	骨骨骨骨
		□□□■	骨骨骨骨
		■山手■	骨骨骨骨
十音		■土石■	骨骨骨骨
五声		■□耳■	骨骨骨骨
		■□二■	骨骨骨骨

六音 九声	■■■■ ●●●●	十一音 五声	■庄震■ 骨骨骨骨
	■■■■ ●●●●		■乍□■ 骨骨骨骨
	■■■■ ●●●●		■叉赤■ 骨骨骨骨
	■■■■ ●●●●		■崇辰■ 骨骨骨骨
六音 十声	■■■■ ●●●●	十二音 五声	■卓中■ 骨骨骨骨
	■■■■ ●●●●		■宅直■ 骨骨骨骨
	■■■■ ●●●●		■坼丑■ 骨骨骨骨
	■■■■ ●●●●		■茶呈■ 骨骨骨骨

闭音浊和律二之七　　入声翕唱吕二之六

七音 一声	■■■■ 多可个舌	一音 六声	古甲九癸 〇〇〇〇
	■■■■ 禾火化八		□□近揆 〇〇〇〇
	■■■■ 开宰爱〇		坤巧丘弃 〇〇〇〇
	■■■■ 回每退〇		□□乾虬 〇〇〇〇
七音 二声	■■■■ 良两向〇	二音 六声	黑花香血 〇〇〇〇
	■■■■ 光广况〇		黄华雄贤 〇〇〇〇
	■■■■ 丁井亘〇		五瓦仰□ 〇〇〇〇
	■■■■ 兄永莹〇		吾牙月尧 〇〇〇〇
七音 三声	■■■■ 千典旦〇	三音 六声	安亚乙一 〇〇〇〇
	■■■■ 元犬半〇		□爻王寅 〇〇〇〇
	■■■■ 臣引艮〇		母马美米 〇〇〇〇
	■■■■ 君允巽〇		目皃眉民 〇〇〇〇
七音 四声	■■■■ 刀早孝岳	四音 六声	夫法□飞 〇〇〇〇
	■■■■ 毛宝报霍		父凡□吠 〇〇〇〇
	■■■■ 牛斗奏六		武晚□尾 〇〇〇〇
	■■■■ 〇〇〇玉		文万□未 〇〇〇〇
七音 五声	■■■■ 妻子四日	五音 六声	卜百丙必 〇〇〇〇
	■■■■ 衰〇帅骨		步白葡鼻 〇〇〇〇
	■■■■ 〇〇〇德		普朴品匹 〇〇〇〇
	■■■■ 龟水贵北		旁排平瓶 〇〇〇〇

	■■■■ 宫孔众○	东凡帝■ ○○○○
七音	■■■■ 龙甬用○	六音　兑大弟■ ○○○○
六声	■■■■ 鱼鼠去○	六声　土贪天■ ○○○○
	■■■■ 乌虎兔○	同覃田■ ○○○○
	■■■■ 心审禁○	乃妳女■ ○○○○
七音	■■■■ ○○○十	七音　内南年■ ○○○○
七声	■■■■ 男坎欠○	六声　老冷吕■ ○○○○
	■■■■ ○○○妾	鹿荦离■ ○○○○
	■■■■ ●●●●	走哉足■ ○○○○
七音	■■■■ ●●●●	八音　自在匠■ ○○○○
八声	■■■■ ●●●●	六声　草采七■ ○○○○
	■■■■ ●●●●	曹才全■ ○○○○
	■■■■ ●●●●	思三星■ ○○○○
七音	■■■■ ●●●●	九音　寺□象■ ○○○○
九声	■■■■ ●●●●	六声　□□□■ ○○○○
	■■■■ ●●●●	□□□■ ○○○○
	■■■■ ●●●●	■山手■ ○○○○
七音	■■■■ ●●●●	十音　■士石■ ○○○○
十声	■■■■ ●●●●	六声　■□耳■ ○○○○
	■■■■ ●●●●	■□二■ ○○○○

闭音浊和律二之八

	■■■■ 多可个舌	■庄震■ ○○○○
八音	■■■■ 禾火化八	十一音　■乍□■ ○○○○
一声	■■■■ 开宰爱○	六声　　■叉赤■ ○○○○
	■■■■ 回每退○	■崇辰■ ○○○○
	■■■■ 艮两向○	■卓中■ ○○○○
八音	■■■■ 光广况○	十二音　■宅直■ ○○○○
二声	■■■■ 丁井亘○	六声　　■坼丑■ ○○○○
	■■■■ 兄永莹○	■茶呈■ ○○○○

	■■■■	千典旦○
八音	■■■■	元犬半○
三声	■■■■	臣引艮○
	■■■■	君允巽○
	■■■■	刀早孝岳
八音	■■■■	毛宝报霍
四声	■■■■	牛斗奏六
	■■■■	○○○玉
	■■■■	妻子四日
八音	■■■■	衰○帅骨
五声	■■■■	○○○德
	■■■■	龟水贵北
	■■■■	宫孔众○
八音	■■■■	龙甬用○
六声	■■■■	鱼鼠去○
	■■■■	乌虎兔○
	■■■■	心审禁○
八音	■■■■	○○○十
七声	■■■■	男坎欠○
	■■■■	○○○妾
	■■■■	●●●●
八音	■■■■	●●●●
八声	■■■■	●●●●
	■■■■	●●●●
	■■■■	●●●●
八音	■■■■	●●●●
九声	■■■■	●●●●
	■■■■	●●●●

入声翕唱吕二之七

	古甲九癸	十十十十
一音	□□近揆	十十十十
七音	坤巧丘弃	十十十十
	□□乾虬	十十十十
	黑花香血	十十十十
二音	黄华雄贤	十十十十
七音	五无仰□	十十十十
	吾牙月尧	十十十十
	安亚乙一	十十十十
三音	□爻王寅	十十十十
七声	母马美米	十十十十
	目皃眉民	十十十十
	夫法□飞	十十十十
四音	父凡□吠	十十十十
七声	武晚□尾	十十十十
	文万□未	十十十十
	卜百丙必	十十十十
五音	步白精鼻	十十十十
七声	普朴品匹	十十十十
	旁排平瓶	十十十十
	东丹帝■	十十十十
六音	兑六弟■	十十十十
七声	土贪天■	十十十十
	同覃田■	十十十十
	乃妳女■	十十十十
七音	内南年■	十十十十
七声	老冷吕■	十十十十
	鹿荦离■	十十十十

八
十
音
声　■■■■　●●●●
　　　■■■■　●●●●
　　　■■■■　●●●●
　　　■■■■　●●●●

闭音浊和律二之九

九
一
音
声　■■■■　多可个舌
　　　■■■■　禾火化八
　　　■■■■　开宰爱○
　　　■■■■　回每退○

九
二
音
声　■■■■　良两向○
　　　■■■■　光广况○
　　　■■■■　丁井亘○
　　　■■■■　兄永莹○

九
三
音
声　■■■■　千典旦○
　　　■■■■　元犬半○
　　　■■■■　臣引艮○
　　　■■■■　君允巽○

九
四
音
声　■■■■　刀早孝岳
　　　■■■■　毛宝报霍
　　　■■■■　牛斗奏六
　　　■■■■　○○○玉

九
五
音
声　■■■■　妻子四日
　　　■■■■　衰○帅骨
　　　■■■■　○○○德
　　　■■■■　龟水贵北

九音　■■■■　宫孔众○
九音　■■■■　龙甬用○

八
七
音
声　走哉足■　++++
　　　自在匠■　++++
　　　草采七■　++++
　　　曹才全■　++++

九
七
音
声　思三星■　++++
　　　寺□象■　++++
　　　□□□　++++
　　　□□□　++++

十
七
音
声　■山手■　++++
　　　■士石■　++++
　　　■□耳　++++
　　　■□二　++++

十一
七
音
声　■庄震　++++
　　　■乍□　++++
　　　■叉赤■　++++
　　　■崇辰血　++++

十二
七
音
声　■卓中　++++
　　　■宅直■　++++
　　　■坼丑■　++++
　　　■茶呈■　++++

入声翕唱吕二之八

一
八
音
声　古甲九癸　●●●●
　　　□□近揆　●●●●
　　　坤巧丘弃　●●●●
　　　□□乾虬　●●●●

二音　黑花香血　●●●●
　　　黄华雄贤　●●●●

六	声	■■■■	鱼鼠去〇	八	声	五瓦仰□	●●●●
		■■■■	乌虎兔〇			吾牙月尧	●●●●
		■■■■	心审禁〇			安亚乙一	●●●●
九	音	■■■■	〇〇〇十	三	音	□爻王寅	●●●●
七	声	■■■■	男坎欠〇	八	音	母马美米	●●●●
		■■■■	〇〇〇妾			目兑眉民	●●●●
		■■■■	●●●●			夫法□飞	●●●●
九	音	■■■■	●●●●	四	音	父凡□吠	●●●●
八	声	■■■■	●●●●	八	声	武晚□尾	●●●●
		■■■■	●●●●			文万□未	●●●●
九	音	■■■■	●●●●			卜百丙必	●●●●
九	声	■■■■	●●●●	五	音	步白葡鼻	●●●●
		■■■■	●●●●	八	声	普朴品匹	●●●●
九	音	■■■■	●●●●			旁排平瓶	●●●●
十	声	■■■■	●●●●			东丹帝■	●●●●
		■■■■	●●●●	六	音	兑大弟■	●●●●

闭音浊和律二之十

				八	声	土贪天■	●●●●
		■■■■	多可个舌			同覃田■	●●●●
十	音	■■■■	禾火化八			乃妳女	●●●●
一	声	■■■■	开宰爱〇	七	音	内南年■	●●●●
		■■■■	回每退〇	八	声	老冷吕■	●●●●
		■■■■	良两向〇			鹿荤离■	●●●●
十	音	■■■■	光广况〇			走哉足	●●●●
二	声	■■■■	丁井亘〇	八	音	自在匠	●●●●
		■■■■	兄永莹〇	八	声	草采七■	●●●●
		■■■■	千典旦〇			曹才全■	●●●●
十	音	■■■■	元犬半〇			思三星■	●●●●
				九	音	寺□象■	●●●●

三 声	■■■■	臣引艮○
	■■■■	君允巽○
	■■■■	刀早孝岳
十 音	■■■■	毛宝报霍
四 声	■■■■	牛斗奏六
	■■■■	○○○玉
	■■■■	妻子四日
十 音	■■■■	衰○帅骨
五 声	■■■■	○○○德
	■■■■	龟水贵北
	■■■■	宫孔众○
十 音	■■■■	龙甬用○
六 声	■■■■	鱼鼠去○
	■■■■	乌虎兔○
	■■■■	心审禁○
十 音	■■■■	○○○十
七 声	■■■■	男坎欠○
	■■■■	○○○妾
	■■■■	●●●●
十 音	■■■■	●●●●
八 声	■■■■	●●●●
	■■■■	●●●●
十 音	■■■■	●●●●
九 声	■■■■	●●●●
	■■■■	●●●●
	■■■■	●●●●
十 音	■■■■	●●●●

八 声	□□□■	●●●●
	□□□■	●●●●
	■山手■	●●●●
十 音	■士石■	●●●●
八 声	■□耳■	●●●●
	■□二■	●●●●
	■庄震■	●●●●
十一音	■乍□■	●●●●
八 声	■叉赤■	●●●●
	■崇辰■	●●●●
	■卓中■	●●●●
十二音	■宅直■	●●●●
八 声	■坼丑■	●●●●
	■茶呈■	●●●●

入声翕唱吕二之九

	古甲九癸	●●●●
一 音	□□近揆	●●●●
九 声	坤巧丘弃	●●●●
	□□乾虬	●●●●
	黑花香血	●●●●
二 音	黄华雄贤	●●●●
九 声	五瓦仰□	●●●●
	吾牙月尧	●●●●
	安亚乙一	●●●●
三 音	□爻王寅	●●●●
九 声	母马美米	●●●●
	目皃眉民	●●●●
	夫法□飞	●●●●
四 音	父凡□吠	●●●●

十 声	■■■■		●●●●
	■■■■		●●●●

闭音浊和律二之十一

十一音	■■■■	多可个舌	
	■■■■	禾火化八	
一 声	■■■■	开宰爱○	
	■■■■	回每退○	
	■■■■	良两向○	
十一音	■■■■	光广况○	
二 声	■■■■	丁井旦○	
	■■■■	兄永莹○	
	■■■■	千典旦○	
十一音	■■■■	元犬半○	
三 声	■■■■	臣引艮○	
	■■■■	君允巽○	
	■■■■	刀早孝岳	
十一音	■■■■	毛宝报霍	
四 声	■■■■	牛斗奏六	
	■■■■	○○○玉	
	■■■■	妻子四日	
十一音	■■■■	衰○帅骨	
五 声	■■■■	○○○德	
	■■■■	龟水贵北	
	■■■■	宫孔众○	
十一音	■■■■	龙甫用○	
六 声	■■■■	鱼鼠去○	
	■■■■	乌虎兔○	
	■■■■	心审禁○	
十一音	■■■■	○○○十	

九 声	武晚□尾	●●●●
	文万□未	●●●●
	卜百丙必	●●●●
五 音	步白葡鼻	●●●●
九 声	普朴品匹	●●●●
	旁排平瓶	●●●●
	东丹帝■	●●●●
六 音	兑大弟■	●●●●
九 声	土贪天■	●●●●
	同覃田■	●●●●
	乃妳女■	●●●●
七 音	内南年■	●●●●
九 声	老冷吕■	●●●●
	鹿荦离■	●●●●
	走哉足■	●●●●
八 音	自在匠■	●●●●
九 声	草采七■	●●●●
	曹才全■	●●●●
	思三星■	●●●●
九 音	寺□象■	●●●●
九 声	□□□■	●●●●
	□□□■	●●●●
	■山手■	●●●●
十 音	■土石■	●●●●
九 声	■□耳■	●●●●
	■□二■	●●●●
	■庄震■	●●●●
十一音	■乍□■	●●●●

七 声 ▦▦▦▦ 男坎欠〇　　　　九 声 ■叉赤■ ●●●●

　　　 ▦▦▦▦ 〇〇〇姜　　　　　　　　 ■崇辰■ ●●●●

　　　 ▦▦▦▦ ●●●●　　　　　　　　　 ■卓中■ ●●●●

十一音 ▦▦▦▦ ●●●●　　　　十二音 ■宅直■ ●●●●

八 声 ▦▦▦▦ ●●●●　　　　九 声 ■坼丑■ ●●●●

　　　 ▦▦▦▦ ●●●●　　　　　　　　 ■茶呈■ ●●●●

　　　 ▦▦▦▦ ●●●●　　　　## 入声翁唱吕二之十

十一音 ▦▦▦▦ ●●●●　　　　　　　　 古甲九癸 ●●●●

九 声 ▦▦▦▦ ●●●●　　　　一 音 □□近揆 ●●●●

　　　 ▦▦▦▦ ●●●●　　　　十 声 坤巧丘弃 ●●●●

十一音 ▦▦▦▦ ●●●●　　　　　　　　 □□乾虬 ●●●●

十 声 ▦▦▦▦ ●●●●　　　　　　　　 黑花香血 ●●●●

　　　 ▦▦▦▦ ●●●●　　　　二 音 寅华雄贤 ●●●●

闭音浊和律二之十二　　　　十 声 五瓦仰□ ●●●●

　　　 ▦▦▦▦ 多可个舌　　　　　　　 吾牙月尧 ●●●●

十二音 ▦▦▦▦ 禾火化八　　　　　　　 安亚乙一 ●●●●

一 声 ▦▦▦▦ 开宰爱〇　　　　三 音 □爻王寅 ●●●●

　　　 ▦▦▦▦ 回每退〇　　　　十 声 母马美米 ●●●●

　　　 ▦▦▦▦ 良两向〇　　　　　　　 目皃眉民 ●●●●

十二音 ▦▦▦▦ 光广况〇　　　　　　　 夫法□飞 ●●●●

二 声 ▦▦▦▦ 丁井旦〇　　　　四 音 父凡□吠 ●●●●

　　　 ▦▦▦▦ 兄永莹〇　　　　十 声 武晚□尾 ●●●●

　　　 ▦▦▦▦ 千典旦〇　　　　　　　 文万□未 ●●●●

十二音 ▦▦▦▦ 元犬半〇　　　　　　　 卜百丙必 ●●●●

三 声 ▦▦▦▦ 臣引艮〇　　　　五 音 步白葡鼻 ●●●●

　　　 ▦▦▦▦ 君允巽〇　　　　十 声 普朴品匹 ●●●●

　　　　　　　　　　　　　　　　　　　 旁排平瓶 ●●●●

	■■■■	刀早孝岳	
十二音	■■■■	毛宝报霍	
四 声	■■■■	牛斗奏六	
	■■■■	○○○玉	
	■■■■	妻子四日	
十二音	■■■■	衰○帅骨	
五 声	■■■■	○○○德	
	■■■■	龟水贵北	
	■■■■	宫孔众○	
十二音	■■■■	龙甬用○	
六 声	■■■■	鱼鼠去○	
	■■■■	乌虎兔○	
	■■■■	心审禁○	
十二音	■■■■	○○○十	
七 声	■■■■	男坎欠○	
	■■■■	○○○妾	
	■■■■	●●●●	
十二音	■■■■	●●●●	
八 声	■■■■	●●●●	
	■■■■	●●●●	
	■■■■	●●●●	
十二音	■■■■	●●●●	
九 声	■■■■	●●●●	
	■■■■	●●●●	
十二音	■■■■	●●●●	
十 声	■■■■	●●●●	
	■■■■	●●●●	

	东丹帝■	●●●●	
六 音	兑大弟■	●●●●	
十 声	土贪天■	●●●●	
	同覃田■	●●●●	
	乃妳女■	●●●●	
七 音	内南年■	●●●●	
十 声	老冷吕■	●●●●	
	鹿荦离■	●●●●	
	走哉足■	●●●●	
八 音	自在匠■	●●●●	
十 声	草采七■	●●●●	
	曹才全■	●●●●	
	思三星■	●●●●	
九 音	寺□象■	●●●●	
十 声	□□□■	●●●●	
	□□□■	●●●●	
	■山手■	●●●●	
十 音	■士石■	●●●●	
十 声	■□耳■	●●●●	
	■□二■	●●●●	
	■庄震■	●●●●	
十一音	■乍□■	●●●●	
十 声	■叉赤■	●●●●	
	■崇辰■	●●●●	
	■卓中■	●●●●	
十二音	■宅直■	●●●●	
十 声	■坼丑■	●●●●	
	■茶呈■	●●●●	

观物篇之四十九

<table>
<tr><td>辰星声入辟</td><td>石土音闭清</td></tr>
<tr><td>○○○六德</td><td>弃□米尾匹■</td></tr>
<tr><td>○○●●●</td><td>■■■■■■</td></tr>
<tr><td>辰星声七，下唱地之
用音一百五十二，是
谓入声辟音。人声辟
音一千六十四。</td><td>石土音五，上和天之
用声一百一十二，是
谓闭音清声。闭音清
声五百六十。</td></tr>
<tr><td>辰星声入之三辟</td><td>石土音闭之三清</td></tr>
<tr><td>闭音清和律三之一</td><td>入声辟唱吕三之一</td></tr>
</table>

		辰星声入之三辟		石土音闭之三清		
		弃弃弃弃　多可个舌		古甲九癸　○○○○		
一	音	弃弃弃弃　禾火化八	一	音	□□近揆　○○○○	
一	声	弃弃弃弃　开宰爱○	一	声	坤巧丘弃　○○○○	
		弃弃弃弃　回每退○			□□乾虬　○○○○	
		弃弃弃弃　良两向○			黑花香血　○○○○	
一	音	弃弃弃弃　光广况○	二	音	黄华雄贤　○○○○	
二	声	弃弃弃弃　丁井亘○	一	声	五瓦仰□　○○○○	
		弃弃弃弃　兄永莹○			吾牙月尧　○○○○	
		弃弃弃弃　千典旦○			安亚乙一　○○○○	
一	音	弃弃弃弃　元犬半○	三	音	□爻王寅　○○○○	
三	声	弃弃弃弃　臣引艮○	一	声	母马美米　○○○○	
		弃弃弃弃　君允巽○			目兒眉民　○○○○	
		弃弃弃弃　刀早孝岳			夫法□飞　○○○○	
一	音	弃弃弃弃　毛宝报霍	四	音	父凡□吠　○○○○	
四	声	弃弃弃弃　牛斗奏六	一	声	武晚□尾　○○○○	
		弃弃弃弃　○○○玉			文万□未　○○○○	
		弃弃弃弃　妻子四日			卜百丙必　○○○○	
一	音	弃弃弃弃　衰○帅骨	五	音	步白葡鼻　○○○○	

五　声　弃弃弃弃　○○○德
　　　　弃弃弃弃　龟水贵北
　　　　弃弃弃弃　宫孔众○
一　音　弃弃弃弃　龙甬用○
六　声　弃弃弃弃　鱼鼠去○
　　　　弃弃弃弃　乌虎兔○
　　　　弃弃弃弃　心审禁○
一　音　弃弃弃弃　○○○十
七　声　弃弃弃弃　男坎欠○
　　　　弃弃弃弃　○○○妾
　　　　弃弃弃弃　●●●●
一　音　弃弃弃弃　●●●●
八　声　弃弃弃弃　●●●●
　　　　弃弃弃弃　●●●●
一　音　弃弃弃弃　●●●●
九　声　弃弃弃弃　●●●●
　　　　弃弃弃弃　●●●●
　　　　弃弃弃弃　●●●●
一　音　弃弃弃弃　●●●●
十　声　弃弃弃弃　●●●●
　　　　弃弃弃弃　●●●●

一　声　普朴品匹　○○○○
　　　　旁排平瓶　○○○○
　　　　东丹帝■　○○○○
六　音　兑大弟■　○○○○
一　声　土贪天■　○○○○
　　　　同覃田■　○○○○
　　　　乃妳女■　○○○○
七　音　内南年■　○○○○
一　声　老冷吕■　○○○○
　　　　鹿荤离■　○○○○
　　　　走哉足■　○○○○
八　音　自在匠■　○○○○
一　声　草采七■　○○○○
　　　　曹才全■　○○○○
　　　　思三星■　○○○○
九　音　寺□象■　○○○○
一　声　□□□■　○○○○
　　　　□□□■　○○○○
　　　　■山手■　○○○○
十　音　■土石■　○○○○
一　声　■□耳■　○○○○
　　　　■□二■　○○○○

闭音清和律三之二

　　　　□□□□　多可个舌
二　音　□□□□　禾火化八
一　声　□□□□　开宰爱○
　　　　□□□□　回每退○
　　　　□□□□　良两向○
二　音　□□□□　光广况○

　　　　■庄震■　○○○○
十一音　■乍□■　○○○○
一　声　■叉赤■　○○○○
　　　　■崇辰■　○○○○
　　　　■卓中■　○○○○
十二音　■宅直■　○○○○

一　声　■坏丑■　○○○○
　　　　■茶呈■　○○○○

二　声　□□□□　丁井亘○
　　　　□□□□　兄永莹○

入声辟唱吕三之二

　　　　　古甲九癸　○○○○
　　　　□□□□　千典旦○
一　音　□□近揆　○○○○
二　音　□□□□　元犬半○
三　声　□□□□　臣引艮○
二　声　坤巧丘弃　○○○○
　　　　□□□□　君允巽○
　　　　□□乾虬　○○○○

　　　　　黑花香血　○○○○
　　　　□□□□　刀早孝岳
二　音　□□□□　毛宝报霍
二　音　黄华雄贤　○○○○
四　声　□□□□　牛斗奏六
二　声　五瓦仰□　○○○○
　　　　□□□□　○○○玉
　　　　吾牙月尧　○○○○

　　　　　安亚乙一　○○○○
　　　　□□□□　妻子四日
二　音　□□□□　衰○帅骨
三　音　□爻王寅　○○○○
五　声　□□□□　○○○德
二　声　母马美米　○○○○
　　　　□□□□　龟水贵北
　　　　目皃眉民　○○○○

　　　　　夫法□飞　○○○○
　　　　□□□□　宫孔众○
二　音　□□□□　龙甬用○
四　音　父凡□吠　○○○○
六　声　□□□□　鱼鼠去○
二　声　武晚□尾　○○○○
　　　　□□□□　乌虎兔○
　　　　文万□未　○○○○

　　　　　卜百丙必　○○○○
　　　　□□□□　心审禁○
二　音　□□□□　○○○十
五　音　步白葡鼻　○○○○
七　声　□□□□　男坎欠○
二　声　普朴品匹　○○○○
　　　　□□□□　○○□妾
　　　　旁排平瓶　○○○○

　　　　　东丹帝■　○○○○
　　　　□□□□　●●●●
二　音　□□□□　●●●●
六　音　兑大弟■　○○○○
八　声　□□□□　●●●●
二　声　土贪天■　○○○○
　　　　□□□□　●●●●
　　　　同覃田■　○○○○

　　　　　乃妳女■　○○○○
二　音　□□□□　●●●●
七　音　内南年■　○○○○

九 声 □□□□ ●●●●
□□□□ ●●●●
□□□□ ●●●●
二 音 □□□□ ●●●●
十 声 □□□□ ●●●●
□□□□ ●●●●

闭音清和律三之三

米米米米 多可个舌
三 音 米米米米 禾火化八
一 声 米米米米 开宰爱○
米米米米 回每退○
米米米米 良两向○
三 音 米米米米 光广况○
二 声 米米米米 丁井亘○
米米米米 兄永莹○
米米米米 千典旦○
三 音 米米米米 元犬半○
三 声 米米米米 臣引艮○
米米米米 君允巽○
米米米米 刀早孝岳
三 音 米米米米 毛宝报霍
四 声 米米米米 牛斗奏六
米米米米 ○○○玉

米米米米 妻子四日
三 音 米米米米 衰○帅骨
五 声 米米米米 ○○○德
米米米米 龟水贵北

二 声 老冷吕■ ○○○○
鹿荦离■ ○○○○
走哉足■ ○○○○
八 音 自在匠■ ○○○○
二 声 草采七■ ○○○○
曹才全■ ○○○○

思三星■ ○○○○
九 音 寺□象■ ○○○○
二 声 □□□■ ○○○○
□□□■ ○○○○
■山手■ ○○○○
十 音 ■士石■ ○○○○
二 声 ■□耳■ ○○○○
■□二■ ○○○○
■庄震■ ○○○○
十一音 ■乍□■ ○○○○
二 声 ■叉赤■ ○○○○
■崇辰■ ○○○○
■卓中■ ○○○○
十二音 ■宅直■ ○○○○
二 声 ■拆丑■ ○○○○
■茶呈■ ○○○○

入声辟唱吕三之三

古甲九癸 ○○○○
一 音 □□近揆 ○○○○
三 声 坤巧丘弃 ○○○○
□□乾虬 ○○○○

三音六声	米米米米	宫孔众○		二音三声	黑花香血	○○○○
	米米米米	龙甬用○			黄华雄贤	○○○○
	米米米米	鱼鼠去○			五瓦仰□	○○○○
	米米米米	乌虎兔○			吾牙月尧	○○○○
三音七声	米米米米	心审禁○		三音三声	安亚乙一	○○○○
	米米米米	○○○十			□爻王寅	○○○○
	米米米米	男坎欠○			母马美米	○○○○
	米米米米	○○○妾			目皃眉民	○○○○
三音八声	米米米米	●●●●		四音三声	夫法□飞	○○○○
	米米米米	●●●●			父凡□吠	○○○○
	米米米米	●●●●			武晚□尾	○○○○
三音九声	米米米米	●●●●			文万□未	○○○○
	米米米米	●●●●		五音三声	卜百丙必	○○○○
	米米米米	●●●●			步白葡鼻	○○○○
三音十声	米米米米	●●●●			普朴品匹	○○○○
	米米米米	●●●●			旁排平瓶	○○○○
	米米米米	●●●●		六音三声	东丹帝■	○○○○

闭音清和律三之四

				兑大弟■	○○○○
				土贪天■	○○○○
四音一声	尾尾尾尾	多可个舌		同覃田■	○○○○
	尾尾尾尾	禾火化八			
	尾尾尾尾	开宰爱○	七音三声	乃妳女■	○○○○
	尾尾尾尾	回每退○		内南年■	○○○○
	尾尾尾尾	良两向○		老冷吕■	○○○○
四音二声	尾尾尾尾	光广况○		鹿荦离■	○○○○
	尾尾尾尾	丁井亘○	八音三声	走哉足■	○○○○
	尾尾尾尾	兄永莹○		自在匠■	○○○○
				草采七■	○○○○
				曹才全■	○○○○

四音三声	尾尾尾尾	千典旦〇	
	尾尾尾尾	元犬半〇	
	尾尾尾尾	臣引艮〇	
	尾尾尾尾	君允巽〇	
四音四声	尾尾尾尾	刀早孝岳	
	尾尾尾尾	毛宝报霍	
	尾尾尾尾	牛斗奏六	
	尾尾尾尾	〇〇〇玉	
四音五声	尾尾尾尾	妻子四日	
	尾尾尾尾	衰〇帅骨	
	尾尾尾尾	〇〇〇德	
	尾尾尾尾	龟水贵北	
四音六声	尾尾尾尾	宫孔众〇	
	尾尾尾尾	龙甬用〇	
	尾尾尾尾	鱼鼠去〇	
	尾尾尾尾	乌虎兔〇	
四音七声	尾尾尾尾	心审禁〇	
	尾尾尾尾	〇〇〇〇	
	尾尾尾尾	男坎欠〇	
	尾尾尾尾	〇〇〇妾	
四音八声	尾尾尾尾	●●●●	
	尾尾尾尾	●●●●	
	尾尾尾尾	●●●●	
	尾尾尾尾	●●●●	
四音九声	尾尾尾尾	●●●●	
	尾尾尾尾	●●●●	

九音三声	思三星■	〇〇〇〇	
	寺□众■	〇〇〇〇	
	□□□■	〇〇〇〇	
	□□□■	〇〇〇〇	
十音三声	■山手■	〇〇〇〇	
	■士石■	〇〇〇〇	
	■□耳■	〇〇〇〇	
	■□二■	〇〇〇〇	
十一音三声	■庄震■	〇〇〇〇	
	■乍□■	〇〇〇〇	
	■叉赤■	〇〇〇〇	
	■崇辰■	〇〇〇〇	
十二音三声	■卓中■	〇〇〇〇	
	■宅直■	〇〇〇〇	
	■坼丑■	〇〇〇〇	
	■茶呈■	〇〇〇〇	

入声辟唱吕三之四

一音四声	古甲九癸	六六六六	
	□□近揆	六六六六	
	坤巧丘弃	六六六六	
	□□乾虬	六六六六	
二音四声	黑花香血	六六六六	
	黄华雄贤	六六六六	
	五瓦仰□	六六六六	
	吾牙月尧	六六六六	
三音四声	安亚乙一	六六六六	
	□爻王寅	六六六六	
	母马美米	六六六六	
	目皃眉民	六六六六	

	尾尾尾尾	●●●●			夫法口飞	六六六六
四 音	尾尾尾尾	●●●●	四 音		父凡口吠	六六六六
十 声	尾尾尾尾	●●●●	四 声		武晚口尾	六六六六
	尾尾尾尾	●●●●			文万口未	六六六六

闭音清和律三之五

	匹匹匹匹	多可个舌			卜百丙必	六六六六
五 音	匹匹匹匹	禾火化八	五 音		步白葡鼻	六六六六
一 声	匹匹匹匹	开宰爱〇	四 声		普朴品匹	六六六六
	匹匹匹匹	回每退〇			旁排平瓶	六六六六
	匹匹匹匹	良两向〇			东丹帝■	六六六六
五 音	匹匹匹匹	光广况〇	六 音		兑大弟■	六六六六
二 声	匹匹匹匹	丁井亘〇	四 声		王贪天■	六六六六
	匹匹匹匹	兄永莹〇			同覃田■	六六六六
	匹匹匹匹	千典旦〇			乃妳女■	六六六六
五 音	匹匹匹匹	元犬半〇	七 音		内南年■	六六六六
三 声	匹匹匹匹	匹引艮〇	四 声		老冷吕■	六六六六
	匹匹匹匹	君允巽〇			鹿荦离■	六六六六
	匹匹匹匹	刀早孝岳			走哉足■	六六六六
五 音	匹匹匹匹	毛宝报霍	八 音		自在匠■	六六六六
四 声	匹匹匹匹	牛斗奏六	四 声		草采七■	六六六六
	匹匹匹匹	〇〇〇玉			曹才全■	六六六六
	匹匹匹匹	妻子四日			思三星■	六六六六
五 音	匹匹匹匹	衰〇帅骨	九 音		寺口象■	六六六六
五 声	匹匹匹匹	〇〇〇德	四 声		□□■	六六六六
	匹匹匹匹	龟水贵北			□□■	六六六六
	匹匹匹匹	宫孔众〇			■山手■	六六六六
五 音	匹匹匹匹	龙甬用〇	十 音		■士石■	六六六六

六　声　匹匹匹匹　鱼鼠去○　　　　四　声　■□耳■　六六六六

　　　　匹匹匹匹　乌虎兔○　　　　　　　　■□二■　六六六六

　　　　匹匹匹匹　心审禁○　　　　　　　　■庄震■　六六六六

五　音　匹匹匹匹　○○○十　　　十一音　■乍□■　六六六六

七　声　匹匹匹匹　男坎欠○　　　四　声　■叉赤■　六六六六

　　　　匹匹匹匹　○○○姜　　　　　　　　■崇辰■　六六六六

五　音　匹匹匹匹　●●●○　　　　　　　　■卓中■　六六六六

八　声　匹匹匹匹　●●●○　　　十二音　■宅直■　六六六六

　　　　匹匹匹匹　●●●○　　　四　声　■坼丑■　六六六六

　　　　　　　　　　　　　　　　　　　　■茶呈■　六六六六

　　　　匹匹匹匹　●●●○

五　音　匹匹匹匹　●●●○

九　声　匹匹匹匹　●●●○

　　　　匹匹匹匹　●●●○

五　音　匹匹匹匹　●●●○

十　声　匹匹匹匹　●●●○

　　　　匹匹匹匹　●●●○

闭音清和律三之六

六　音　■■■■　多可个舌

一　声　■■■■　禾火化八

　　　　■■■■　开宰爱○

　　　　■■■■　回每退○

　　　　■■■■　良两向○

六　音　■■■■　光广况○

二　声　■■■■　丁井亘○

　　　　■■■■　兄永莹○

入声辟唱吕三之五

　　　　古甲九癸　德德德德

一　音　□□近揆　德德德德

五　声　坤巧丘弃　德德德德

　　　　□□乾虬　德德德德

　　　　黑花香血　德德德德

二　音　黄华雄贤　德德德德

五　声　五瓦仰□　德德德德

　　　　吾牙月尧　德德德德

　　　　安亚乙一　德德德德

三　音　□爻王寅　德德德德

五　声　母马美米　德德德德

　　　　目皃眉民　德德德德

　　　　夫法□飞　德德德德

四　音　父凡□吠　德德德德

五　声　武晚□尾　德德德德

　　　　文万□未　德德德德

六音　■■■■　千典旦〇　　　　　五音　卜百丙必　德德德德
三声　■■■■　元犬半〇　　　　　五声　步白葡鼻　德德德德
　　　■■■■　臣引艮〇　　　　　　　　普朴品匹　德德德德
　　　■■■■　君允巽〇　　　　　　　　旁排平瓶　德德德德

六音　■■■■　刀早孝岳　　　　　六音　东丹帝■　德德德德
四声　■■■■　毛宝报霍　　　　　五声　兑大弟■　德德德德
　　　■■■■　牛斗奏六　　　　　　　　土贪天■　德德德德
　　　■■■■　〇〇〇玉　　　　　　　　同覃田■　德德德德

六音　■■■■　妻子四日　　　　　七音　乃妳女■　德德德德
五声　■■■■　衰〇帅骨　　　　　五声　内南年■　德德德德
　　　■■■■　〇〇〇德　　　　　　　　老冷吕　　德德德德
　　　■■■■　龟水贵北　　　　　　　　鹿荦离■　德德德德

六音　■■■■　官孔众〇　　　　　八音　走哉足　　德德德德
六声　■■■■　龙甬用〇　　　　　五声　自在匠■　德德德德
　　　■■■■　鱼鼠去〇　　　　　　　　草采七■　德德德德
　　　■■■■　乌虎兔〇　　　　　　　　曹才全■　德德德德

六音　■■■■　心审禁〇　　　　　九音　思三星　　德德德德
七声　■■■■　〇〇〇十　　　　　五声　寺□象■　德德德德
　　　■■■■　男坎欠〇　　　　　　　　□□□■　德德德德
　　　■■■■　〇〇〇妾　　　　　　　　□□□■　德德德德

六音　■■■■　●●●●　　　　　十音　■山手■　德德德德
八声　■■■■　●●●●　　　　　五声　■士石　　德德德德
　　　■■■■　●●●●　　　　　　　　■□耳■　德德德德
　　　■■■■　●●●●　　　　　　　　■□二■　德德德德

六音　■■■■　●●●●　　　　十一音　■庄震■　德德德德
九声　■■■■　●●●●　　　　　五声　■乍□　　德德德德
　　　■■■■　●●●●　　　　　　　　■叉赤■　德德德德
　　　　　　　　　　　　　　　　　　　■崇辰■　德德德德

六音 ■■■■ ●●●●　　　　十二音 ■卓中■ 德德德德
十声 ■■■■ ●●●●　　　　五　声 ■宅直■ 德德德德
　　 ■■■■ ●●●●　　　　　　　■坏丑■ 德德德德
　　 ■■■■ ●●●●　　　　　　　■茶呈■ 德德德德

闭音清和律三之七　　　　入声辟唱吕三之六

七音一声	■■■■ 多可个舌	一音六声 □□近揆 ○○○○ 古甲九癸 ○○○○

七音　■■■■ 多可个舌　　　一音　古甲九癸 ○○○○
一声　■■■■ 禾火化八　　　六声　□□近揆 ○○○○
　　　■■■■ 开宰爱○　　　　　　坤巧丘弃 ○○○○
　　　■■■■ 回每退○　　　　　　□□乾虬 ○○○○

七音　■■■■ 良两向○　　　二音　黑花香血 ○○○○
二声　■■■■ 光广况○　　　六声　黄华雄贤 ○○○○
　　　■■■■ 丁井亘○　　　　　　五瓦仰□ ○○○○
　　　■■■■ 兄永莹○　　　　　　吾牙月尧 ○○○○

七音　■■■■ 千典旦○　　　三音　安亚乙一 ○○○○
三声　■■■■ 元犬半○　　　六声　□爻王寅 ○○○○
　　　■■■■ 臣引艮○　　　　　　母马美米 ○○○○
　　　■■■■ 君允巽○　　　　　　目皃眉民 ○○○○

七音　■■■■ 刀早孝岳　　　四音　夫法□飞 ○○○○
四声　■■■■ 毛宝报霍　　　六声　父凡□吠 ○○○○
　　　■■■■ 牛斗奏六　　　　　　武晚□尾 ○○○○
　　　■■■■ ○○○玉　　　　　　文万□未 ○○○○

七音　■■■■ 妻子四日　　　五音　卜百丙必 ○○○○
五声　■■■■ 衰○帅骨　　　六声　步白葡鼻 ○○○○
　　　■■■■ ○○○德　　　　　　普朴品匹 ○○○○
　　　■■■■ 龟水贵北　　　　　　旁排平瓶 ○○○○

七音　■■■■ 宫孔众○　　　六音　东丹帝■ ○○○○
六声　■■■■ 龙甬用○　　　六声　兑大弟■ ○○○○
　　　■■■■ 鱼鼠去○　　　　　　土贪天■ ○○○○
　　　■■■■ 乌虎兔○　　　　　　同覃田■ ○○○○

心审禁○

七音　○○○十

七声　男坎欠○

　　　○○○妾

七音　●●●●

八声　●●●●

　　　●●●●

七音　●●●●

九声　●●●●

　　　●●●●

七音　●●●●

十声　●●●●

　　　●●●●

闭音清和律三之八

　　　多可个舌

八音　禾火化八

一声　开宰爱○

　　　回每退○

　　　良两向○

八音　光广况○

二声　丁井亘○

　　　兄永莹○

　　　千典旦○

八音　元犬半○

乃妳女■　○○○○

七音　内南年■　○○○○

六声　老冷吕■　○○○○

　　　鹿荦离■　○○○○

走哉足■　○○○○

八音　自在匠■　○○○○

六声　草采七■　○○○○

　　　曹才全■　○○○○

思三星■　○○○○

九音　寺□象■　○○○○

六声　□□□■　○○○○

　　　□□□■　○○○○

■山手■　○○○○

十音　■土石■　○○○○

六声　■□耳■　○○○○

　　　■□二■　○○○○

■庄震■　○○○○

十一音　■乍□■　○○○○

六声　■叉赤■　○○○○

　　　■崇辰■　○○○○

■卓中■　○○○○

十二音　■宅直■　○○○○

六声　■坼丑■　○○○○

　　　■茶呈■　○○○○

入声辟唱吕三之七

古甲九癸　○○○○

一音　□□近揆　○○○○

三 声	䷀	臣引艮○
	䷀	君允巽○
	䷀	刀早孝岳
八 音	䷀	毛宝报霍
四 声	䷀	牛斗奏六
	䷀	○○○玉
	䷀	妻子四日
八 音	䷀	衰○帅骨
五 声	䷀	○○○德
	䷀	龟水贵北
	䷀	宫孔众○
八 音	䷀	龙甬用○
六 声	䷀	鱼鼠去○
	䷀	乌虎兔○
	䷀	心审禁○
八 音	䷀	○○○十
七 声	䷀	男坎欠○
	䷀	○○○妾
	䷀	●●●●
八 音	䷀	●●●●
八 声	䷀	●●●●
	䷀	●●●●
八 音	䷀	●●●●
九 声	䷀	●●●●
	䷀	●●●●
	䷀	●●●●
八 音	䷀	●●●●

七 声	坤巧丘弃	○○○○
	□□乾虬	○○○○
	黑花香血	○○○○
二 音	黄华雄贤	○○○○
七 声	五瓦仰□	○○○○
	吾牙月尧	○○○○
	安亚乙一	○○○○
三 音	□爻王寅	○○○○
七 声	母马美米	○○○○
	目皃眉民	○○○○
	夫法□飞	○○○○
四 音	父凡□吠	○○○○
七 声	武晚□尾	○○○○
	文万□未	○○○○
	卜百丙必	○○○○
五 音	步白葡鼻	○○○○
七 声	普朴品匹	○○○○
	旁排平瓶	○○○○
	东丹帝■	○○○○
六 音	兑大弟■	○○○○
七 声	土贪天■	○○○○
	同覃田■	○○○○
	乃妳女■	○○○○
七 音	内南年■	○○○○
七 声	老冷吕■	○○○○
	虎莘离■	○○○○
	走哉足■	○○○○
八 音	自在匠■	○○○○

| 十 声 | ■■■■ | ●●●● |
| | ■■■■ | ●●●● |

闭音清和律三之九

	■■■■	多可个舌
九 音	■■■■	禾火化八
一 声	■■■■	开宰爱○
	■■■■	回每退○
	■■■■	良两向○
九 音	■■■■	光广况○
二 声	■■■■	丁井亘○
	■■■■	兄永莹○
	■■■■	千典旦○
九 音	■■■■	元犬半○
三 声	■■■■	臣引艮○
	■■■■	君允巽○
	■■■■	刀早孝岳
九 音	■■■■	毛宝报霍
四 声	■■■■	牛斗奏六
	■■■■	○○○玉
	■■■■	妻子四日
九 音	■■■■	衰○帅骨
五 声	■■■■	○○○德
	■■■■	龟水贵北
	■■■■	宫孔众○
九 音	■■■■	龙甬用○
六 声	■■■■	鱼鼠去○
	■■■■	乌虎兔○

七 声	草采七■	○○○○
	曹才全■	○○○○
	思三星■	○○○○
九 音	寺□象■	○○○○
七 声	□□□■	○○○○
	□□□■	○○○○
	■山手■	○○○○
十 音	■士石■	○○○○
七 声	■□耳■	○○○○
	■□二■	○○○○
	■庄震■	○○○○
十一音	■乍□■	○○○○
七 声	■叉赤■	○○○○
	■崇辰■	○○○○
	■卓中■	○○○○
十二音	■宅直■	○○○○
七 声	■坼丑■	○○○○
	■茶呈■	○○○○

入声辟唱吕三之八

	古甲九癸	●●●●
一 音	□□近揆	●●●●
八 声	坤巧丘弃	●●●●
	□□乾虬	●●●●
	黑花香血	●●●●
二 音	黄华雄贤	●●●●
八 声	五瓦仰□	●●●●
	吾牙月尧	●●●●

九音七声	■■■■	心审禁○
	■■■■	○○○十
	■■■■	男坎欠○
	■■■■	○○○妾
九音八声	■■■■	●●●●
	■■■■	●●●●
	■■■■	●●●●
	■■■■	●●●●
九音九声	■■■■	●●●●
	■■■■	●●●●
	■■■■	●●●●
	■■■■	●●●●
九音十声	■■■■	●●●●
	■■■■	●●●●
	■■■■	●●●●
	■■■■	●●●●

闭音清和律三之十

十音一声	■■■■	多可个舌
	■■■■	禾火化八
	■■■■	开宰爱○
	■■■■	回每退○
十音二声	■■■■	良两向○
	■■■■	光广况○
	■■■■	丁井亘○
	■■■■	兄永莹○
十音三声	■■■■	千典旦○
	■■■■	元犬半○
	■■■■	臣引艮○
	■■■■	君允巽○

三音八声	安亚乙一	●●●●
	□爻王寅	●●●●
	母马美米	●●●●
	目皃眉民	●●●●
四音八声	夫法□飞	●●●●
	父凡□吠	●●●●
	武晚□尾	●●●●
	文万□未	○●●●
五音八声	卜百丙必	●●●●
	步白葡鼻	●●●●
	普朴品匹	●●●●
	旁排平瓶	●●●●
六音八声	东丹帝■	●●●●
	兑大弟■	●●●●
	土贪天■	●●●●
	同覃田■	●●●●
七音八声	乃妳女■	●●●●
	内南年■	●●●●
	老冷吕■	●●●●
	鹿荤离■	●●●●
八音八声	走哉足■	●●●●
	自在匠■	●●●●
	草采七■	●●●●
	曹才全■	●●●●
九音八声	思三星■	●●●●
	寺□象■	●●●●
	□□乙■	●●●●
	□□匕■	●●●●

		■■■■	刀早孝岳
十音		■■■■	毛宝报霍
四声		■■■■	牛斗奏六
		■■■■	○○○玉
		■■■■	妻子四日
十音		■■■■	衰○帅骨
五声		■■■■	○○○德
		■■■■	龟水贵北
		■■■■	宫孔众○
十音		■■■■	龙甬用○
六声		■■■■	鱼鼠去○
		■■■■	乌虎兔○
		■■■■	心审禁○
十音		■■■■	○○○十
七声		■■■■	男坎欠○
		■■■■	○○○妾
		■■■■	●●●●
十音		■■■■	●●●●
八声		■■■■	●●●●
		■■■■	●●●●
十音		■■■■	●●●●
九声		■■■■	●●●●
		■■■■	●●●●
十音		■■■■	●●●●
十声		■■■■	●●●●
		■■■■	●●●●

十音		■山手■	●●●●
八声		■士石■	●●●●
		■□耳■	●●●●
		■□二■	●●●●
十一音		■庄震■	●●●●
八声		■乍□■	●●●●
		■叉赤■	●●●●
		■崇辰■	●●●●
十二音		■卓中■	●●●●
八声		■宅直■	●●●●
		■坼丑■	●●●●
		■茶呈■	●●●●

入声辟唱吕三之九

一音		古甲九癸	●●●●
九声		□□近揆	●●●●
		坤巧丘弃	●●●●
		□□乾虬	●●●●
二音		黑花香血	●●●●
九声		黄华雄贤	●●●●
		五瓦仰□	●●●●
		吾牙月尧	●●●●
三音		安亚乙一	●●●●
九声		□爻王寅	●●●●
		母马美米	●●●●
		目皃眉民	●●●●
四音		夫法□飞	●●●●
九声		父凡□吠	●●●●
		武晚□尾	●●●●
		文万□未	●●●●

闭音清和律三之十一

	■■■■	多可个舌
十一音	■■■■	禾火化八
一 声	■■■■	开宰爱〇
	■■■■	回每退〇
	■■■■	良两向〇
十一音	■■■■	光广况〇
二 声	■■■■	丁井亘〇
	■■■■	兄永莹〇
	■■■■	千典旦〇
十一音	■■■■	元犬半〇
三 声	■■■■	臣引艮〇
	■■■■	君允巽〇
	■■■■	刀早孝岳
十一音	■■■■	毛宝报霍
四 声	■■■■	牛斗奏六
	■■■■	〇〇〇玉
	■■■■	妻子四日
十一音	■■■■	衰〇帅骨
五 声	■■■■	〇〇〇德
	■■■■	龟水贵北
	■■■■	宫孔众〇
十一音	■■■■	龙角用〇
六 声	■■■■	鱼鼠去〇
	■■■■	乌虎兔〇
	■■■■	心审禁〇
十一音	■■■■	〇〇〇十
七 声	■■■■	男坎欠〇
	■■■■	〇〇〇妾

	卜百丙必	●●●●
五 音	步白葡鼻	●●●●
九 声	普朴品匹	●●●●
	旁排平瓶	●●●●
	东丹帝■	●●●●
六 音	兑大弟■	●●●●
九 声	土贪天■	●●●●
	同覃田■	●●●●
	乃妳女■	●●●●
七 音	内南年■	●●●●
九 声	老冷吕■	●●●●
	鹿荦离■	●●●●
	走哉足■	●●●●
八 音	自在匠■	●●●●
九 声	草采七■	●●●●
	曹才全■	●●●●
	思三星■	●●●●
九 音	寺□象■	●●●●
九 声	□□□	●●●●
	□□□	●●●●
	■山手■	●●●●
十 音	■士石■	●●●●
九 声	■□耳■	●●●●
	■□二■	●●●●
	■庄震■	●●●●
十一音	■乍□■	●●●●
九 声	■叉赤■	●●●●
	■崇辰■	●●●●

	■■■■	●●●●
十一音	■■■■	●●●●
八　声	■■■■	●●●●
	■■■■	●●●●

	■■■■	●●●●
十一音	■■■■	●●●●
九　声	■■■■	●●●●
	■■■■	●●●●

	■■■■	●●●●
十一音	■■■■	●●●●
十　声	■■■■	●●●●
	■■■■	●●●●

闭音清和律三之十二

	■■■■	多可个舌
十二音	■■■■	禾火化八
一　声	■■■■	开宰爱〇
	■■■■	回每退〇
	■■■■	良两向〇
十二音	■■■■	光广况〇
二　声	■■■■	丁井亘〇
	■■■■	兄永莹〇
	■■■■	千典旦〇
十二音	■■■■	元犬半〇
三　声	■■■■	臣引艮〇
	■■■■	君允巽〇
	■■■■	刀早孝岳
十二音	■■■■	毛宝报霍

	■卓中■	●●●●
十二音	■宅直■	●●●●
九　声	■坼丑■	●●●●
	■茶呈■	●●●●

入声辟唱吕三之十

	古甲九癸	●●●●
一　音	□□近揆	●●●●
十　声	坤巧丘弃	●●●●
	□□乾虬	●●●●
	黑花香血	●●●●
二　音	黄华雄贤	●●●●
十　声	五瓦仰□	●●●●
	吾牙月尧	●●●●
	安亚乙一	●●●●
三　音	□爻王寅	●●●●
十　声	母马美米	●●●●
	目皃眉民	●●●●
	夫法□飞	●●●●
四　音	父凡□吠	●●●●
十　声	武晚□尾	●●●●
	文万□未	●●●●
	卜百丙必	●●●●
五　音	步白葡鼻	●●●●
十　声	普朴品匹	●●●●
	旁排平瓶	●●●●
	东丹帝■	●●●●
六　音	兑大弟■	●●●●

四　声	■■■■	牛斗奏六
	■■■■	○○○玉
	■■■■	妻子四日
十二音	■■■■	衰○帅骨
五　声	■■■■	○○○德
	■■■■	龟水贵北
	■■■■	宫孔众○
十二音	■■■■	龙甬用○
六　声	■■■■	鱼鼠去○
	■■■■	乌虎兔○
	■■■■	心审禁○
十二音	■■■■	○○○十
七　声	■■■■	男坎欠○
	■■■■	○○○姜
	■■■■	●●●●
十二音	■■■■	●●●●
八　声	■■■■	●●●●
	■■■■	●●●●
	■■■■	●●●●
十二音	■■■■	●●●●
九　声	■■■■	●●●●
	■■■■	●●●●
	■■■■	●●●●
十二音	■■■■	●●●●
十　声	■■■■	●●●●
	■■■■	●●●●

十　声	土贪天■	●●●●
	同覃田■	●●●●
	乃妳女■	●●●●
七　音	内南年■	●●●●
十　声	老冷吕■	●●●●
	鹿荦离■	●●●●
	走哉足■	●●●●
八　音	自在匠■	●●●●
十　声	草采七■	●●●●
	曹才全■	●●●●
	思三星■	●●●●
九　音	寺□象■	●●●●
十　声	□□□■	●●●●
	□□□■	●●●●
	■山手■	●●●●
十　音	■土石■	●●●●
十　声	■□耳■	●●●●
	■□二■	●●●●
	■庄震■	●●●●
十一音	■乍□■	●●●●
十　声	■又赤■	●●●●
	■崇辰■	●●●●
	■卓中■	●●●●
十二音	■宅直■	●●●●
十　声	■坼丑■	●●●●
	■茶呈■	●●●●

观物篇之五十

辰辰声入翕

〇〇〇玉北

〇姜●●〇

辰辰声七,下唱地之用音一百五十二,是谓入声翕音。入声翕音一千六十四。

石石音闭浊

虬尧民未瓶■

■■■■■■

石石音五,上和天之用声一百一十二,是谓闭音浊声。闭音浊声五百六十。

辰辰声入之四翕

闭音浊和律四之一

		虬虬虬虬	多可个舌
一	音	虬虬虬虬	禾火化八
一	声	虬虬虬虬	开宰爱〇
		虬虬虬虬	回每退〇
		虬虬虬虬	良两向〇
一	音	虬虬虬虬	光广况〇
二	声	虬虬虬虬	丁井亘〇
		虬虬虬虬	兄永莹〇
		虬虬虬虬	千典旦〇
一	音	虬虬虬虬	元犬半〇
三	声	虬虬虬虬	臣引艮〇
		虬虬虬虬	君允巽〇
		虬虬虬虬	刀早孝岳
一	音	虬虬虬虬	毛宝报霍
四	声	虬虬虬虬	牛斗奏六
		虬虬虬虬	〇〇〇玉

石石音闭之四浊

入声翕唱吕四之一

		古甲九癸	〇〇〇〇
一	音	□□近揆	〇〇〇〇
一	声	坤巧丘弃	〇〇〇〇
		□□乾虬	〇〇〇〇
		黑花香血	〇〇〇〇
二	音	黄华雄贤	〇〇〇〇
一	声	五瓦仰□	〇〇〇〇
		吾牙月尧	〇〇〇〇
		安亚乙一	〇〇〇〇
三	音	□爻王寅	〇〇〇〇
一	声	母马美米	〇〇〇〇
		目皃眉民	〇〇〇〇
		夫法□飞	〇〇〇〇
四	音	父凡□吠	〇〇〇〇
一	声	武晚□尾	〇〇〇〇
		文万□未	〇〇〇〇

		虮虮虮虮	妻子四目
一音		虮虮虮虮	衰○帅骨
五声		虮虮虮虮	○○○德
		虮虮虮虮	龟水贵北
		虮虮虮虮	宫孔众○
一音		虮虮虮虮	龙甬用
六声		虮虮虮虮	鱼鼠去○
		虮虮虮虮	乌虎兔○
		虮虮虮虮	心审禁○
一音		虮虮虮虮	○○○十
七声		虮虮虮虮	男坎欠○
		虮虮虮虮	○○○妾
		虮虮虮虮	●●●●
一音		虮虮虮虮	●●●●
八声		虮虮虮虮	●●●●
		虮虮虮虮	●●●●
一音		虮虮虮虮	●●●●
九声		虮虮虮虮	●●●●
		虮虮虮虮	●●●●
一音		虮虮虮虮	●●●●
十声		虮虮虮虮	●●●●
		虮虮虮虮	●●●●

闭音浊和律四之二

		尧尧尧尧	多可个舌
二音		尧尧尧尧	禾火化八
一声		尧尧尧尧	开宰爱○
		尧尧尧尧	回每退○

五音		卜百丙必	○○○○
一声		步白葡鼻	○○○○
		普朴品匹	○○○○
		旁排平瓶	○○○○
六音		东丹帝■	○○○○
一声		兑大弟■	○○○○
		土贪天■	○○○○
		同覃田■	○○○○
七音		乃妳女■	○○○○
一声		内南年■	○○○○
		老冷吕■	○○○○
		鹿荦离■	○○○○
八音		走哉足■	○○○○
一声		自在匠■	○○○○
		草采七■	○○○○
		曹才全■	○○○○
九音		思三星■	○○○○
一声		寺○象■	○○○○
		□□□■	○○○○
		□□□■	○○○○
十音		■山手■	○○○○
一声		■士石■	○○○○
		■□耳■	○○○○
		■□二■	○○○○
十一音		■庄震■	○○○○
一声		■乍□■	○○○○
		■叉赤■	○○○○
		■崇辰■	○○○○

		尧尧尧尧	庚两向〇			■卓中■	〇〇〇〇
二	音	尧尧尧尧	光广况〇	十二音		■宅直■	〇〇〇〇
二	声	尧尧尧尧	丁井亘〇	一	声	■坼丑■	〇〇〇〇
		尧尧尧尧	兄永莹〇			■茶呈■	〇〇〇〇

入声翕唱吕四之二

		尧尧尧尧	千典旦〇			古甲九癸	〇〇〇〇
二	音	尧尧尧尧	元犬半〇	一	音	□□近揆	〇〇〇〇
三	声	尧尧尧尧	臣引艮〇	二	声	坤巧丘弃	〇〇〇〇
		尧尧尧尧	君允巽〇			□□乾虬	〇〇〇〇
		尧尧尧尧	刀早孝岳			黑花香血	〇〇〇〇
二	音	尧尧尧尧	毛宝报霍	二	音	黄华雄贤	〇〇〇〇
四	声	尧尧尧尧	牛斗奏六	二	声	五瓦仰□	〇〇〇〇
		尧尧尧尧	〇〇〇玉			吾牙月尧	〇〇〇〇
		尧尧尧尧	妻子四日			安亚乙一	〇〇〇〇
二	音	尧尧尧尧	衰〇帅骨	三	音	□爻王寅	〇〇〇〇
五	声	尧尧尧尧	〇〇〇德	二	声	母马美米	〇〇〇〇
		尧尧尧尧	龟水贵北			目兒眉民	〇〇〇〇
		尧尧尧尧	宫孔众〇			夫法□飞	〇〇〇〇
二	音	尧尧尧尧	龙甬用〇	四	音	父凡□吠	〇〇〇〇
六	声	尧尧尧尧	鱼鼠去〇	二	声	武晚□尾	〇〇〇〇
		尧尧尧尧	乌虎兔〇			方万□未	〇〇〇〇
		尧尧尧尧	心审禁〇			卜百丙必	〇〇〇〇
二	音	尧尧尧尧	〇〇〇十	五	音	步白葡鼻	〇〇〇〇
七	声	尧尧尧尧	男坎欠〇	二	声	普朴品匹	〇〇〇〇
		尧尧尧尧	〇〇〇妾			旁排平瓶	〇〇〇〇
		尧尧尧尧	●●●●			东丹帝■	〇〇〇〇
二	音	尧尧尧尧	●●●●	六	音	兑大弟■	〇〇〇〇
八	声	尧尧尧尧	●●●●	二	声	土贪天■	〇〇〇〇
		尧尧尧尧	●●●●			同覃田■	〇〇〇〇

二 音 九 声
尧尧尧尧 ●●●●
尧尧尧尧 ●●●●
尧尧尧尧 ●●●●
尧尧尧尧 ●●●●

二 音 十 声
尧尧尧尧 ●●●●
尧尧尧尧 ●●●●
尧尧尧尧 ●●●●

闭音浊和律四之三

三 音 一 声
民民民民 多可个舌
民民民民 禾火化八
民民民民 开宰爱〇
民民民民 回每退〇

三 音 二 声
民民民民 良两向〇
民民民民 光广况〇
民民民民 丁井亘〇
民民民民 兄永莹〇

三 音 三 声
民民民民 千典旦〇
民民民民 元犬半〇
民民民民 臣引艮〇
民民民民 君允巽〇

三 音 四 声
民民民民 刀早孝岳
民民民民 毛宝报霍
民民民民 牛斗奏六
民民民民 〇〇〇玉

三 音
民民民民 妻子四日
民民民民 衰〇帅骨

七 音 二 声
乃妳女■ 〇〇〇〇
内南年■ 〇〇〇〇
老冷吕■ 〇〇〇〇
鹿荦离■ 〇〇〇〇

八 音 二 声
走哉足■ 〇〇〇〇
自在匠■ 〇〇〇〇
草采七■ 〇〇〇〇
曹才全■ 〇〇〇〇

九 音 二 声
思三星■ 〇〇〇〇
寺□象■ 〇〇〇〇
□□□■ 〇〇〇〇
□□□■ 〇〇〇〇

十 音 二 声
■山手■ 〇〇〇〇
■士石■ 〇〇〇〇
■□耳■ 〇〇〇〇
■□二■ 〇〇〇〇

十一音 二 声
■庄震■ 〇〇〇〇
■乍□■ 〇〇〇〇
■叉赤■ 〇〇〇〇
■崇辰■ 〇〇〇〇

十二音 二 声
■卓中■ 〇〇〇〇
■宅直■ 〇〇〇〇
■坼丑■ 〇〇〇〇
■茶呈■ 〇〇〇〇

入声翕唱吕四之三

一 音
古甲九癸 〇〇〇〇
□□近揆 〇〇〇〇

五	声	民民民民	○○○德	三	声	坤巧丘弃	○○○○
		民民民民	龟水贵北			□□乾虬	○○○○
		民民民民	宫孔众○			黑花香血	○○○○
三	音	民民民民	龙甬用○	二	音	黄华雄贤	○○○○
六	声	民民民民	鱼鼠去○	三	声	五瓦仰□	○○○○
		民民民民	乌虎兔○			吾牙月尧	○○○○
		民民民民	心审禁○			安亚乙一	○○○○
三	音	民民民民	○○○十	三	音	□爻王寅	○○○○
七	声	民民民民	男坎欠○	三	声	母马美米	○○○○
		民民民民	○○○妾			目皃眉民	○○○○
		民民民民	●●●●			夫法□飞	○○○○
三	音	民民民民	●●●●	四	音	父凡□吠	○○○○
八	声	民民民民	●●●●	三	声	武晚□尾	○○○○
		民民民民	●●●●			文万□未	○○○○
		民民民民	●●●●			卜百丙必	○○○○
三	音	民民民民	●●●●	五	音	步白葡鼻	○○○○
九	声	民民民民	●●●●	三	声	普朴品匹	○○○○
		民民民民	●●●●			旁排平瓶	○○○○
		民民民民	●●●●			东丹帝■	○○○○
三	音	民民民民	●●●●	六	音	兑大弟■	○○○○
十	声	民民民民	●●●●	三	声	土贪天■	○○○○
		民民民民	●●●●			同覃田■	○○○○

闭音浊和律四之四

		未未未未	多可个舌			乃妳女■	○○○○
四	音	未未未未	禾火化八	七	音	内南年■	○○○○
一	声	未未未未	开宰爱○	三	声	老冷吕■	○○○○
		未未未未	回每退○			鹿荤离■	○○○○
		未未未未	良两向○			走哉足■	○○○○
四	音	未未未未	光广况○	八	音	自在匠■	○○○○

二 声	未未未未	丁井亘○
	未未未未	兄永莹○
	未未未未	千典旦○
四 音	未未未未	元犬半○
三 声	未未未未	臣引艮○
	未未未未	君允巽○
	未未未未	刀早孝岳
四 音	未未未未	毛宝报霍
四 声	未未未未	牛斗奏六
	未未未未	○○○玉
	未未未未	妻子四日
四 音	未未未未	衰○帅骨
五 声	未未未未	○○○德
	未未未未	龟水贵北
	未未未未	官孔众○
四 音	未未未未	龙甬用○
六 声	未未未未	鱼鼠去○
	未未未未	乌虎兔○
	未未未未	心审禁○
四 音	未未未未	○○○十
七 声	未未未未	男坎欠○
	未未未未	○○○妾
	未未未未	●●●●
四 音	未未未未	●●●●
八 声	未未未未	●●●●
	未未未未	●●●●
	未未未未	●●●●
四 音	未未未未	●●●●

三 声	草采七■	○○○○
	曹才全■	○○○○
	思三星■	○○○○
九 音	寺□象■	○○○○
三 声	□□□□	○○○○
	□□□□	○○○○
	■山手■	○○○○
十 音	■土石■	○○○○
三 声	■□耳■	○○○○
	■□二■	○○○○
	■庄震■	○○○○
十一音	■乍□■	○○○○
三 声	■叉赤■	○○○○
	■崇辰■	○○○○
	■卓中■	○○○○
十二音	■宅直■	○○○○
三 声	■圻丑■	○○○○
	■茶呈■	○○○○

入声翁唱吕四之四

	古甲九癸	玉玉玉玉
一 音	□□近揆	玉玉玉玉
四 声	坤巧丘弃	玉玉玉玉
	□□乾虬	玉玉玉玉
	黑花香血	玉玉玉玉
二 音	黄华雄贤	玉玉玉玉
四 声	五瓦仰□	玉玉玉玉
	吾牙月尧	玉玉玉玉
	安亚乙一	玉玉玉玉
三 音	□爻王寅	玉玉玉玉

九　声　未未未未　●●●●
　　　　未未未未　●●●●
　　　　未未未未　●●●●
四　音　未未未未　●●●●
十　声　未未未未　●●●●
　　　　未未未未　●●●●

闭音浊和律四之五

五　音　瓶瓶瓶瓶　多可个舌
一　声　瓶瓶瓶瓶　禾火化八
　　　　瓶瓶瓶瓶　开宰爱○
　　　　瓶瓶瓶瓶　回每退○
五　音　瓶瓶瓶瓶　良两向○
二　声　瓶瓶瓶瓶　光广况○
　　　　瓶瓶瓶瓶　丁井亘○
　　　　瓶瓶瓶瓶　兄永莹○
五　音　瓶瓶瓶瓶　千典旦○
三　声　瓶瓶瓶瓶　元犬半○
　　　　瓶瓶瓶瓶　臣引艮○
　　　　瓶瓶瓶瓶　君允巽○
五　音　瓶瓶瓶瓶　刀早孝岳
四　声　瓶瓶瓶瓶　毛宝报霍
　　　　瓶瓶瓶瓶　牛斗奏六
　　　　瓶瓶瓶瓶　○○○玉
五　音　瓶瓶瓶瓶　妻子四日
五　声　瓶瓶瓶瓶　衰○帅骨
　　　　瓶瓶瓶瓶　○○○德
　　　　瓶瓶瓶瓶　龟水贵北
五　音　瓶瓶瓶瓶　宫孔众○
　　　　瓶瓶瓶瓶　龙甬用○

四　声　母马美米　玉玉玉玉
　　　　目兒眉民　玉玉玉玉
　　　　夫法□飞　玉玉玉玉
四　音　父凡□吠　玉玉玉玉
四　声　武晚□尾　玉玉玉玉
　　　　文万□未　玉玉玉玉
　　　　卜百丙必　玉玉玉玉
五　音　步白葡鼻　玉玉玉玉
四　声　普朴品匹　玉玉玉玉
　　　　旁排平瓶　玉玉玉玉
　　　　东丹帝■　玉玉玉玉
六　音　兑大弟■　玉玉玉玉
四　声　土贪天■　玉玉玉玉
　　　　同覃田■　玉玉玉玉
　　　　乃妳女■　玉玉玉玉
七　音　内南年■　玉玉玉玉
四　声　老冷吕■　玉玉玉玉
　　　　鹿莘离■　玉玉玉玉
　　　　走哉足■　玉玉玉玉
八　音　自在匠■　玉玉玉玉
四　声　草采七■　玉玉玉玉
　　　　曹才全■　玉玉玉玉
　　　　思三星■　玉玉玉玉
九　音　寺□象■　玉玉玉玉
四　声　□□□■　玉玉玉玉
　　　　□□□■　玉玉玉玉
　　　　■山手■　玉玉玉玉
十　音　■士石■　玉玉玉玉

六 声	瓶瓶瓶瓶	鱼鼠去○	
	瓶瓶瓶瓶	乌虎兔○	
	瓶瓶瓶瓶	心审禁○	
五 音	瓶瓶瓶瓶	○○○十	
七 声	瓶瓶瓶瓶	男坎欠○	
	瓶瓶瓶瓶	○○○妾	
	瓶瓶瓶瓶	●●●●	
五 音	瓶瓶瓶瓶	●●●●	
八 声	瓶瓶瓶瓶	●●●●	
	瓶瓶瓶瓶	●●●●	
	瓶瓶瓶瓶	●●●●	
五 音	瓶瓶瓶瓶	●●●●	
九 声	瓶瓶瓶瓶	●●●●	
	瓶瓶瓶瓶	●●●●	
	瓶瓶瓶瓶	●●●●	
五 音	瓶瓶瓶瓶	●●●●	
十 声	瓶瓶瓶瓶	●●●●	
	瓶瓶瓶瓶	●●●●	

闭音浊和律四之六

六 音	■■■■	多可个舌
	■■■■	禾火化八
一 声	■■■■	开宰爱○
	■■■■	回每退○
	■■■■	良两向○
六 音	■■■■	光广况○
二 声	■■■■	丁井旦○
	■■■■	兄永莹○

四 声	■□耳■	玉玉玉玉	
	■□二■	玉玉玉玉	
	■庄震■	玉玉玉玉	
十一音	■乍□■	玉玉玉玉	
四 声	■叉赤■	玉玉玉玉	
	■崇辰■	玉玉玉玉	
	■卓中■	玉玉玉玉	
十二音	■宅直■	玉玉玉玉	
四 声	■坼丑■	玉玉玉玉	
	■茶呈■	玉玉玉玉	

入声翁唱吕四之五

	古甲九癸	北北北北
一 音	□□近揆	北北北北
五 声	坤巧丘弃	北北北北
	□□乾虬	北北北北
	黑花香血	北北北北
二 音	黄华雄贤	北北北北
五 声	五瓦仰□	北北北北
	吾牙月尧	北北北北
	安亚乙一	北北北北
三 音	□爻王寅	北北北北
五 声	母马美米	北北北北
	目皃眉民	北北北北
	夫法□飞	北北北北
四 音	父凡□吠	北北北北
五 声	武晚□尾	北北北北
	文万□未	北北北北

	■■■■ 千典旦○	卜百丙必　北北北北
六音	■■■■ 元犬半○	五音　步白葡鼻　北北北北
三声	■■■■ 臣引艮○	五声　普朴品匹　北北北北
	■■■■ 君允巽○	旁排平瓶　北北北北
	■■■■ 刀早孝岳	东丹帝■　北北北北
六音	■■■■ 毛宝报霍	六音　兑大弟■　北北北北
四声	■■■■ 牛斗奏六	五声　土贪天■　北北北北
	■■■■ ○○○玉	同覃田■　北北北北
	■■■■ 妻子四日	乃妳女■　北北北北
六音	■■■■ 衰○帅骨	七音　内南年■　北北北北
五声	■■■■ ○○○德	五声　老冷吕■　北北北北
	■■■■ 龟水贵北	鹿荦离■　北北北北
	■■■■ 宫孔众○	走哉足■　北北北北
六音	■■■■ 龙甬用○	八音　自在匠■　北北北北
六声	■■■■ 鱼鼠去○	五声　草采七■　北北北北
	■■■■ 乌虎兔○	曹才全■　北北北北
	■■■■ 心审禁○	思三星■　北北北北
六音	■■■■ ○○○十	九音　寺□象■　北北北北
七声	■■■■ 男坎欠○	五声　□□□■　北北北北
	■■■■ ○○○妾	□□□■　北北北北
	■■■■ ●●●●	■山手■　北北北北
六音	■■■■ ●●●●	十音　■士石■　北北北北
八声	■■■■ ●●●●	五声　■□耳■　北北北北
	■■■■ ●●●●	■□二■　北北北北
	■■■■ ●●●●	■庄震■　北北北北
六音	■■■■ ●●●●	十一音　■乍□■　北北北北
九声	■■■■ ●●●●	五声　■叉赤■　北北北北
		■崇辰■　北北北北

六音 十声	■■■■　●●●● ■■■■　●●●● ■■■■　●●●● ■■■■　●●●●

闭音浊和律四之七

七音 一声	■■■■　多可个舌 ■■■■　禾火化八 ■■■■　开宰爱○ ■■■■　回每退○
七音 二声	■■■■　良两向○ ■■■■　光广况○ ■■■■　丁井亘○ ■■■■　兄永莹○
七音 三声	■■■■　千典旦○ ■■■■　元犬半○ ■■■■　臣引艮○ ■■■■　君允巽○
七音 四声	■■■■　刀早孝岳 ■■■■　毛宝报霍 ■■■■　牛斗奏六 ■■■■　○○○玉
七音 五声	■■■■　妻子四日 ■■■■　衰○帅骨 ■■■■　○○○德 ■■■■　龟水贵北
七音 六声	■■■■　宫孔众○ ■■■■　龙甫用○ ■■■■　鱼鼠去○ ■■■■　乌虎兔○

十二音 五声	■卓中■　北北北北 ■宅直■　北北北北 ■坼丑■　北北北北 ■茶呈■　北北北北

入声翕唱吕四之六

一音 六声	古甲九癸　○○○○ □□近揆　○○○○ 坤巧丘弃　○○○○ □□乾虬　○○○○
二音 六声	黑花香血　○○○○ 黄华雄贤　○○○○ 五瓦仰□　○○○○ 吾牙月尧　○○○○
三音 六声	安亚乙一　○○○○ □爻王寅　○○○○ 母马美米　○○○○ 目兒眉民　○○○○
四音 六声	夫法□飞　○○○○ 父凡□吠　○○○○ 武晚□尾　○○○○ 文万□未　○○○○
五音 六声	卜百丙必　○○○○ 步白葡鼻　○○○○ 普朴品匹　○○○○ 旁排平瓶　○○○○
六音 六声	东丹帝■　○○○○ 兑大弟■　○○○○ 土贪天■　○○○○ 同覃田■　○○○○

七音　■■■■　心审禁○
七声　■■■■　○○○十
　　　■■■■　男坎欠○
　　　■■■■　○○○妾

七音　■■■■　●●●●
八声　■■■■　●●●●
　　　■■■■　●●●●
　　　■■■■　●●●●

七音　■■■■　●●●●
九声　■■■■　●●●●
　　　■■■■　●●●●
　　　■■■■　●●●●

七音　■■■■　●●●●
十声　■■■■　●●●●
　　　■■■■　●●●●

闭音浊和律四之八

八音　■■■■　多可个舌
一声　■■■■　禾火化八
　　　■■■■　开宰爱○
　　　■■■■　回每退○

八音　■■■■　良两向○
二声　■■■■　光广况○
　　　■■■■　丁井亘○
　　　■■■■　兄永莹○

八音　■■■■　千典旦○
　　　■■■■　元犬半○

七音　乃妳女■　○○○○
六声　内南年■　○○○○
　　　老冷吕■　○○○○
　　　鹿荤离■　○○○○

八音　走哉足■　○○○○
六声　自在匠■　○○○○
　　　草采七■　○○○○
　　　曹才全■　○○○○

九音　思三星■　○○○○
六声　寺□象■　○○○○
　　　□□□■　○○○○
　　　□□□■　○○○○

十音　■山手■　○○○○
六声　■士石■　○○○○
　　　■□耳■　○○○○
　　　■□二■　○○○○

十一音　■庄震■　○○○○
六声　　■乍□■　○○○○
　　　　■又赤■　○○○○
　　　　■崇辰■　○○○○

十二音　■卓中■　○○○○
六声　　■宅直■　○○○○
　　　　■坼丑■　○○○○
　　　　■茶呈■　○○○○

入声翕唱吕四之七

一音　古甲九癸　妾妾妾妾
　　　□□近揆　妾妾妾妾

三 声	■■■■	臣引艮○	七 声	坤巧丘弃	妾妾妾妾
	■■■■	君允巽○		□□乾虬	妾妾妾妾
	■■■■	刀早孝岳		黑花香血	妾妾妾妾
八 音	■■■■	毛宝报霍	二 音	黄华雄贤	妾妾妾妾
四 声	■■■■	牛斗奏六	七 声	五瓦仰□	妾妾妾妾
	■■■■	○○○玉		吾牙月尧	妾妾妾妾
	■■■■	妻子四日		安亚乙一	妾妾妾妾
八 音	■■■■	衰○帅骨	三 音	□爻王寅	妾妾妾妾
五 声	■■■■	○○○德	七 声	母马美米	妾妾妾妾
	■■■■	龟水贵北		目兑眉民	妾妾妾妾
	■■■■	宫孔众○		夫法□飞	妾妾妾妾
八 音	■■■■	龙甬用○	四 音	父凡□吠	妾妾妾妾
六 声	■■■■	鱼鼠去○	七 声	武晚□尾	妾妾妾妾
	■■■■	乌虎兔○		文万□未	妾妾妾妾
	■■■■	心审禁○		卜百丙必	妾妾妾妾
八 音	■■■■	○○○十	五 音	步白葡鼻	妾妾妾妾
七 声	■■■■	男坎欠○	七 声	普朴品匹	妾妾妾妾
	■■■■	○○○妾		旁排平瓶	妾妾妾妾
	■■■■	●●●●		东丹帝■	妾妾妾妾
八 音	■■■■	●●●●	六 音	兑大弟■	妾妾妾妾
八 声	■■■■	●●●●	七 声	土贪天■	妾妾妾妾
	■■■■	●●●●		同覃田■	妾妾妾妾
八 音	■■■■	●●●●		乃妳女■	妾妾妾妾
九 声	■■■■	●●●●	七 音	内南年■	妾妾妾妾
	■■■■	●●●●	七 声	老冷吕■	妾妾妾妾
	■■■■	●●●●		鹿荦离■	妾妾妾妾
八 音	■■■■	●●●●		走哉足■	妾妾妾妾
			八 音	自在匠■	妾妾妾妾

十　声	■■■■　●●●●
	■■■■　●●●●

闭音浊和律四之九

		多可个舌
九　音	■■■■	禾火化八
一　声	■■■■	开宰爱○
	■■■■	回每退○
	■■■■	良两向○
九　音	■■■■	光广况○
二　声	■■■■	丁井亘○
	■■■■	兄永莹○
	■■■■	千典旦○
九　音	■■■■	元犬半○
三　声	■■■■	臣引艮○
	■■■■	君允巽○
	■■■■	刀早孝岳
九　音	■■■■	毛宝报霍
四　声	■■■■	牛斗奏六
	■■■■	○○○玉

		妻子四日
九　音	■■■■	衰○帅骨
五　声	■■■■	○○○德
	■■■■	龟水贵北
	■■■■	宫孔众○
九　音	■■■■	龙甬用○
六　声	■■■■	鱼鼠去○
	■■■■	乌虎兔○

七　声	草采七■	妾妾妾妾
	曹才全■	妾妾妾妾

	思三星■	妾妾妾妾
九　音	寺□象■	妾妾妾妾
七　声	□□□■	妾妾妾妾
	□□□■	妾妾妾妾
	■山手■	妾妾妾妾
十　音	■土石■	妾妾妾妾
七　声	■□耳■	妾妾妾妾
	■□二■	妾妾妾妾
	■庄震■	妾妾妾妾
十一音	■乍□■	妾妾妾妾
七　声	■叉赤■	妾妾妾妾
	■崇辰■	妾妾妾妾
	■卓中■	妾妾妾妾
十二音	■宅直■	妾妾妾妾
七　声	■坼丑■	妾妾妾妾
	■茶呈■	妾妾妾妾

入声翕唱吕四之八

	古甲九癸	●●●●
一　音	□□近揆	●●●●
八　声	坤巧丘弃	●●●●
	□□乾虬	●●●●
	黑花香血	●●●●
二　音	黄华雄贤	●●●●
八　声	五瓦仰□	●●●●
	吾牙月尧	●●●●

九音七声		三音八声	
■■■■ 心审禁○		安亚乙一	●●●●
■■■■ ○○○十		□爻王寅	●●●●
■■■■ 男坎欠○		母马美米	●●●●
■■■■ ○○○妾		目皃眉民	●●●●
九音八声		**四音八声**	
■■■■	●●●●	夫法□飞	●●●●
■■■■	●●●●	父凡□吠	●●●●
■■■■	●●●●	武晚□尾	●●●●
		文万□未	●●●●
九音九声		**五音八声**	
■■■■	●●●●	卜百丙必	●●●●
■■■■	●●●●	步白葡鼻	●●●●
■■■■	●●●●	普朴品匹	●●●●
		旁排平瓶	●●●●
九音十声		**六音八声**	
■■■■	●●●●	东丹帝■	●●●
■■■■	●●●●	兑大弟■	●●●
		土贪天■	●●●
		同覃田■	●●●●

闭音浊和律四之十

十音一声		七音八声	
■■■■ 多可个舌		乃妳女■	●●●●
■■■■ 禾火化八		内南年■	●●●
■■■■ 开宰爱○		老冷吕■	●●●
■■■■ 回每退○		鹿荦离■	●●●
十音二声			
■■■■ 良两向○		走哉足■	●●●●
■■■■ 光广况○		**八音八声**	
■■■■ 丁井旦○		自在匠■	●●●
■■■■ 兄永莹○		草采七■	●●●
十音三声		曹才全■	●●●
■■■■ 千典旦○		思三星■	●●●●
■■■■ 元犬半○		**九音八声**	
■■■■ 臣引艮○		寺□象■	●●●●
■■■■ 君允巽○		□□□	●●●●
		□□□	●●●●

		■■■■ 刀早孝岳			■山手■ ●●●●
十音		■■■■ 毛宝报霍	十音		■士石■ ●●●●
四声		■■■■ 牛斗奏六	八声		■□耳■ ●●●●
		■■■■ ○○○玉			■□二■ ●●●●
		■■■■ 妻子四日			■庄震■ ●●●●
十音		■■■■ 衰○帅骨	十一音		■乍□■ ●●●●
五声		■■■■ ○○○德	八声		■叉赤■ ●●●●
		■■■■ 龟水贵北			■崇辰■ ●●●●
		■■■■ 宫孔众○			■卓中■ ●●●●
十音		■■■■ 龙甬用○	十二音		■宅直■ ●●●●
六声		■■■■ 鱼鼠去○	八声		■坼丑■ ●●●●
		■■■■ 乌虎兔○			■茶呈■ ●●●●

入声翕唱吕四之九

		■■■■ 心审禁○			古甲九癸 ●●●●
十音		■■■■ ○○○十	一音		□□近揆 ●●●●
七声		■■■■ 男坎欠○	九声		坤巧丘弃 ●●●●
		■■■■ ○○○妾			□□乾虬 ●●●●
		■■■■ ●●●●			黑花香血 ●●●●
十音		■■■■ ●●●●	二音		黄华雄贤 ●●●●
八声		■■■■ ●●●●	九声		五瓦仰□ ●●●●
		■■■■ ●●●●			吾牙月尧 ●●●●
		■■■■ ●●●●			安亚乙一 ●●●●
十音		■■■■ ●●●●	三音		□爻王寅 ●●●●
九声		■■■■ ●●●●	九声		母马美米 ●●●●
		■■■■ ●●●●			目皃眉民 ●●●●
		■■■■ ●●●●			夫法□飞 ●●●●
十音		■■■■ ●●●●	四音		父凡□吠 ●●●●
十声		■■■■ ●●●●	九声		武晚□尾 ●●●●
		■■■■ ●●●●			文万□未 ●●●●

闭音浊和律四之十一

	■■■■ 多可个舌	卜百丙必 ●●●●	
十一音	■■■■ 禾火化八	五　音 步白葡鼻 ●●●●	
一　声	■■■■ 开宰爱〇	九　声 普朴品匹 ●●●●	
	■■■■ 回每退〇	旁排平瓶 ●●●●	
	■■■■ 良两向〇	东丹帝■ ●●●	
十一音	■■■■ 光广况〇	六　音 兑大弟■ ●●●	
二　声	■■■■ 丁井亘〇	九　声 土贪天■ ●●●	
	■■■■ 兄永莹〇	同覃田■ ●●●	
	■■■■ 千典旦〇	乃妳女■ ●●●	
十一音	■■■■ 元犬半〇	七　音 内南年■ ●●●	
三　声	■■■■ 臣引艮〇	九　声 老冷吕■ ●●●	
	■■■■ 君允巽〇	鹿荦离■ ●●●	
	■■■■ 刀早孝岳	走哉足■ ●●●	
十一音	■■■■ 毛宝报霍	八　音 自在匠■ ●●●	
四　声	■■■■ 牛斗奏六	九　声 草采七■ ●●●	
	■■■■ 〇〇〇玉	曹才全■ ●●●	
	■■■■ 妻子四日	思三星■ ●●●	
十一音	■■■■ 衰〇帅骨	九　音 寺〇象■ ●●●	
五　声	■■■■ 〇〇〇德	九　声 □□□■ ●●●	
	■■■■ 龟水贵北	□□□■ ●●●	
	■■■■ 宫孔众〇	■山手■ ●●●	
十一音	■■■■ 龙甬用〇	十　音 ■士石■ ●●●	
六　声	■■■■ 鱼鼠去〇	九　声 ■□耳■ ●●●	
	■■■■ 乌虎兔〇	■□二■ ●●●●	
	■■■■ 心审禁〇	■庄震■ ●●●	
十一音	■■■■ 〇〇〇十	十一音 ■乍□■ ●●●	
七　声	■■■■ 男坎欠〇	九　声 ■叉赤■ ●●●	
	■■■■ 〇〇〇妾	■崇辰■ ●●●●	

十一音　八声
■■■■　●●●●
■■■■　●●●●
■■■■　●●●●

十一音　九声
■■■■　●●●●
■■■■　●●●●
■■■■　●●●●

十一音　十声
■■■■　●●●●
■■■■　●●●●
■■■■　●●●●

闭音浊和律四之十二

十二音　一声
■■■■　多可个舌
■■■■　禾火化八
■■■■　开宰爱○
■■■■　回每退○

十二音　二声
■■■■　良两向○
■■■■　光广况○
■■■■　丁井旦○
■■■■　兄永莹○

十二音　三声
■■■■　千典旦○
■■■■　元犬半○
■■■■　臣引艮○
■■■■　君允巽○

十二音
■■■■　刀早孝岳
■■■■　毛宝报霍

十二音　九声
■卓中■　●●●●
■宅直■　●●●●
■坼丑■　●●●●
■茶呈■　●●●●

入声翕唱吕四之十

一音　十声
古甲九癸　●●●●
□□近揆　●●●●
坤巧丘弃　●●●●
□□乾虬　●●●●

二音　十声
黑花香血　●●●●
黄华雄贤　●●●●
五瓦仰□　●●●●
吾牙月尧　●●●●

三音　十声
安亚乙一　●●●●
□爻王寅　●●●●
母马美米　●●●●
目皃眉民　●●●●

四音　十声
夫法□飞　●●●●
父凡□吠　●●●●
武晚□尾　●●●●
文万□未　●●●●

五音　十声
卜百丙必　●●●●
步白葡鼻　●●●●
普朴品匹　●●●●
旁排平瓶　●●●●

六音
东丹帝■　●●●●
兑大弟■　●●●●

四　声	■■■■	牛斗奏六
	■■■■	○○○玉
	■■■■	妻子四日
十二音	■■■■	衰○帅骨
五　声	■■■■	○○○德
	■■■■	龟水贵北
	■■■■	宫孔众○
十二音	■■■■	龙甫用○
六　声	■■■■	鱼鼠去○
	■■■■	乌虎兔○
	■■■■	心审禁○
十二音	■■■■	○○○十
七　声	■■■■	男坎欠○
	■■■■	○○○妾
	■■■■	●●●●
十二音	■■■■	●●●●
八　声	■■■■	●●●●
	■■■■	●●●●
十二音	■■■■	●●●●
九　声	■■■■	●●●●
	■■■■	●●●●
十二音	■■■■	●●●●
十　声	■■■■	●●●●
	■■■■	●●●●

十　声	土贪天■	●●●●
	同覃田■	●●●●
	乃妳女■	●●●●
七　音	内南年■	●●●●
十　声	老冷吕■	●●●●
	鹿荦离■	●●●●
	走哉足■	●●●●
八　音	自在匠■	●●●●
十　声	草采七■	●●●●
	曹才全■	●●●●
	思三星■	●●●●
九　音	寺□象■	●●●●
十　声	□□□■	●●●●
	□□□■	●●●●
	■山手■	●●●●
十　音	■土石■	●●●●
十　声	■□耳■	●●●●
	■□二■	●●●●
	■庄震■	●●●●
十一音	■乍□■	●●●●
十　声	■叉赤■	●●●●
	■崇辰■	●●●●
	■卓中■	●●●●
十二音	■宅直■	●●●●
十　声	■坼丑■	●●●●
	■茶呈■	●●●●

皇极经世卷第十一

观物篇之五十一①

　　物之大者无若天地,然而亦有所尽也。天之大,阴阳尽之矣。地之大,刚柔尽之矣。阴阳尽而四时成焉,刚柔尽而四维成焉。夫四时四维者,天地至大之谓也。凡言大者,无得而过之也。亦未始以大为自得,故能成其大,岂不谓至伟至伟者歉? 天,生于动者也。地,生于静者也。一动一静交而天地之道尽之矣。动之始则阳生焉,动之极则阴生焉。一阴一阳交而天之用尽之矣。静之始则柔生焉,静之极则刚生焉。一柔一刚交而地之用尽之矣。②动之大者谓之太阳,动之小者谓之少阳,静之大者谓之太阴,静之小者谓之少阴。太阳为日,太阴为月,少阳为星,少阴为辰。日月星辰交而天之体尽之矣。③太柔为水,太刚为火,少柔为土,少刚为石。水火土石交而地之体尽之矣。日为暑,月为寒,星为昼,辰为夜。暑寒昼夜交而天之变尽之矣。水为雨,火为风,土为露,石为雷。雨风露雷交而地之化尽之矣。暑变物之性,寒变物之情,昼变物之形,夜变物之体。性情形体交而动植之感尽之矣。雨化物之走,风化物之飞,露化物之草,雷化物之木。走飞草木交而动植之应尽之

————————

① "五十一",原作"四十一",据四库本改,后篇题同。
② "一柔一刚交",索隐本作"一刚一柔交"。
③ 四库本此处有"静之大者谓之太柔,静之小者谓之少柔,动之大者谓之太刚,动之小者谓之少刚"三十二字。

矣。走：感暑而变者性之走也，感寒而变者情之走也，感昼而变者形之走也，感夜而变者体之走也。飞：感暑而变者性之飞也，感寒而变者情之飞也，感昼而变者形之飞也，感夜而变者体之飞也。草：感暑而变者性之草也，感寒而变者情之草也，感昼而变者形之草也，感夜而变者体之草也。木：感暑而变者性之木也，感寒而变者情之木也，感昼而变者形之木也，感夜而变者体之木也。性：应雨而化者走之性也，应风而化者飞之性也，应露而化者草之性也，应雷而化者木之性也。情：应雨而化者走之情也，应风而化者飞之情也，应露而化者草之情也，应雷而化者木之情也。形：应雨而化者走之形也，应风而化者飞之形也，应露而化者草之形也，应雷而化者木之形也。体：应雨而化者走之体也，应风而化者飞之体也，应露而化者草之体也，应雷而化者木之体也。性之走善色，情之走善声，形之走善气，体之走善味。性之飞善色，情之飞善声，形之飞善气，体之飞善味。性之草善色，情之草善声，形之草善气，体之草善味。性之木善色，情之木善声，形之木善气，体之木善味。走之性善耳，飞之性善目，草之性善口，木之性善鼻。走之情善耳，飞之情善目，草之情善口，木之情善鼻。走之形善耳，飞之形善目，草之形善口，木之形善鼻。走之体善耳，飞之体善目，草之体善口，木之体善鼻。夫人也者，暑寒昼夜无不变，雨风露雷无不化，性情形体无不感，走飞草木无不应。所以目善万物之色，耳善万物之声，鼻善万物之气，口善万物之味。灵于万物，不亦宜乎。

观物篇之五十二

　　人之所以能灵于万物者，谓其目能收万物之色，耳能收万物之声，鼻能收万物之气，口能收万物之味。声色气味者，万物之体也；目耳鼻口者，万人之用也。体无定用，惟变是用；用无定体，惟化是体。体用交而人物之道于是乎备矣。然则人亦物也，①圣亦人也。
有一物之物，有十物之物，有百物之物，有千物之物，有万物之物，
有亿物之物，有兆物之物。为兆物之物，②岂非人乎？有一人之
人，有十人之人，有百人之人，有千人之人，有万人之人，有亿人之
人，有兆人之人。为兆人之人，③岂非圣乎？是知人也者，物之至
者也；圣也者，人之至者也。物之至者始得谓之物之物也，人之至
者始得谓之人之人也。夫物之物者，至物之谓也；人之人者，至人
之谓也。以一至物而当一至人，则非圣人而何？④人谓之不圣，则
吾不信也。何哉，谓其能以一心观万心，一身观万身，一物观万物，
一世观万世者焉。又谓其能以心代天意，口代天言，手代天功，⑤
身代天事者焉。又谓其能以上顺天时，⑥下应地理，⑦中徇物情，⑧
通尽人事者焉。⑨又谓其能以弥纶天地，出入造化，进退今古，表里
时事者焉。⑩噫，圣人者，非世世而效圣焉，吾不得而目见之也。虽
然，吾不得而目见之，察其心，观其迹，探其体，潜其用，虽亿万千年
亦可以理知之也。⑪人或告我曰："天地之外别有天地万物，异乎此
天地万物。"则吾不得而知之也。⑫非唯吾不得而知之也，圣人亦不
得而知之也。凡言知者，谓其心得而知之也；言言者，谓其口得而
言之也。既心尚不得而知之，口又恶得而言之乎？以心不可得知

① "人"原作"天"，据四库本、索隐本改。
② "为兆物之物"，索隐本作"生一一之人当兆人之人者"。
③ "为兆人之人"，索隐本作"生一一之人当兆人之人者"。
④ "圣"下，索隐本无"人"字。
⑤ "功"，索隐本作"工"。
⑥ "顺"，四库本作"识"。
⑦ "应"，四库本作"尽"。
⑧ "徇"，四库本作"尽"。
⑨ "尽"，四库本作"照"。
⑩ "时事"，四库本作"人物"。
⑪ "万千"，四库本作"千万"。
⑫ "之"下，索隐本无"也"字。

而知之,①是谓妄知也。以口不可得言而言之,②是谓妄言也。吾又安能从妄人而行妄知妄言者乎?

观物篇之五十三

《易》曰:"穷理尽性,以至于命。"所以谓之理者,物之理也。所以谓之性者,天之性也。所以谓之命者,处理性者也。所以能处理性者,非道而何?是知道为天地之本,天地为万物之本。以天地观万物,则万物为万物,③以道观天地,则天地亦为万物。道之道尽之于天矣,天之道尽之于地矣,天地之道尽之于万物矣,④天地万物之道尽之于人矣。人能知其天地万物之道所以尽于人者,然后能尽民也。天之能尽物,则谓之曰昊天。人之能尽民,则谓之曰圣人。谓昊天能异乎万物,则非所以谓之昊天也。谓圣人能异乎万民,则非所以谓之圣人也。万民与万物同,则圣人固不异乎昊天者矣。然则圣人与昊天为一道,圣人与昊天为一道,则万民与万物亦可以为一道。⑤一世之万民与一世之万物亦可以为一道,⑥则万世之万民与万世之万物亦可以为一道也,明矣。夫昊天之尽物,圣人之尽民,皆有四府焉。昊天之四府者,春夏秋冬之谓也,阴阳升降于其间矣。圣人之四府者,《易》《书》《诗》《春秋》之谓也,礼乐污隆于其间矣。春为生物之府,夏为长物之府,秋为收物之府,冬为藏物之府。号物之庶谓之万,虽曰万之又万,其庶能出此昊天之四府者乎?《易》为生民之府,《书》为长民之府,《诗》为收民之府,

---

① "心"原脱,据四库本、索隐本补。
② "口"原脱,据四库本、索隐本补。
③ "为万物",《性理大全书》本(以下简称大全本)作"为物"。
④ "于"后,大全本无"万"字。
⑤ "道"后,大全本有"也"字。
⑥ "亦",四库本、索隐本作"既"。

《春秋》为藏民之府。号民之庶谓之万，虽曰万之又万，其庶能出此圣人之四府者乎？昊天之四府者，时也。圣人之四府者，经也。昊天以时授人，圣人以经法天。天人之事，当如何哉？

观物篇之五十四

观春则知《易》之所存乎，观夏则知《书》之所存乎，观秋则知《诗》之所存乎，观冬则知《春秋》之所存乎。《易》之《易》者，生生之谓也。《易》之《书》者，生长之谓也。《易》之《诗》者，生收之谓也。《易》之《春秋》者，生藏之谓也。《书》之《易》者，长生之谓也。《书》之《书》者，长长之谓也。《书》之《诗》者，长收之谓也。《书》之《春秋》者，长藏之谓也。《诗》之《易》者，收生之谓也。《诗》之《书》者，收长之谓也。《诗》之《诗》者，收收之谓也。《诗》之《春秋》者，收藏之谓也。《春秋》之《易》者，藏生之谓也。《春秋》之《书》者，藏长之谓也。《春秋》之《诗》者，藏收之谓也。《春秋》之《春秋》者，藏藏之谓也。生生者，修夫意者也。生长者，修夫言者也。生收者，修夫象者也。生藏者，修夫数者也。长生者，修夫仁者也。长长者，修夫礼者也。长收者，修夫义者也。长藏者，修夫智者也。收生者，修夫性者也。收长者，修夫情者也。收收者，修夫形者也。收藏者，修夫体者也。藏生者，修夫圣者也。藏长者，修夫贤者也。藏收者，修夫才者也。藏藏者，修夫术者也。修夫意者，三皇之谓也。修夫言者，五帝之谓也。修夫象者，三王之谓也。修夫数者，五伯之谓也。①修夫仁者，有虞之谓也。修夫礼者，夏禹之谓也。②修夫义者，商汤之谓也。③修夫智者，周发之

---

① "伯"，索隐本作"霸"，下同。
② "夏禹"，四库本、索隐本作"有夏"。
③ "商汤"，四库本、索隐本作"有商"。

谓也。①修夫性者,文王之谓也。修夫情者,武王之谓也。修夫形者,周公之谓也。修夫体者,召公之谓也。修夫圣者,秦穆之谓也。修夫贤者,晋文之谓也。修夫才者,齐桓之谓也。修夫术者,楚庄之谓也。皇帝王伯者,《易》之体也。虞夏商周者,《书》之体也。文武周召者,《诗》之体也。秦晋齐楚者,《春秋》之体也。意言象数者,《易》之用也。仁义礼智者,《书》之用也。性情形体者,《诗》之用也。圣贤才术者,《春秋》之用也。用也者,心也。体也者,迹也。心迹之间有权存焉者,圣人之事也。

三皇同意而异化,五帝同言而异教,三王同象而异劝,五伯同数而异率。同意而异化者必以道。以道化民者,民亦以道归之,故尚自然。夫自然者,无为无有之谓也。无为者,非不为也,不固为者也,故能广。无有者,非不有也,不固有者也,故能大。广大悉备而不固为固有者,其唯三皇乎!是故知能以道化天下者,天下亦以道归焉。所以圣人有言曰:"我无为而民自化,我无事而民自富,我好静而民自正,我无欲而民自朴。"其斯之谓欤?

三皇同仁而异化,五帝同礼而异教,三王同义而异劝,五伯同智而异率。同礼而异教者必以德。以德教民者,民亦以德归之,故尚让。夫让也者,先人后己之谓也。以天下授人而不为轻,若素无之也。受人之天下而不为重,若素有之也。若素无素有者,谓不己无己有之也。若己无己有,则举一毛以取与于人,犹有贪鄙之心生焉,而况天下者乎? 能知其天下之天下非己之天下者,其唯五帝乎! 是故知能以德教天下者,天下亦以德归焉。所以圣人有言曰:"垂衣裳而天下治,盖取诸乾坤。"其斯之谓欤?

三皇同性而异化,五帝同情而异教,三王同形而异劝,五伯同

---

① "周发",四库本、索隐本作"有周"。

体而异率。同形而异劝者必以功。以功劝民者,民亦以功归之,故尚政。夫政也者,正也,以正正夫不正之谓也。天下之正莫如利民焉,天下之不正莫如害民焉。能利民者正,则谓之曰王矣。能害民者不正,则谓之曰贼矣。以利除害,安有去王耶?以王去贼,安有弑君耶?是故知王者正也。能以功正天下之不正者,天下亦以功归焉。所以圣人有言曰:"天地革而四时成焉。① 汤武革命,顺乎天而应乎人。"其斯之谓欤?

三皇同圣而异化,五帝同贤而异教,三王同才而异劝,五伯同术而异率。同术而异率者必以力。以力率民者,民亦以力归之,故尚争。夫争也者,争夫利者也。取与利不以义,②然后谓之争。小争交以言,大争交以兵。争夫强者也,③犹借夫名也者,④谓之曲直。名也者,命物正事之称也。利也者,养人成务之具也。名不以仁,无以守业。利不以义,无以居功。名不以功居,⑤利不以业守,⑥则乱矣,民所以必争之也。五伯者,借虚名以争实利者也。帝不足则王,王不足则伯,伯又不足则夷狄矣。若然,则五伯不谓无功于中国,语其王则未也,过夷狄则远矣。周之东迁,文武之功德于是乎尽矣,犹能维持二十四君,王室不绝如线,夷狄不敢屠害中原者,由五伯借名之力也。是故知能以力率天下者,天下亦以力归焉。所以圣人有言曰:"眇能视,跛能履。履虎尾,咥人,凶。武人为于大君。"其斯之谓欤?

夫意也者,尽物之性也;言也者,尽物之情也;象也者,尽物之

---

① "成"后,四库本、索隐本无"焉"字。
② "与",四库本作"以",索隐本作"其"。
③ "强"下,四库本、索隐本有"弱"字。
④ "也",四库本、索隐本作"焉"。
⑤ "名",四库本、索隐本作"利"。
⑥ "利",四库本、索隐本作"名"。

形也;数也者,尽物之体也;仁也者,尽人之圣也;礼也者,尽人之贤也;义也者,尽人之才也;智也者,尽人之术也。尽物之性者谓之道,尽物之情者谓之德,尽物之形者谓之功,尽物之体者谓之力。尽人之圣者谓之化,尽人之贤者谓之教,尽人之才者谓之劝,尽人之术者谓之率。道德功力者,存乎体者也;化教劝率者,存乎用者也;体用之间有变存焉者,圣人之业也。夫变也者,昊天生万物之谓也。权也者,圣人生万民之谓也。非生物非生民,而得谓之权变乎?

观物篇之五十五

善化天下者,止于尽道而已。善教天下者,止于尽德而已。善劝天下者,止于尽功而已。善率天下者,止于尽力而已。以道德功力为化者,乃谓之皇矣。以道德功力为教者,乃谓之帝矣。以道德功力为劝者,乃谓之王矣。以道德功力为率者,乃谓之伯矣。以化教劝率为道者,乃谓之《易》矣。以化教劝率为德者,乃谓之《书》矣。以化教劝率为功者,乃谓之《诗》矣。以化教劝率为力者,乃谓之《春秋》矣。此四者,天地始则始焉,天地终则终焉,终始随乎天地者也。夫古今者,在天地之间犹旦暮也。以今观今则谓之今矣,以后观今则今亦谓之古矣。以今观古则谓之古矣,以古自观则古亦谓之今矣。是知古亦未必为古,今亦未必为今,皆自我而观之也。安知千古之前,万古之后,其人不自我而观之也。若然,则皇帝王伯者圣人之时也,《易》《书》《诗》《春秋》者圣人之经也。时有消长,经有因革。时有消长,否泰尽之矣。经有因革,损益尽之矣。否泰尽而体用分,损益尽而心迹判。体与用分,心与迹判,圣人之事业于是乎备矣。所以自古当世之君天下者,其命有四焉:一曰正命,二曰受命,三曰改命,四曰摄命。正命者,因而因者也。

受命者,因而革者也。改命者,革而因者也。摄命者,革而革者也。因而因者,长而长者也。因而革者,长而消者也。革而因者,消而长者也。革而革者,消而消者也。革而革者,一世之事业也。革而因者,十世之事业也。因而革者,百世之事业也。因而因者,千世之事业也。可以因则因、可以革则革者,万世之事业也。一世之事业者,非五伯之道而何? 十世之事业者,非三王之道而何? 百世之事业者,非五帝之道而何? 千世之事业者,非三皇之道而何? 万世之事业者,非仲尼之道而何? 是知皇帝王伯者命世之谓也,①仲尼者不世之谓也。仲尼曰:"殷因于夏礼,所损益可知也。周因于殷礼,所损益可知也。其或继周者,虽百世可知也。"如是,则何止于百世而已哉? 亿千万世皆可得而知之也。人皆知仲尼之为仲尼,不知仲尼之所以为仲尼。不欲知仲尼之所以为仲尼则已,如其必欲知仲尼之所以为仲尼,则舍天地将奚之焉! 人皆知天地之为天地,不知天地之所以为天地。不欲知天地之所以为天地则已,如其必欲知天地之所以为天地,则舍动静将奚之焉! 夫一动一静者,天地至妙者欤! 夫一动一静之间者,天地人至妙至妙者欤! 是故知仲尼之所以能尽三才之道者,谓其行无辙迹也。〔故有言曰"予欲无言",又曰"天何言哉,四时行焉,百物生焉",其斯之谓欤?〕②

观物篇之五十六

孔子赞《易》自羲轩而下,序《书》自尧舜而下,删《诗》自文武而下,修《春秋》自桓文而下。自羲轩而下,祖三皇也。自尧舜而下,宗五帝也。自文武而下,子三王也。自桓文而下,孙五伯也。祖三皇,尚贤也。宗五帝,亦尚贤也。三皇尚贤以道,五帝尚贤以

① "是"后,索隐本有"故"字。
② 自"故有言曰"至"其斯之谓欤"二十七字原脱,据四库本、索隐本补。

德。子三王,尚亲也。孙五伯,亦尚亲也。三王尚亲以功,五伯尚亲以力。呜呼,时之既往亿万千年,时之未来亦亿万千年,仲尼中间生而为人,[①]何祖宗之寡而子孙之多耶? 此所以重赞尧舜,[②]至禹曰:[③]"禹,吾无间然矣。"仲尼后禹千五百余年,今之后仲尼又千五百余年,虽不敢比德仲尼上赞尧舜禹,[④]岂不敢如孟子上赞仲尼乎?[⑤] 人谓仲尼"惜乎无土",吾独以为不然。疋夫以百亩为土,[⑥]大夫以百里为土,诸侯以四境为土,天子以四海为土,[⑦]仲尼以万世为土。若然,则孟子言"自生民已来,未有如夫子",[⑧]斯亦不为之过矣。[⑨] 夫人不能自富,必待天与其富,然后能富。人不能自贵,必待天与其贵,然后能贵。若然,则富贵在天也,不在人也。有求而得之者,有求而不得者矣,是系乎天者也。功德在人也,不在天也。可修而得之,不修则不得,是非系乎天也,系乎人者也。夫人之能求而得富贵者,求其可得者也。非其可得者,非所以能求之也。昧者不知,求而得之则谓其己之能得也,故矜之;求而不得则谓其人之不与也,[⑩]故怨之。如知其己之所以能得、人之所以能与,则天下安有不知量之人邪? 天下至富也,天子至贵也,岂可妄意求而得之也。虽然天命,[⑪]亦未始不由积功累行,圣君艰难以成之,庸君暴虐以坏之。是天欤? 是人欤? 是知人作之咎,固难逃

---

①　"仲尼中间生而为人"八字原脱,据四库本、索隐本补。
②　索隐本无"此"字。
③　"禹"后,四库本有"则"字。
④　"比德仲尼",四库本作"比夫仲尼",索隐本作"比仲尼"。
⑤　"如",四库本、索隐本作"比"。
⑥　"疋",四库本作"匹",索隐本、大全本作"独"。
⑦　"四海",索隐本作"九州"。
⑧　"夫子",索隐本作"孔子"。
⑨　"不",四库本、索隐本作"未"。
⑩　"不得",四库本、索隐本作"失之"。
⑪　"然",四库本、索隐本作"曰"。

已;天降之灾,禳之奚益。积功累行,君子常分,非有求而然也。有求而然者,所以谓利乎仁者也。君子安有余事于其间哉? 然而有幸与不幸者,①始可以语命也已。夏禹以功有天下,夏桀以虐失天下。殷汤以功有天下,殷纣以虐失天下。周武以功有天下,周幽以虐失天下。三者虽时不同,其成败之形一也。平王东迁,无功以复王业;赧王西走,无虐以丧王室。威令不逮一小国诸侯,仰存于五伯而已,此又奚足道哉? 但时无真王者出焉,虽有虚名,与杞宋其谁曰少异。是时也,《春秋》之作不亦宜乎?

仲尼修经周平王之时,《书》终于晋文侯,《诗》列为王《国风》,《春秋》始于鲁隐公,《易》尽于未济卦。予非知仲尼者,学为仲尼者也。礼乐征伐自天子出,而出自诸侯,天子之重去矣。宗周之功德自文武出,而出自厉幽,②文武之基息矣。由是犬戎得以侮中国。周之诸侯非一,独晋能攘去戎狄,徙王东都洛邑,用存王国,为天下伯者之唱,柜鬯圭瓒之所锡,其能免乎? 传称"子贡欲去鲁告朔之饩羊",孔子曰:"赐也,尔爱其羊,我爱其礼。"是知名存实亡者,犹愈于名实俱亡者矣。礼虽废而羊存,则后世安知无不复行礼者矣。③ 晋文公尊王虽用虚名,犹能力使天下诸侯知有周天子而不敢以兵加之也。及晋之衰也,秦由是敢灭周。斯爱礼之言,信不诬矣。

齐景公尝一日问政于孔子,孔子对曰:"君君,臣臣,父父,子子。"公曰:"善哉,信如君不君,臣不臣,父不父,子不子,虽有粟,吾得而食诸?"是时也,诸侯僭天子,陪臣执国命,禄去公室,政出私门。景公自不能上奉周天子,欲其臣下奉己,不亦难乎? 厥后齐祚

---

① "与",四库本、索隐本作"有"。
② "厉幽",四库本作"幽厉"。
③ "无不复行礼者矣",四库本作"无复行礼者乎",索隐本作"有不复行礼者矣"。

卒为田氏所移。夫齐之有田氏者,亦犹晋之有三家也。^① 晋之有三家者,亦犹周之有五伯也。韩赵魏之于晋也,既立其功又分其地,既卑其主又夺其国。田氏之于齐也,既得其禄又专其政,既杀其君又移其祚。其如天下之事,岂无渐乎? 履霜之戒,宁不思乎?^② 传称"王者往也",能往天下者可以王矣。周之衰也,诸侯不朝天子久矣。及楚预中国会盟,仲尼始进爵为之子,其于僭王也,不亦陋乎?

　　夫以力胜人者,人亦以力胜之。吴尝破越而有轻楚之心,及其破楚又有骄齐之志,贪婪攻取,^③不顾德义,侵侮齐晋,专以夷狄为事,遂复为越所灭。越又不监之,其后复为楚所灭。楚又不监之,其后复为秦所灭。秦又不监之,其后复为汉所伐。^④ 恃强凌弱,与豺虎何以异乎?^⑤ 非所以谓之中国义理之师也。宋之为国也,爵高而力卑者乎? 盟不度德,会不量力,区区与诸侯并驱中原,耻居其后,其于伯也,不亦难乎?

　　周之同姓诸侯而克永世者,独有燕在焉。燕处北陆之地,去中原特远,苟不随韩赵魏齐楚较利刃争虚名,则足以养德待时,观诸侯之变。秦虽虎狼,亦未易加害。延十五、六年后,天下事未可知也。

　　中原之地方九千里,古不加多而今不加少。然而有祚长祚短、地大地小者,攻守异故也。自三代以降,汉、唐为盛,秦界于周、汉之间矣。秦始盛于穆公,中于孝公,终于始皇。起于西夷,迁于岐山,徙于咸阳。兵渎宇内,血流天下,并吞四海,^⑥庚革今古。^⑦ 虽

---

① "三家",四库本作"三卿",下同。
② "不",四库本作"无"。
③ "攻取",四库本作"功利"。
④ "伐",四库本作"代"。
⑤ "豺虎",大全本作"虎豹"。
⑥ "并吞",大全本、索隐本作"吞吐"。
⑦ "庚革今古",四库本作"更革古今"。

不能比德三代，非晋、隋可同年而语也。其祚之不永，得非用法太酷杀人之多乎？所以仲尼序《书》终于《秦誓》一事，其旨不亦远乎？①

夫好生者生之徒也，好杀者死之徒也。周之好生也以义，汉之好生也亦以义。秦之好杀也以利，楚之好杀也亦以利。周之好生也以义，而汉且不及。秦之好杀也以利，而楚又过之。天之道人之情，又奚择于周、秦、汉、楚哉，择乎善恶而已。是知善也者，无敌于天下而天下共善之；恶也者，亦无敌于天下而天下亦共恶之。天之道人之情，又奚择于周、秦、汉、楚哉，择乎善恶而已。

观物篇之五十七

昔者孔子语尧舜，则曰"垂衣裳而天下治"，语汤武，则曰"顺乎天而应乎人"。斯言可以该古今帝王受命之理也。尧禅舜以德，舜禅禹以功。以德帝也，以功亦帝也。然而德下一等则入于功矣。汤伐桀以放，武伐纣以杀。以放王也，以杀亦王也。然而放下一等则入于杀矣。是知时有消长，事有因革。前圣后圣，非出于一途哉！

天与人相为表里。天有阴阳，人有邪正。邪正之由，系乎上之所好也。上好德则民用正，上好佞则民用邪。邪正之由，有自来矣。虽圣君在上不能无小人，是难其为小人。虽庸君在上不能无君子，是难其为君子。自古圣君之盛未有如唐尧之世，君子何其多耶！时非无小人也，是难其为小人。②故君子多也，所以虽有四凶不能肆其恶。自古庸君之盛未有如商纣之世，③小人何其多耶！时非无君子也，是难其为君子。故小人多也，所以虽有三仁不能遂

---

① "旨"，大全本、索隐本作"言"。
② "人"下，大全本、索隐本有"也"字。
③ "商纣"，大全本、索隐本作"殷纣"。

其善。是知君择臣、臣择君者，是系乎人也。君得臣、臣得君者，是非系乎人也，系乎天者也。

贤愚，人之本性；利害，民之常情。虞舜陶于河滨，傅说筑于岩下，天下皆知其贤而百执事不为之举者，利害使之然也。吁，利害丛于中而矛戟森于外，又安知有虞舜之圣而傅说之贤哉？河滨非禅位之所，岩下非求相之方。昔也在亿万人之下，而今也在亿万人之上，相去一何远之甚也。然而必此云者，贵有名者也。《易》曰："坎，有孚维心，亨。行有尚。"中正行险，往且有功，虽危无咎，能自信故也，伊尹以之。是知古之人患名过实者，有之矣。其间有幸与不幸者，虽圣人，力有不及者矣。[1] 伊尹行冢宰居责成之地，借使避放君之名，岂曰不忠乎？则天下之事去矣，又安能正嗣君成终始之大忠者乎？吁，若委寄于匪人三年之间，其如嗣君何，则天下之事亦去矣。又安有伊尹也？"坎，有孚维心，亨"，不亦近之乎？

《易》曰："由豫，大有得，勿疑，朋盍簪。"刚健主豫，动而有应，群疑乃亡，能自强故也，周公以之。是知圣人不能使人无谤，能处谤者也。周公居总己当任重之地，借使避灭亲之名，岂曰不孝乎？则天下之事去矣。又安能保嗣君成终始之大孝者乎？吁，若委寄于匪人七年之间，其如嗣君何，则天下之事亦去矣，又安有周公也？"由豫，大有得，勿疑，朋盍簪"，不亦近之乎？

夫天下将治，则人必尚行也。天下将乱，则人必尚言也。尚行，则笃实之风行焉。尚言，则诡谲之风行焉。天下将治，则人必尚义也。天下将乱，则人必尚利也。尚义，则谦让之风行焉。尚利，则攘夺之风行焉。三王尚行者也，五伯尚言者也。尚行者必入于义也，尚言者必入于利也。义利之相去，一何远之如是耶？是知

---

[1] "力"后，大全本、索隐本有"人"字，属下读。

言之于口不若行之于身,行之于身不若尽之于心。言之于口,人得而闻之。行之于身,人得而见之。尽之于心,神得而知之。人之聪明犹不可欺,况神之聪明乎?是知无愧于口不若无愧于身,无愧于身不若无愧于心。无口过易,无身过难。无身过易,无心过难。既无心过,①何难之有?吁,安得无心过之人而与之语心哉?是故知圣人所以能立乎无过之地者,②谓其善事于心者也。

观物篇之五十八

仲尼曰:"《韶》尽美矣,又尽善也。《武》尽美矣,未尽善也。"又曰:"管仲相桓公,霸诸侯,一匡天下,民到于今受其赐。微管仲,吾其被发左衽矣。"是知武王虽不逮舜之尽善尽美,以其解天下之倒悬则下于舜一等耳。桓公虽不逮武之应天顺人,以其霸诸侯一匡天下则高于狄亦远矣。以武比舜则不能无过,比桓则不能无功。以桓比狄则不能无功,比武则不能无过。汉氏宜立乎其武、桓之间矣。③是时也,非会天下民厌秦之暴且甚,虽十刘季、百子房,其如人心之未易何?④且古今之时则异也,而民好生恶死之心非异也。自古杀人之多未有如秦之甚,天下安有不厌之乎?夫杀人之多不必以刃,谓天下之人无生路可趋也,⑤而又况以刃多杀天下之人乎?秦二世,万乘也,求为黔首而不能得。汉刘季,匹夫也,免为元首而不能已。万乘与匹夫,相去有间矣。然而有时而代之者,谓其天下之利害有所悬之耳。天之道,非祸万乘而福匹夫也,谓其祸无道而福有道也。人之情,非去万乘而就匹夫也,谓其去无道而就有道也。万乘与匹夫,相去

---

① "既无心过",四库本作"心既无过"。
② "乎",四库本脱,索隐本作"于"。
③ "其武桓",四库本、索隐本作"桓武"。
④ 大全本、索隐本无"之"字。
⑤ "趋",大全本作"移",索隐本作"趋"。

有间矣。然而有时而代之者,谓其直以天下之利害有所悬之耳。

日既没矣,月既望矣,星不能不希矣。非星之希,是星难乎为其光矣。① 能为其光者,不亦希乎! 汉、唐既创业矣,吕、武既擅权矣,臣不能不希矣! 非臣之希,是臣难乎为其忠矣。能为其忠者,不亦希乎? 是知从天下事易,②死天下事难;死天下事易,成天下事难。苟能成之,③又何计乎死与生也? 如其不成,虽死奚益? 况其有正与不正者乎? 与其死于不正,孰若生于正? 与其生于不正,孰若死于正? 在乎忠与智者之一择焉。死固可惜,贵乎成天下之事也。如其败天下之事,一死奚以塞责? 生固可爱,贵乎成天下之事也。如其败天下之事,一生何以收功? 噫,能成天下之事,又能不失其正而生者,非汉之留侯、唐之梁公而何? 微斯二人,则汉、唐之祚或几乎移矣。岂若虚生虚死者焉? 夫虚生虚死者譬之萧艾,忠于智者不由乎其间矣!④

观物篇之五十九

仲尼曰:"善人为邦百年,亦可以胜残去杀。"⑤诚哉是言也。自极乱至于极治,必三变矣。三皇之法无杀,五伯之法无生。伯一变,至于王矣。王一变,至于帝矣。帝一变,至于皇矣。其于生也,非百年而何。是知三皇之世如春,五帝之世如夏,三王之世如秋,五伯之世如冬。如春,温如也。如夏,燠如也。如秋,凄如也。如冬,冽如也。春夏秋冬者,昊天之时也。《易》《书》《诗》《春秋》者,圣人之经也。天时不差,则岁功成矣。圣经不忒,则君德成矣。天有常

① "为其",大全本、索隐本作"其为"。
② "从",四库本作"成",大全本、索隐本作"任"。
③ "苟"后,大全本、索隐本无"能"字。
④ 四库本"于"作"与","由"作"游"。
⑤ "杀"后,四库本有"矣"字。

时,圣有常经。行之正则正矣,行之邪则邪矣。邪正之间,有道在焉。行之正则谓之正道,行之邪则谓之邪道。邪正由人乎,由天乎?天由道而生,地由道而成,物由道而形,人由道而行。天、地、人、物则异也,其于由道一也。夫道也者,道也。道无形,行之则见于事矣。如道路之道坦然,使千亿万年行之人知其归者也。或曰:"君子道长则小人道消,君子道消则小人道长。长者是,则消者非也;消者是,则长者非也。何以知正道、邪道之然乎?"吁,贼夫人之论也!不曰君行君事、臣行臣事、父行父事、子行子事、夫行夫事、妻行妻事、君子行君子事、小人行小人事、中国行中国事、夷狄行夷狄事,谓之正道;君行臣事、臣行君事、父行子事、子行父事、夫行妻事、妻行夫事、君子行小人事、小人行君子事、中国行夷狄事、夷狄行中国事,谓之邪道。至于三代之世治,未有不治,人伦之为道也;三代之世乱,未有不乱,人伦之为道也。后世之慕三代之治世者,未有不正人伦者也;后世之慕三代之乱世者,未有不乱人伦者也。自三代而下,汉、唐为盛,未始不由治而兴,乱而亡,况其不盛于汉、唐者乎? 其兴也,又未始不由君道盛,父道盛,夫道盛,君子之道盛,中国之道盛;其亡也,又未始不由臣道盛,子道盛,妻道盛,小人之道盛,夷狄之道盛。噫,二道对行,何故治世少而乱世多耶,君子少而小人多耶? 曰:"岂不知阳一而阴二乎? 天地尚由是道而生,况其人与物乎? 人者,物之至灵者也。物之灵未若人之灵,尚由是道而生,又况人灵于物者乎?"是知人亦物也,以其至灵,故特谓之人也。

观物篇之六十①

日经天之元,月经天之会,星经天之运,辰经天之世。以日经

---

① "六十",原作"五十",据四库本改,后篇题同。

日,则元之元可知之矣。以日经月,则元之会可知之矣。以日经星,则元之运可知之矣。以日经辰,则元之世可知之矣。以月经日,则会之元可知之矣。以月经月,则会之会可知之矣。以月经星,则会之运可知之矣。以月经辰,则会之世可知之矣。以星经日,则运之元可知之矣。以星经月,则运之会可知之矣。以星经星,则运之运可知之矣。以星经辰,则运之世可知之矣。以辰经日,则世之元可知之矣。以辰经月,则世之会可知之矣。以辰经星,则世之运可知之矣。以辰经辰,则世之世可知之矣。元之元一,元之会十二,元之运三百六十,元之世四千三百二十。会之元十二,会之会一百四十四,会之运四千三百二十,会之世五万一千八百四十。运之元三百六十,[①]运之会四千三百二十,运之运一十二万九千六百,运之世一百五十五万五千二百。世之元四千三百二十,世之会五万一千八百四十,世之运一百五十五万五千二百,世之世一千八百六十六万二千四百。元之元,以春行春之时也。元之会,以春行夏之时也。元之运,以春行秋之时也。元之世,以春行冬之时也。会之元,以夏行春之时也。会之会,以夏行夏之时也。会之运,以夏行秋之时也。会之世,以夏行冬之时也。运之元,以秋行春之时也。运之会,以秋行夏之时也。运之运,以秋行秋之时也。运之世,以秋行冬之时也。世之元,以冬行春之时也。世之会,以冬行夏之时也。世之运,以冬行秋之时也。世之世,以冬行冬之时也。皇之皇,以道行道之事也。皇之帝,以道行德之事也。皇之王,以道行功之事也。皇之伯,以道行力之事也。帝之皇,以德行道之事也。帝之帝,以德行德之事也。帝之王,以德行功之事也。帝之伯,以德行力之事也。王之皇,以功行道之事也。

---

① "运"后,大全本、索隐本有"演"字,属下读。

王之帝,以功行德之事也。王之王,以功行功之事也。王之伯,以功行力之事也。伯之皇,以力行道之事也。伯之帝,以力行德之事也。伯之王,以力行功之事也。伯之伯,以力行力之事也。时有消长,事有因革,非圣人无以尽之。[1] 所以仲尼曰:"可与共学,未可与适道。可与适道,未可与立。可与立,未可与权。"是知千万世之时,千万世之经,岂可画地而轻言也哉。[2] 三皇,春也。五帝,夏也。三王,秋也。五伯,冬也。七国,冬之余冽也。汉,王而不足。晋,伯而有余。三国,伯之雄者也。十六国,伯之丛者也。南五代,伯之借乘也。北五朝,伯之传舍也。隋,晋之子也。唐,汉之弟也。隋季诸郡之伯,江汉之余波也。唐季诸镇之伯,日月之余光也。后五代之伯,日未出之星也。自帝尧至于今,上下三千余年,前后百有余世,书传可明纪者,四海之内,九州之间,其间或合或离,或治或隳,或强或嬴,或唱或随,未始有兼世而能一其风俗者。吁,古者谓三十年为一世,岂徒然哉? 俟化之必洽,教之必浃,民之情始可一变矣。[3] 苟有命世之人继世而兴焉,则虽民如夷狄,三变而帝道可举。[4] 惜乎,时无百年之世,世无百年之人。比其有代,则贤之与不肖,何止于相半也。时之难,不其然乎? 人之难,不其然乎?

观物篇之六十一

太阳之体数十,太阴之体数十二,少阳之体数十,少阴之体数十二。少刚之体数十,少柔之体数十二,太刚之体数十,太柔之体数十二。进太阳、少阳、太刚、少刚之体数,退太阴、少阴、太柔、少

---

① "以",四库本作"不"。
② "言"后,大全本、索隐本无"也"字。
③ "可"后,大全本、四库本有"以"字。
④ "可"后,大全本、索隐本有"以"字。

柔之体数,是谓太阳、少阳、太刚、少刚之用数。进太阴、少阴、太柔、少柔之体数,退太阳、少阳、太刚、少刚之体数,是谓太阴、少阴、太柔、少柔之用数。太阳、少阳、太刚、少刚之体数一百六十,太阴、少阴、太柔、少柔之体数一百九十二。太阳、少阳、太刚、少刚之用数一百一十二,太阴、少阴、太柔、少柔之用数一百五十二。以太阳、少阳、太刚、少刚之用数唱太阴、少阴、太柔、少柔之用数,是谓日月星辰之变数。以太阴、少阴、太柔、少柔之用数和太阳、少阳、太刚、少刚之用数,是谓水火土石之化数。日月星辰之变数一万七千二十四,谓之动数。水火土石之化数一万七千二十四,谓之植数。再唱和日月星辰、水火土石之变化通数二万八千九百八十一万六千五百七十六,谓之动植通数。日月星辰者,变乎暑寒昼夜者也。水火土石者,化乎雨风露雷者也。暑寒昼夜者,变乎性情形体者也。雨风露雷者,化乎走飞草木者也。暑变飞走木草之性,寒变飞走木草之情,昼变飞走木草之形,夜变飞走木草之体。雨化性情形体之走,风化性情形体之飞,露化性情形体之草,雷化性情形体之木。性情形体者,本乎天者也。飞走木草者,本乎地者也。本乎天者,分阴分阳之谓也。本乎地者,分柔分刚之谓也。夫分阴分阳、分柔分刚者,天地万物之谓也。备天地万物者,人之谓也。

观物篇之六十二

有日日之物者也,有日月之物者也,有日星之物者也,有日辰之物者也。有月日之物者也,有月月之物者也,有月星之物者也,有月辰之物者也。有星日之物者也,有星月之物者也,有星星之物者也,有星辰之物者也。有辰日之物者也,有辰月之物者也,有辰星之物者也,有辰辰之物者也。日日物者飞飞也,日月物者飞走也,日星物者飞木也,日辰物者飞草也。月日物者走飞也,月月物者走走也,月星物者走木也,月辰物者走草也。星日物者木飞也,星月物者木走也,星星物者木木也,星辰物者木草也。辰日物者草飞也,辰月物者草走也,辰星物者草木也,辰辰物者草草也。有皇皇之民者也,有皇帝之民者也,有皇王之民者也,有皇伯之民者也。有帝皇之民者也,有帝帝之民者也,有帝王之民者也,有帝伯之民者也。有王皇之民者也,有王帝之民者也,有王王之民者也,有王伯之民者也。有伯皇之民者也,有伯帝之民者也,有伯王之民者也,有伯伯之民者也。皇皇民者士士也,皇帝民者士农也,皇王民者士工也,皇伯民者士商也。帝皇民者农士也,帝帝民者农农也,帝王民者农工也,帝伯民者农商也。王皇民者工士也,王帝民者工农也,王王民者工工也,王伯民者工商也。伯皇民者商士也,伯帝民者商农也,伯王民者商工也,伯伯民者商商也。飞飞物者性性也,飞走物者性情也,飞木物者性形也,飞草物者性体也。走飞物者情性也,走走物者情情也,走木物者情形也,走草物者情体也。木飞物者形性也,木走物者形情也,木木物者形形也,木草物者形体也。草飞物者体性也,草走物者体情也,草木物者体形也,草草物者体体也。士士民者仁仁也,士农民者仁礼也,士工民者仁义也,士商民者仁智也。农士民者礼仁也,农农民者礼礼也,农工民者礼义也,农商民者礼智也。工士民者义仁也,工农民者义礼也,工工民者义义也,工商民者义智也。商士民者智仁也,商农民者智礼也,商工民者智义也,商商民者智智也。飞飞之物一之一,飞走之物一之十,飞木之物一之百,飞草之物一之千。走飞之物十之一,走走之物十之十,走木之物十之百,走草之物十之千。木飞之物百之一,木走之物百之十,木木之物百之百,木草之物百之千。草飞之物千之一,草走之物千之十,草木之物千之百,草草之物千之千。士士之民一之一,士农之民一之十,士工之民一之百,士商之民一之千。农士之民十之一,农农之民十之十,农工之民十之百,农商之民十之千。工士之民百之一,工农之民百之十,工工之民百之百,工商之民百之千。商士之民千之一,商农之民千之十,商工之民千之百,商商之民千之千。一一之飞当兆物,一十之飞当亿物,一百之飞当万物,一千之飞当千物。十一之走当亿物,十十之走当万物,十百之走当千物,十千之走当百物。百一之木当万物,百十之木当千物,百百之木当百物,百千之木当十物。千一之草当千物,千十之草当百物,千百之草当十物,千千之草当一物。一一之士当兆民,一十之士当亿民,一百之士当万民,[1]一千之士当千民。十一之农当亿民,十十之农当万民,十百之农当千民,十千之农当百民。百一之工当万民,百十之工当千民,百百之工当百民,百千之工当十民。千一之商当千民,千十之商当百民,千百之商当十民,[2]千千之商当一民。为一一物之能当兆物者,非巨物而何? 为一一之民能当兆民者,非巨民而何? 为千千之物能分一物者,非细物而何? 为千千之民能分一民者,非细民而何? 固知物有大小,民有贤愚。移昊天生兆物之德而生兆民,则岂不谓至神者乎? 移昊天养兆物之功而养兆民,则岂不谓至圣者乎? 吾而今而后,知践形为大。[3] 非大圣大神之人,岂有不负于天地者矣。[4] 夫所以谓之观物者,非以目观之也。非观之以目,而观之以心也。非观之以心,而观之以理也。天下之物莫不有理焉,莫不有性焉,莫不有命焉。所以谓之理者,穷之而后可知也。所以谓之性者,尽之而后可知也。所以谓之命者,至之而后可知也。此三知者,天下之

---

① "民",原作"物",据四库本改。
② "十民",原作"千民",据四库本改。
③ "形",大全本、索隐本作"迹"。
④ "矣",四库本作"乎"。

真知也。虽圣人无以过之也，而过之者非所以谓之圣人也。夫鉴之所以能为明者，谓其能不隐万物之形也。虽然鉴之能不隐万物之形，未若水之能一万物之形也。虽然水之能一万物之形，又未若圣人之能一万物之情也。① 圣人之所以能一万物之情者，谓其圣人之能反观也。所以谓之反观者，不以我观物也。不以我观物者，以物观物之谓也。既能以物观物，又安有我于其间哉？是知我亦人也，人亦我也，我与人皆物也。此所以能用天下之目为己之目，其目无所不观矣。用天下之耳为己之耳，其耳无所不听矣。用天下之口为己之口，其口无所不言矣。用天下之心为己之心，其心无所不谋矣。夫天下之观，其于见也不亦广乎？天下之听，其于闻也不亦远乎？天下之言，其于论也不亦高乎？天下之谋，其于乐也不亦大乎？夫其见至广，其闻至远，其论至高，其乐至大，能为至广、至远、至高、至大之事而中无一为焉，岂不谓至神至圣者乎？非唯吾谓之至神至圣者乎，而天下谓之至神至圣者乎。非唯一时之天下谓之至神至圣者乎，而千万世之天下谓之至神至圣者乎。过此以往，未之或知也已。

---

① "圣人"后，大全本、索隐本无"之"字。

皇极经世卷第十二

观物外篇上

天数五,地数五,合而为十,数之全也。天以一而变四,地以一而变四。四者有体也,而其一者无体也,是谓有无之极也。天之体数四而用者三,不用者一也。地之体数四而用者三,不用者一也。是故无体之一以况自然也,不用之一以况道也,用之者三以况天地人也。体者八变,用者六变。是以八卦之象不易者四,反易者二,以六卦变而成八也。重卦之象不易者八,变易者二十八,①以三十六变而成六十四也。故爻止于六,卦尽于八,策穷于三十六,而重卦极于六十四也。卦成于八,重于六十四。爻成于六,策穷于三十六,而重于三百八十四也。

天有四时。一时四月,一月四十日,四四十六而各去其一,是以一时三月,一月三十日也。四时,体数也。三月、三十日,用数也。体虽具四,而其一常不用。故用者止于三而极于九也。体数常偶,故有四有十二。用数常奇,故有三有九。

大数不足而小数常盈者,何也。以其大者不可见而小者可见也。故时止乎四,月止乎三,而日盈乎十也。是以人之肢体有四而指有十也。②

天见乎南而潜乎北,极于六而余于七。是以人知其前,昧其

---

① “变易”,四库本、衍义本作“反易”。
② “肢体”,原作“交体”,据衍义本改。

后,而略其左右也。

天体数四而用三,地体数四而用三。天克地,地克天,而克者在地,犹昼之余分在夜也。是以天三而地四,天有三辰,地有四行也。然地之大且见且隐,①其余分之谓邪?

天有二正,地有二正,而共用二变以成八卦也。天有四正,地有四正,共用二十八变以成六十四卦也。是以小成之卦正者四,变者二,共六卦也;大成之卦正者八,变者二十八,共三十六卦也。乾坤离坎,为三十六卦之祖也。兑震巽艮,为二十八卦之祖也。

乾七子,兑六子,离五子,震四子,巽三子,②坎二子,艮一子,坤全阴,故无子。乾七子,坤六子,兑五子,艮四子,离三子,坎二子,震一子,巽刚,③故无子。

乾坤七变,是以昼夜之极不过七分也。兑艮六变,④是以月止于六,共为十二也。离坎五变,是以日止于五,共为十也。震巽四变,是以体止于四,共为八也。

卦之正、变共三十六,而爻又有二百一十六,⑤则用数之策也。三十六去四则三十二也,又去四则二十八也,又去四则二十四也。故卦数三十二位,去四而言之也。天数二十八位,去八而言之也。地数二十四位,去十二而言之也。四者,乾坤离坎也。八者,并颐、孚、大、小过也。十二者,兑、震、泰、既济也。

日有八位而用止于七,去乾而言之也。月有八位用止于六,去兑而言之也。星有八位用止于五,去离而言之也。辰有八位用止于四,去震而言之也。

---

① "大",衍义本注云:"旧本作火。"
② "三",原作"一",据衍义本改。
③ "巽"后,衍义本有"阴"字。
④ "兑艮",衍义本作"艮兑"。
⑤ "百"原脱,据衍义本补。

日有八位而数止于七,去泰而言之。

月自兑起者,月不能及日之数也。故十二月常余十二日也。

阳无十,故不足于后。阴无一,故不足于首。

乾,阳中阳,不可变,故一年止举十二月也。震,阴中阴,^①不可变,故一日之十二时不可见也。^② 兑,阳中阴,离,阴中阳,皆可变,故日月之数可分也。是阴数以十二起,阳数以三十起,常存二、六也。

举年见月,举月见日,举日见时,阳统阴也。是天四变含地四变,日之变含月与星辰之变也。是以一卦含四卦也。

日一位,月一位,星一位,辰一位。日有四位,月有四位,星有四位,辰有四位。四四有十六位,此一变而日月之数穷矣。^③

天有四变,地有四变。变有长也,有消也。十有六变而天地之数穷矣。

日起于一,月起于二,星起于三,辰起于四。引而伸之,阳数常六,阴数常二,十有二变而大小之运穷。^④ 三百六十变为十二万九千六百。十二万九千六百变为一百六十七亿九千六百一十六万。一百六十七亿九千六百^⑤一十六万变为二万八千二百一十一兆九百九十万七千四百五十六亿。以三百六十为时,以一十二万九千六百为日,以一百六十七亿九千六百〔一十六万为月,以二万八千二百一十一兆九百九十万七千四百五十六亿为年,则大小运之数立矣。二万八千二百一十一兆九百九十万七千四百五十六亿分而为十二,前六限为长,后六限为消,以当一年十二月之数,而进退三

---

① "阴中阴",后"阴"字,原作"阳",据四库本、衍义本改。
② "之",四库本、衍义本无,性理大全本作"止"。
③ 衍义本注:"此一变上原脱一尽字。"
④ "十有二变"四字原脱,据衍义本补。
⑤ "百",原作"伯",据衍义本改。

百六十日矣。一百六十七亿九千六百一十六万分而为三十,以当一月三十日之数,随大运之消长而进退六十日矣。十二万九千六百〕①分而为十二,以当一日十二时之数,而进退六日矣。三百六十以当一时之数,随小运之进退以当昼夜之时也。十六变之数去其交数,取其用数,得二万八千二百一十一兆九百九十(一)②万七千四百五十六亿。二万八千二百一十一兆九百九十(一)③万七千四百五十六亿,分而为十二限,前六限为长,后六限为消,每限得十三④亿九千九百六十八万之一百六十七亿九千六百一十六万。每一百六十七亿九千六百一十六万年,开一分,进六十日也;六限开六分,进三百六十日也。犹有余分之一,故开七分进三百六十六日也。其退亦若是矣。十二万九千六百,去其三者,交数也,取其七者,用数也。用数三而成于六,加余分故有七也。七之得九万七百二十年,半之得四万五千三百六十年,以进六日也。日有昼夜,数有胐朒,以成十有二日也。每三千六百年进一日,凡四万三千二百年进十有二日也。余二千一百六十年以进余分之六,合交数之二千一百六十年,共进十有二分以为闰也。故小运之变凡六十,而成三百六十有六日也。〔六者,三天也。四者,两地也。天统乎体而托地以为体,地分乎用而承天以为用。天地相依,体用相附。〕⑤

乾为一。乾之五爻分而为大有,以当三百六十之数也。乾之四爻分而为小畜,以当十二万九千六百之数也。乾之三爻分而为履,以当一百六十七亿九千六百一十六万之数也。乾之二爻分而为同人,以当二万八千二百一十一兆九百九十万七千四百五十六

---

① 自"一十六万为月"至"十二万九千六百"一百四十字原脱,据衍义本、四库本补。
②③ "一"字衍,当删。
④ "十三",原作"三十",据衍义本改。
⑤ 自"六者三天也"至"体用相附"三十八字原脱,据衍义本补。

亿之数也。乾之初爻分而为姤,①以当〔七秭九千五百八十六万六千一百十垓九千九百四十六万四千八京八千四百三十九万一千九百三十六兆之数也〕。② 是谓分数也。分大为小皆自上而下,③故以阳数当之。如一分为十二,十二分为三百六十也。天统乎体,故八变而终于十六。地分乎用,故六变而终于十二。天起于一而终于〔七秭九千五百八十六万六千一百一十垓九千九百四十六万四千八京八千四百三十九万一千九百三十六兆〕。④ 地起于十二而终于二百四垓⑤六千九百八十万七千三百八十一京⑥五千四百九十三⑦万八千四百九十九兆七百二十万亿也。

一生二为夬,当十二之数也。二生四为大壮,当四千三百二十之数也。四生八为泰,当五亿五千九百八十七万二千之数也。八生十六为临,当九百四十(四)⑧兆三千六百九十九万六千九百一十五亿二千万之数也。十六生三十二为复,当〔二千六百五十二万八千八百七十垓三千六百六十四万八千八百京二千九百四十七万九千七百三十一兆二千万亿〕⑨之数也。三十二生六十四为坤,当无极之数也,是谓长数也。长小为大皆自下而上,故以阴数当之。

有地然后有二,有二然后有昼夜。二三以变,错综而成,故《易》以二而生数,以十二而变,⑩而一非数也,非数而数以之成也。

---

① "初",原作"六",据四库本、衍义本改。
② 自"七秭"至"之数也"四十七字原脱,据衍义本补。
③ "下",原作"六",据大全本、衍义本改。
④ 自"七秭"至"三十六兆"四十五字原脱,据衍义本补。
⑤ "垓",原作"秭",据衍义本改。
⑥ "京",原作"垓",据衍义本改。
⑦ "三",原作"一",据《皇极经世书解》改。
⑧ 衍义本注云:"旧本衍一'四'字。"
⑨ 自"二千六百"至"二千万亿"四十八字原脱,据衍义本补。
⑩ "变",衍义本作"起"。

天行不息，①未尝有昼夜，人居地上以为昼夜，故以地上之数为人之用也。

天自临以上，地自师以上，运数也。天自同人而下，②地自遯以下，③年数也。运数则在天者也，年数则在地者也。天自贲以上，地自艮以上，用数也。天自明夷以下，地自否以下，交数也。天自震以上，地自晋以上，有数也。天自益以下，地自豫以下，无数也。

天之有数，起乾而止震。余入于无者，天辰不见也。地去一而起十二者，地火常潜也。故天以体为基而常隐其基，地以用为本而常藏其用也。一时止于三月，一月止于三十日，皆去其辰数也。是以八八之卦六十四而不变者八，可变者七（七）④八五十六，其义亦由此矣。阳爻，昼数也。阴爻，夜数也。天地相衔，阴阳相交。故昼夜相离，刚柔相错。春夏阳也，⑤故昼数多夜数少。秋冬阴也，⑥故昼数少夜数多。

体数之策三百八十四，去乾坤离坎之策为用数三百六十。体数之用二百七十，去乾与离坎之策为用数之用二百五十二也。体数之用二百七十，其一百五十六为阳，一百一十四为阴。去离之策得一百五十二阳、一百一十二阴，⑦为实用之数也。盖阳去离而用乾，阴去坤而用坎也。是以天之阳策一百一十二，去其阴也。地之阴策一百一十二，阳策四十，去其南北之阳也。极南大暑，极北大

---

① "息"，大全本作"急"。
② "而"，衍义本作"以"。
③ "遯"，原作"剥"，据衍义本改。
④ "七"，衍义本注云："旧本衍'七'字。"
⑤ "阳"后，衍义本有"多"字。
⑥ "阴"后，衍义本有"多"字。
⑦ "二"，原作"一"，据衍义本改。

寒,物不能生,是以去之也。其四十,为天之余分邪。阳侵阴,昼侵夜,是以在地也。合之为一百五十二阳、一百一十二阴也。阳去乾之策,阴去坎之策,得一百四十四阳、[①]一百八阴,为用数之用也。阳三十六,三之为一百八。阴三十六,三之为一百八。三阳三阴,阴阳各半也。阳有余分之一为三十六,合之为一百四十四阳、[②]一百八阴也。故体数之用二百七十而实用者二百六十四,用数之用二百五十二也。卦有六十四而用止乎三十六,爻有三百八十四而用止于二百一十有六也。六十四分而为二百五十六,是以一卦去其初、上之爻亦二百五十六也,此生物之数也。故离坎为生物之主,以离四阳、坎四阴,故生物者必四也。阳一百一十二,阴一百一十二,去其离坎之爻则二百一十六也。阴阳之四十共为二百五十六也。是以八卦用六爻,乾坤主之也。六爻用四位,离坎主之也。故天之昏晓不生物而日中生物,地之南北不生物而中央生物也。体数何为者也,生物者也。用数何为者也,运行者也。运行者天也,生物者地也。天以独运,故以用数自相乘,而以用数之用为生物之时也。地耦而生,故以体数之用阳乘阴为生物之数也。天数三,故六六而又六之,是以乾之策二百一十六。地数两,[③]故十二而十二之,是以坤之策百四十有四也。乾用九,故三其八为二十四而九之亦二百一十有六,两其八为十六而九之亦百四十有四也。坤用六,故三其十二为三十六而六之亦二百一十有六也,两其十二为二十四而六之亦百四十有四也。坤以十二之三,[④]十六之四,六之一与半,为乾之余分,则乾得二百五十二,坤得一百八也。

　　阳四卦十二爻,八阳四阴。以三十六乘其阳,以二十四乘其

---

① ② 后"四",原作"六",据衍义本改。
③ "地",原作"也",据衍义本改。
④ "三",原作"二",据衍义本改。

阴,则三百八十四也。

卦之反对,皆六阳六阴也。在《易》则六阳六阴者十有二对也。去四正者,①八阳四阴、八阴四阳者各六对也,十阳二阴、十阴二阳者各三对也。

体有三百八十四而用止于三百六十,何也,以乾坤离坎之不用也。② 乾坤离坎之不用,何也,乾坤离坎之不用,所以成三百六十之用也。故万物变易而四者不变也。夫惟不变,是以能变也。用止于三百六十而有三百六十六,何也,数之嬴也。③ 数之嬴,则何用也,乾之全用也。乾坤不用,则离坎用半也。乾全用者何也,阳主嬴也。④ 乾坤不用者何也,独阳不生,寡阴不成也。⑤ 离坎用半何也,离东坎西,当阴阳之半,为春秋昼夜之门也。或用乾或用离坎,何也,主嬴而言之故用乾也,⑥主嬴分而言之则阳侵阴昼侵夜故用离坎也。乾主嬴,⑦故全用也,⑧阴主虚,故坤全不用也。阳侵阴,阴侵阳,故离坎用半也。是以天之南全见而北全不见。东西各半见也,为称阴阳之限也。⑨ 故离当寅坎当申,而数常逾之者,盖阴阳之溢也。然用数不过乎寅,交数不过乎申。⑩ 或离当卯,坎当西。乾四十八而四分之一分为阴所克,坤四十八而四分之一分为所克之阳也。故乾得三十六,而坤得十二也。阳主进,是以进之为三百六十日。阴主消,是以十二月消十二日也。顺数之,乾一兑二离三

---

① “正”,原作“止”,据衍义本改。
② “离坎”,衍义本作“坎离”。
③ “嬴”,衍义本作“赢”,后同。
④ “主”,原作“止”,据衍义本改。
⑤ “寡”,衍义本作“专”。
⑥ “嬴”,衍义本作“阳”。
⑦ “乾”,衍义本作“阳”。
⑧ “故”后,衍义本有“乾”字。
⑨ “为称”,衍义本作“离坎”。
⑩ “交”,原作“爻”,据衍义本改。

震四巽五坎六艮七坤八。逆数之,震一离兑二乾三巽四坎艮五坤六也。乾四十八,兑三十,离二十四,震十,坤十二,艮二十,坎三十六,巽四十。乾三十六,坤十二,离兑巽二十八,坎艮震二十。_{兑离上正更思之。}①

圆数有一,方数有二,奇偶之义也。六即一也,十二即二也。

天圆而地方。圆者数之起一而积六,②方者数之起一而积八,③变之则起四而积十二也。六者常以六变,八者常以八变,而十二者亦以八变,自然之道也。八者,天地之体也。六者,天之用也。十二者,地之用也。天变方为圆而常存其一,地分一为四而常执其方。天变其体而不变其用也,地变其用而不变其体也。六者并其一而为七,十二者并其四而为十六也。阳主进,故天并其一而为七,阴主退,故地去其四而止于十二也。是阳常存一,而阴常晦一也。故天地之体止于八,而天之用极于七地之用止于十二也。圆者刓方以为用。④ 故一变四,四去其一则三也。三变九,九去其三则六也。方者引圆以为体。⑤ 故一变三,并之四也。四变十二,并之十六也。故用数成于三而极于六,体数成于四而极于十六也。是以圆者径一而围三,起一而积六;方者分一而为四,分四而为十六,皆自然之道也。

一役二以生三,三去其一则二也。三生九,九去其一则八也,去其三则六也。故一役三,三复役二也。三役九,九复役八与六也。是以二生四,八生十六,六生十二也。三并一则为四,九并三

---

① 小注"兑离上正更思之",大全本作"兑离巽宜更思之"。
② "圆者数之",大全本作"圆之数"。
③ "方者数之",大全本作"方之数"。
④ "刓",衍义本作"裁"。
⑤ "引",衍义本作"展"。

则为十二,十二又并四则为十六。① 故四以一为本三为用,十二以三为本九为用,十六以四为本〔十〕二为用。② 更思之。

阳尊而神。尊,故役物。神,故藏用。是以道生天地万物而不自见也。天地万物亦取法乎道矣。

阳者道之用,阴者道之体。阳用阴,阴用阳。以阳为用则尊阴,以阴为用则尊阳也。阴几于道,故以况道也。

六变而三十六矣,③八变而成六十四矣,十二变而成三百八十四矣。六六而变之,八八六十四变而成三百八十四矣。八八而变之,七七四十九变而成三百八十四矣。

圆者六变。六六而进之,故六十变而三百六十矣。方者八变,故八八而成六十四矣。阳主进,是以进之为六十也。

圆者星也,历纪之数,其肇于此乎? 方者土也,画州井地之法,④其仿于此乎? 盖圆者河图之数,方者洛书之文,故羲、文因而造《易》,禹、箕叙之而作《范》也。

蓍数不以六而以七,何也,并其余分也。去其余分则六,故策数三十六也。是以五十者,六十四〔卦〕闰岁之策也。⑤ 其用四十有九〔者〕,⑥六十四卦一岁之策也。⑦ 归奇卦一,犹一岁之闰也。卦直去四者,何也,天变而地效之。是以蓍去一则卦去四也。

圆者径一围三,重之则六。方者径一围四,重之则八也。

裁方而为圆,天之所以运行。分大而为小,地所生化。⑧ 故天

---

① "并",原作"方",据衍义本改。
② "十"原脱,据文义及衍义本补。
③ "而"后,衍义本有"成"字。
④ "地",衍义本作"土"。
⑤ "卦"原脱,据衍义本补。
⑥ "者"原脱,据衍义者补。
⑦ "六十四卦",衍义本作"六十卦"。
⑧ "地所生化",衍义本作"地所以生化",大全本作"地之所以生化"。

用六变,地用四变也。

一八为九,裁为七,八裁为六,十六裁为十二,二十四裁为十八,三十二裁为二十四,四十裁为三十,四十八裁为三十六,五十六裁为四十二,六十四裁为四十八也。一分为四,八分为三十二,十六分为六十四,以至九十六分为三百八十四也。

一生六,六生十二,十二生十八,十八生二十四,二十四生三十,三十生三十六,引而伸之,六十变而生三百六十矣,此运行之数也。四生十二,十二生二十,二十生二十八,二十八生三十六,此生物之数也。故乾之阳策三十六,兑离巽之阳策二十八,震坎艮之阳策二十,坤之阳策十二也。

圆者一变则生六,去一则五也。二变则生十二,去二则十也。三变则生十八,去三则十五也。四变则二十四,去四则二十也。五变则三十,去五则二十五也。六变则三十六,去六则三十也。是以存之则六六,去之则五五也。五则四而存一也,四则三而存一也,〔三则二而存一也,〕①二则一而存一也。故一生二,去一则一也。二生三,去一则二也。三生四,去一则三也。四生五,去一则四也。是故二以一为本,三以二为本,四以三为本,五以四为本,六以五为本也。更思之。

方者一变而为四。四生八,并四而为十二。八生十二,并八而为二十。十二生十六,并十二而为二十八。十六生二十,并十六而为三十六也。一生三,并而为四也。十二生二十,并而为三十二也。二十八生三十六,并而为六十四也。更思之。

《易》之大衍何数也,圣人之倚数也。天数二十五,合之为五十。地数三十,合之为六十。故曰"五位相得而各有合"也。五十

---

① "三则二而存一也"七字原脱,据衍义本补。

者,蓍之数也。六十者,卦数也。五者蓍之小衍也,数五十为大衍也。① 八者卦之小成也,六十四为大成也。蓍德圆以况天之数,故七七四十九也。五十者,存一而言之也。卦德方以况地之数,故八八六十四也。六十者,去四而言之也。蓍者,用数也。卦者,体数也。用以体为基,故存一也。体以用为本,故去四也。圆者本一,方者本四,故蓍存一而卦去四也。蓍之用数七,若其余分,②亦存一之义也。挂其一,亦去一之义也。蓍之用数挂一以象三,其余四十八,则一卦之策也。四其十二为四十八也。十二去三而用九,四(八)③三十二所去之策也,四九三十六所用之策也,以当乾之三十六阳爻也。十二去五而用七,四五二十所去之策也,四七二十八所用之策也,以当兑离之二十八阳爻也。十二去六而用六,四六二十四所去之策也,四六二十四所用之策也,以当坤之(半)二十四阴爻也。④ 十二去四而用八,四四十六所去之策也,四八三十二所用之策也,以当艮坎之二十四爻并上卦之八阴为三十二爻也。⑤ 是故七九为阳,六八为阴也。九者阳之极数,六者阴之极数。数极则反,故为卦之变也。震巽无策者,以当不用之数。天以刚为德,故柔者不见。地以柔为体,故刚者不生。是震巽不用也。〔或先艮离,后兑离。〕⑥乾用九,故其策九也。四之者以应四时,一时九十日也。坤用六,故其策亦六也。

奇数四,有一有二有三有四也;策数四,有六有七有八有九。合而为八数,以应方数之八变也。归奇合卦之数有六,谓五与四四

---

① "数",衍义本、大全本作"故"。
② "若",大全本作"并"。
③ "八"字衍,当删。
④ 衍义本无"半"字,当删。
⑤ "三十二爻","二",原作"四",据衍义本改。
⑥ 小注"或先艮离,后兑离"原脱,据大全本补。

也,九与八八也,五与四八也,九与四八也,五与八八也,九与四四也,以应圆数之六变也。

奇数极于四而五不用,策数极于九而十不用。五则一也,十则二也。故去五十而用四十九也。① 奇不用五,策不用十,有无之极也,以况自然之数也。

卦有六十四而用止六十者何也,六十卦者,三百六十爻也,故甲子止于六十也,六甲而天道穷矣。是以策数应之,三十六与二十四合之则六十也,三十二与二十八合之亦六十也。

乾四十八、坤十二,震二十、巽四十,离兑三十二、坎艮二十八,合之为六十。蓍数全,故阳策(也)②三十六与二十八合之为六十四也。卦数去其四,故阴策二十四与三十二合之为五十六也。

九进之为三十六,皆阳数也,故为阳中之阳。七进之为二十八,先阳而后阴也,故为阳中之阴。六进之为二十四,皆阴数也,故为阴中之阴。八进之为三十二,先阴而后阳也,故为阴中之阳。

蓍四,进之则百。卦四,进之则百二十。百则十也,百二十则十二也。

归奇合卦之数,得五与四四,则策数四九也。得九与八〔八〕,③则策数四六也。得五与八八,得九与四八,则策数皆四七也。得九与四四,得五与四八,则策数皆四八也。为九者,一变以应乾也。为六者,一变以应坤也。为七者,二变以应兑与离也。为八者,二变以应艮与坎也。五与四四去卦一之数,则四(八)④三十二也。九与八八去卦一之数,则四六二十四也。五与八八、九与四

---

① "四十九",四本同。按:"十"字疑衍。
② "也"字衍,当删。
③ "八"原脱,据衍义本补。
④ "八"字衍,据衍义本删。

八去卦一之数,则四五二十也。九与四四、五与四八去卦一之数,则四四十六也。故去其三四五六之数,以成九八七六之策也。

天一地二,天三地四,天五地六,天七地八,天九地十。参伍以变,错综其数也。如天地之相衔,昼夜之相交也。一者数之始而非数也。故二二为四,三三为九,四四为十六,五五为二十五,六六为三十六,七七为四十九,八八为六十四,九九为八十一,而一不可变也。百则十也,十则一也,亦不可变也。是故数去其一而极于九,皆用其变者也。五五二十五,天数也。六六三十六,乾之策数也。七七四十九,大衍之用数也。八八六十四,卦数也。九九八十一,《玄》《范》之数也。

大衍之数,其筭法之源乎?是以筭数之起,不过乎方圆曲直也。

阴无一,阳无十。

乘数,生数也。除数,消数也。筭法虽多,不出乎此矣。

阳得阴而生,阴得阳而成。故蓍数四而九,卦数六而十也。①犹干支之相错,干以六终而支以五终也。

三四十二也,二六亦十二也。二其十二二十四也,三八亦二十四也,四六亦二十四也。三其十二三十六也,四九亦三十六也,六六亦三十六也。四其十二四十八也,三其十六亦四十八也,六八亦四十八也。五其十二六十也,三其二十亦六十也②,六其十亦六十也。〔皆自然〕③之相符也。④

四九三十六也,六六三十六也。阳六而又兼阴六之半,是以九

---

① "六",原作"四",据衍义本改。
② "二十",原作"十二",据衍义本改。
③ "皆自然"三字原脱,据衍义本补。
④ 大全本注云:"此盖阴数分其阳数耳,是以相应也。如月初一全作十二也。二十四气七十二候之数,亦可因以明之。"

也。故六者言之,①阴阳各三也。以六爻言之,②天地人各二也。③阴阳之中各有天地人,天地人之中各有阴阳,故"参天两地而倚数"也。

太极既分,两仪立矣。阳下交于阴,阴上交于阳,四象生矣。阳交于阴阴交于阳而生天之四象,刚交于柔柔交于刚而生地之四象,于是八卦成矣。八卦相错,然后万物生焉。是故一分为二,二分为四,四分为八,八分为十六,十六分为三十二,三十二分为六十四。故曰"分阴分阳,迭用柔刚,《易》六位而成章"也。十分为百,百分为千,千分为万。犹根之有干,干之有枝,枝之有叶。愈大则愈少,④愈细则愈繁。合之斯为一,衍之斯为万。是故乾以分之,坤以翕之,震以长之,巽以消之。长则分,分则消,消则翕也。

乾坤,定位也。震巽,一交也。兑离坎艮,再交也。故震阳少而阴尚多也,巽阴少而阳尚多也,兑离阳浸多也,坎艮阴浸多也,是以辰与火不见也。

一气分而阴阳判。⑤ 得阳之多者为天,得阴之多者为地。是故阴阳半而形质具焉,阴阳偏而性情分焉。形质各分,⑥则多阳者为刚也,多阴者为柔也。性情又分,则多阳者阳之极也,多阴者阴之极也。

兑离巽,得阳之多者也。艮坎震,得阴之多者也。〔是〕以为天地用也。⑦ 乾阳极,坤阴极,是以不用也。

---

① "六者",衍义本作"以二卦",大全本作"以数"。
② "六",原作"三",据衍义本改。
③ "二",原作"三",据衍义本改。
④ "少",衍义本作"小"。
⑤ "而"下,大全本有"为"字。
⑥ "各",衍义本、性理大全本作"又"。
⑦ "是"原脱,据衍义本补。

乾四分取一以与坤,坤四分取一以奉乾。乾坤合而生六子,三男皆阳也,三女皆阴也。兑分一阳以与艮,坎分一阴以奉离,震巽以二相易。合而言之,阴阳各半,是以水火相生而相克,然后既成万物也。

乾坤之名位不可易也,坎离名可易而位不可易也,震巽位可易而名不可易也,兑艮名与位皆可易也。离肖乾,①坎肖坤,中孚肖乾,颐肖离,小过肖坤,大过肖坎。是以乾坤离坎中孚颐大过小过,皆不可易者也。离在天而当夜,故阳中有阴也。坎在地而当昼,故阴中有阳也。震始交阴而阳生,巽始消阳而阴生。兑阳长也,艮阴长也。震兑在天之阴也,巽艮在地之阳也。故震兑上阴而下阳,巽艮上阳而下阴。天以始生言之,故阴上而阳下,交泰之义也。地以既成言之,故阳上而阴下,尊卑之位也。

乾坤定上下之位,离坎列左右之门。天地之所阖辟,日月之所出入。是以春夏秋冬,晦朔弦望,昼夜长短,行度盈缩,莫不由乎此矣。

无极之前,阴含阳也。有象之后,阳分阴也。阴为阳之母,阳为阴之父。故母孕长男而为复,父生长女而为姤。是以阳起于复而阴起于姤也。②

性非体不成,体非性不生。阳以阴为体,阴以阳为性。③ 动者性也,静者体也。在天则阳动而阴静,在地则阳静而阴动。性得体而静,体随性而动,是以阳舒而阴疾也。更详之。

阳不能独立,必得阴而后立,故阳以阴为基。阴不能自见,必待阳而后见,故阴以阳为唱。阳知其始而享其成,阴效其法而终

---

① "肖",原作"艮",据衍义本改。
② 二"起"字,大全本皆作"始"。
③ "性",衍义本、大全本作"体"。

其劳。

阳能知而阴不能知,阳能见而阴不能见也。能知能见者为有,故阳性有而阴性无也。阳有所不遍而阴无所不遍也。阳有去〔而〕阴常居也。① 无不遍而常居者为实,故阳体虚而阴体实也。

自下而上谓之升,自上而下谓之降。升者生也,降者消也。故阳生于下而阴生于上,是以万物皆反生。阴生阳,阳生阴,阴复生阳,阳复生阴,是以循环而无穷也。

天地之本,其起于中乎。② 是以乾坤屡变而不离乎中,③人居天地之中,心居人之中,日中则盛,月中则盈,故君子贵中也。

本一气也,生则为阳,消则为阴。故二者一而已矣,“四者二而已矣”,④六者三而已矣,八者四而已矣。是以言天而不言地,言君而不言臣,言父而不言子,言夫而不言妇也。然天得地而万物生,君得臣而万化行,父得子、夫得妇而家道成。故有一则有二,有二则有四,有三则有六,有四则有八。

阴阳生而分二仪,二仪交而生四象,四象交而成八卦,⑤八卦交而生万物。故二仪生天地之类,四象定天地之体。四象生日月之类,⑥八卦定日月之体。八卦生万物之类,重卦定万物之体。类者,生之序也。体者,象之交也。推类者必本乎生,观体者必由乎象。生则未来而逆推,象则既成而顺观。是故日月一类物,⑦同出而异处也,异处而同象也。推此以往,物奚逃哉。⑧

---

① “去”,原作“知”,据衍义本改。“而”原脱,据衍义本补。
② “乎”,原作“孚”,据衍义本改。
③ “屡”,大全本作“交”。
④ “四者二而已矣”六字原脱,据衍义本补。
⑤ “成”,衍义本作“生”。
⑥ “日月”,原作“八卦”,据衍义本改。
⑦ “物”,衍义本作“也”。
⑧ “奚”,衍义本作“焉”,大全本作“曷”。

天变时而地应物。时则阴变而阳应,①物则阳变而阴应。故时可逆知,物必顺成。是以阳迎而阴随,阴逆而阳顺。② 语其体则天分而为地,地分而为万物,而道不可分也。其终则万物归地,地归天,天归道。是以君子贵道也。

有变则必有应也。故变于内者应于外,变于外者应于内,变于下者应于上,变于上者应于下也。天变而日应之,故变者从天而应者法日也。是以日纪乎星,月会于辰,水生于土,火潜于石,飞者栖木,走者依草,心肺之相联,肝胆之相属。无它,应变之道也。③

本乎天者亲上,本乎地者亲下。故变之与应,常反对也。

阳交于阴而生,蹄角之类也。刚交于柔而生,根荄之类也。阴交于阳而生,羽翼之类也。柔交于刚而生,枝干之类也。天交于地、地交于天,故有羽而走者、足而腾者,草中有木、木中有草也。各以类而推之,则生物之类不逃数矣。④ 走者便于下,飞者利于上,从其类也。

陆中之物水中必具者,犹影象也。陆多走、水多飞者,交也。是故巨于陆者必细于水,巨于水者必细于陆也。

虎豹之毛,犹草也。鹰鹯之羽,犹木也。

木者星之子,是以果实象之。

叶,阴也。华实,阳也。枝叶奕而根干坚也。

人之骨巨而体繁,木之干巨而叶繁,应天地之数也。

动者体横,植者体纵。人宜横而反纵也。

飞者有翅,走者有趾。人之两手,翅也。两足,趾也。

---

① "时",原作"地",据衍义本改。
② "顺",原作"变",据衍义本、大全本改。
③ "应变",衍义本作"变应"。
④ "不逃数矣",衍义本作"不过是矣"。

飞者食木,走者食草。人皆兼之,而又食飞走也,故最贵于万
物也。

体必交而后生。故阳与刚交而生心肺,阳与柔交而生肝胆,柔
与阴交而生肾与膀胱,刚与阴交而生脾胃。心生目,胆生耳,脾生
鼻,肾生口,肺生骨,肝生肉,胃生髓,膀胱生血。故乾为心,兑为
脾,离为胆,震为肾,坤为血,艮为肉,坎为髓,巽为骨。泰为目,中
孚为鼻,既济为耳,颐为口,大过为肺,未济为胃,小过为肝,否为
膀胱。

天地有八象,人有十六象,何也? 合天地而生人,合父母而生
子,故有十六象也。

心居肺,胆居肝,何也? 言性者必归之天,言体者必归之地。
地中有天,石中有火,是以心胆象之也。心胆之倒悬,①何也? 草
木者,地之本体也。人与草木反生,②是以倒悬也。口目横而鼻
纵,③何也? 体必交也。故动者宜纵而反横,植者宜横而反纵,皆
交也。

天有四时,地有四方,人有四支。是以指节可以观天,掌文可
以察地。天地之理具乎指掌矣,可不贵之哉?

神统于心,气统于肾,形统于首。形气交而神主乎其中,三才
之道也。

人之四支各有脉也。一脉三部,一部三候,以应天数也。

心藏神,肾藏精,脾藏魂,胆藏魄。胃受物而化之,传气于肺,
传血于肝,而传水谷于脬肠矣。

---

① “倒悬”,衍义本作“倒垂”,下同。
② “木”后,衍义本有“皆”字。
③ “鼻”后,衍义本有“耳”字。

天圆而地方。天南高而北下,是以望之如倚盖焉。① 地东南下、西北高,是以东南多水、西北多山也。天覆地,地载天,天地相函。故天上有地,地上有天。

天浑浑于上而不可测也,故观斗数以占天也。斗之所建,天之行也。魁建子,杓建寅,星以寅为昼也。斗有七星,是以昼不过乎七分也。② 更详之。

天行所以为昼夜,日行所以为寒暑。夏浅冬深,天地之交也。左旋右行,天日之交也。

日朝在东,夕在西,随天之行也;夏在北,冬在南,随天之交也。天一周而超一星,应日之行也。春酉正,夏午正,秋卯正,冬子正,应日之交也。

日以迟为进,月以疾为退。日月一会而加半日,减半日,是以为闰余也。③ 日一大运而进六日,月一大运而退六日,是以为闰差也。

日行阳庭则盈,④行阴庭则缩,宾主之道也。月去日则明盈而迟,⑤近日则〔魄〕生而疾,⑥君臣之义也。

阳消则生阴,故日下而月西出也。阴盛则敌阳,故日望而月东出也。⑦ 天为父,日为子,故天左旋,日右行。日为夫,月为妇,故日东出,月西生也。

日月相食,⑧数之交也。日望月则月食,月掩日则日食,犹木

---

①　"焉",衍义本作"然"。

②　"七",原作"十",据文义及衍义本改。

③　"余",原作"日",据衍义本、大全本改。

④　"庭",衍义本、大全本作"度",下同。

⑤　"盈",衍义本、大全本作"生"。

⑥　"魄"原脱,据衍义本、性理大全本补。

⑦　"日望而月东出",衍义本作"月望而东出"。

⑧　"月"后,衍义本有"之"字。

火之相克也。是以君子用智,小人用力。

日随天而转,月随日而行,星随月而见。故星法月,月法日,日法天。天半明半晦,日半盈半缩,①月半盈半亏,星半动半静,阴阳之变化。②

天昼夜常见,日见于昼,月见于夜〔而半〕不见,③星半见于夜,〔贵贱〕之〔等〕也。④

月,昼可见也,故为阳中之阴。星,夜可见也,故为阴中之阳。

天奇而地耦。是以占天文者观星而已,察地理者观山水而已。观星而天体见矣,观山水而地体见矣。天体容物,地体负物,是故体几于道也。⑤

极南大暑,极北大寒,故南〔融〕而北结,⑥万物之死地也。夏则日随斗而北,冬则日随斗而南,故天地交而寒暑和,寒暑和而物乃生也。⑦

天以刚为德,故柔者不见。地以柔为体,故刚者不生。是以〔震天之阴也,巽地之阳也〕。⑧地阴也,有阳而阴效之。故至阴者辰也,至阳者日也,皆在乎天,而地则水火而已,是以地上皆有质之物。阴伏阳而形质生,阳伏阴而性情生。是以阳生阴、阴生阳,阳克阴、阴克阳。阳之不可伏者不见于地,阴之不可克者不见于天。伏阳之少者其体必柔,是以畏阳而为阳所用。伏阳之多者其体必刚,是以御阳而为阴所用。故水火动而随阳,土石静

---

① “盈”,衍义本、大全本作“赢”。
② “变化”,衍义本、大全本作“义也”。
③ “而半”二字原脱,据衍义本补。
④ “贵贱”“等”原脱,据衍义本补。
⑤ “几”,性理大全本作“归”。
⑥ “融”原脱,据衍义本补。
⑦ “也”,衍义本作“焉”。
⑧ “震天之阴也,巽地之阳也”,原作“震巽天之阳也”,大全本同,据衍义本补改。

而随阴也。〔一说云：阴效阳而能伏，是以辰在天，而地之四物皆有所主也。〕①

阳生阴，故水先成。阴生阳，故火后成。阴阳相生也，体性相
须也，是以阳去则阴竭，阴尽则阳灭。

金火相守则流，火木相得则然，从其类也。

水遇寒则结，遇火则竭，从其所胜也。

阳得阴而为雨，阴得阳而为风。刚得柔而为云，柔得刚而为
雷。无阴则不能为雨，无阳则不能为雷。雨柔也，而属阴，阴不能
独立，故待阳而后兴。雷刚也，属体，体不能自用，必待阳而后
发也。

有意必有言，有言必有象，有象必有数。数立则象生，象生则
言用，②言用则意显。象数，则筌蹄也。言意，则鱼兔也。得鱼兔
而忘筌蹄则可也，③以筌蹄而求鱼兔则未见其得也。④

天变而人效之，故元亨利贞，《易》之变也。人行而天应之，故
吉凶悔吝，《易》之应也。以元亨为变则利贞为应，以吉凶为应则
悔吝为变。元则吉，吉则利应之。亨则凶，凶则应之以贞。悔则
吉，吝则凶，是以变中有应、应中有变也。变中之应，天道也。故元
为变则亨应也，利为变则应之以贞。应中之变，人事也。故变则
凶，应则吉；变则吝，应则悔也。悔者吉之兆也，⑤吝者凶之本，⑥是
以君子从天，不从人。元者，春也，仁也。春者时之始，仁者德之
长。时则未盛而德足以长人，故言德而不言时。亨者，夏也，礼也。

---

① 小注二十四字原脱，衍义本同，据大全本补。
② "言用"，大全本作"言著"，衍义本作"言著彰"。
③ "忘筌蹄则"，大全本作"谓必由筌归"。
④ "以"，衍义本、大全本作"舍"。
⑤ "兆也"，衍义本、大全本作"先"。
⑥ "吝"前，衍义本、大全本有"而"字，属下读。

夏者时之盛,礼者德之文。盛则必衰而文不足救之,^①故言时而不言德。故曰"大哉乾元"而上之"有悔"也。利者,秋也,义也。秋者时之成,义者德之方。万物方成而获利,义者不通于利,故言时而不言德也。贞者,冬也,智也。冬者时之末,智者德之衰。贞则吉,^②不贞则凶,故言德而不言时也。故曰"利贞者性情也"。

至哉,文王之作《易》也,其得天地之用乎!故乾坤交而为泰,坎离交而为既济也。乾生于子,坤生于午,坎终于寅,离终于申,以应天之时也。置乾于西北,退坤于西南,长子用事而长女代母,坎离得位,兑艮为耦,^③以应地之方也。王者之法其尽于是矣。

乾坤天地之本,离坎天地之用。是以《易》始于乾坤,中于离坎,^④终于既、未济,而泰否为上经之中,咸恒为下经之首,^⑤皆言乎其用也。

坤统三女于西南,乾统三男于东北。上经起于三,下经终于四,皆交泰之义也。故《易》者,用也。乾用九,坤用六,大衍用四十九而潜龙"勿用"也。大哉用乎,吾于此见圣人之心矣!

道生天,天生地。及其功成而身退,故子继父禅,是以乾退一位也。

乾坤交而为泰,变而为杂卦也。

乾坤坎离为上篇之用,兑艮震巽为下篇之用也。颐中孚大过小过为二篇之正也。^⑥

---

① "救",原作"兼",据衍义本改。
② "贞",大全本作"正",下同。
③ "艮",衍义本作"震",恐非。
④ "离坎",衍义本作"坎离"。
⑤ "为",衍义本作"当"。
⑥ "二",原作"三",据文义及衍义本改。

《易》者,一阴一阳之谓也。震兑,始交者也,①故当朝夕之位。离坎,〔交〕之极也,②故当子午之位。巽艮虽不交,而阴阳犹杂也,故当用中之偏位。乾坤,纯阴阳也,故当不用之位。

乾坤纵而六子横,《易》之本也。震兑横而六卦纵,《易》之用也。

象起于形,数起于质。名起于言,意起于用。天下之数出于理,违乎理则入于术。世人以数而入术,故失于理也。

天下之事,皆以道致之则休戚不能至矣。

天之阳在南而阴在北,地之阴在南而阳在北。人之阳在上而阴在下,既交则阳下而阴上。

天以理尽而不可以形尽。浑天之术以形尽天,可乎?

辰数十二,日月交会谓之辰。辰,天之体也。天之体,无物之气也。

精义入神,③以致用也。不精义则不能入神,不能入神则不能致用也。

为治之道必通其变,不可以胶柱,犹春之时不可行冬之令也。

阳数一,衍之为十,十干之类是也。阴数二,衍之为十二,十二支、十二月之类是也。

元亨利贞之德,各包吉凶悔吝之事。虽行乎德,若违于时,亦或凶矣。

初与上同,然上亢不及初之进也。④ 二与五同,然二之阴中不

---

① "交",原作"象",据衍义本改。
② "交"原脱,据衍义本补。"极"后,衍义本有"者"字。
③ "神",原作"坤",据衍义本改。
④ "亢",原作"亦",据衍义本改。

及五之阳中也。三与四同，然三处下卦之上不若四之近五也。①

天之阳在南，故日处之。地之刚在北，故山处之。所以地高西北，天高东南也。

天之神栖于日，人之神栖乎目。② 人之神痞则栖心，寐则栖肾，所以象天元，③昼夜之道也。

云行雨施，电激雷震，④亦是从其类也。⑤

吹喷吁呵，⑥风雨云雾，⑦皆当相须也。⑧

万物各有太极两仪四象八卦之次，亦有古今之象。

云有水火土石之具，⑨化类亦然。⑩

二至相去，东西之度凡一百八十，南北之度凡六十。

冬至之月所行如夏至之日，夏至之月所行如冬至之日。四正者，乾坤坎离也。观其象无反覆之变，⑪所以为正也。

〔阳在阴中阳逆行，阴在阳中阴逆行，阳在阳中、阴在阴中则皆顺行。此真至之理，按《图》可见之矣。

自然而然不得而更者，内象、内数也。他皆外象、外数也。

草类之细入于坤。

五行之木，万物之类也。五行之金，出乎石也。故火水土石不及金木，金木生其间也。

----

① "五"，衍义本、大全本作"君"。
② "栖乎目"，衍义本、大全本作"发乎目"。
③ "元"，衍义本无，大全本作"也"。
④ "激"，衍义本、大全本作"发"。
⑤ "是"，衍义本、大全本作"各"。
⑥ "呵"下，衍义本有"呼"字。
⑦ "雾"下，衍义本、大全本有"雷"字。
⑧ "须"，衍义本、大全本作"类"。
⑨ "具"，衍义本、大全本作"异"。
⑩ "化"，衍义本、大全本作"他"。
⑪ "覆"，衍义本作"复"。

得天气者动,得地气者静。

阳之类圆,成形则方。阴之类方,成形则圆。

天道之变,王道之权也。

夫卦各有性有体,然皆不离乾坤之门,如万物,受性于天而各为其性也。在人则为人之性,在禽兽则为禽兽之性,在草木则为草木之性。

天以气为主,体为次。地以体为主,气为次。在天在地者,亦如之。

气则养性,性则乘气。故气存则性存,性动则气动也。

尧之前,先天也。尧之后,后天也。后天乃效法耳。

天之象数则可得而推,如其神用,则不可得而测也。]①

木之支干,土石之所成,所以不易;叶花,水火之所成,故变而易也。

自然而然者,天也,唯圣人能索之。效法者,人也。若时行时止,虽人也,亦天。

生者性,天也。成者形,地也。

日入地中,构精之象也。②

体四而变六,兼神与气也。气变必六,故三百六十也。

凡事为之极几十之七,③则可止矣。若夏至之日止于六十,④兼之以晨昏分,可变色矣,⑤庶几乎十之七也。

东赤,南白,西黄,北黑,此五色也。验之于晓午暮夜之时,可见之矣。

---

① 自"阳在阴中阳逆行"至"则不可得而测也"二百六十七字原脱,据大全本补。
② "构",衍义本作"交"。
③ "七",原作"十",据衍义本、大全本改。
④ "若",衍义本作"盖"。
⑤ "可变色矣",原作"之",据衍义本、大全本补改。

《图》虽无文,〔《先天图》也。〕①吾终日言而〔未尝离乎〕是,②盖天地万物之理尽在其中矣。

冬至之子中,阴之极。春分之卯中,阳之中。夏至之午中,阳之极。秋分之酉中,阴之中。凡三百六十,中分之则一百八十,此春秋二分相去之数也。③

〔阳中有阴,阴中有阳,天之道也。阳中之阳,日也,暑之道也。阳中之阴,月也,以其阳之类,故能见于昼。阴中之阳,星也,所以见于夜。阴中之阴,辰也,天壤也。

气一而已,主之者乾也。神亦一而已,乘气而变化,能出入于有无死生之间,④无方而不测者也。

干者干之义,阳也。支者枝之义,阴也。干十而支十二,是阳数中有阴,阴数中有阳也。

不知乾,无以知性命之理。

"时然后言",乃应变而言,言不在我也。

仁配天地谓之人,唯仁者真可谓之人矣。

生而成,成而生,《易》之道也。

气者,神之宅也。体者,气之宅也。

鱼者,水之族也。虫者,风之族也。

天六地四,天以气为质,而以神为神。地以质为质,而以气为神。唯人兼乎万物而为万物之灵。如禽兽之声,以其类而各能得其一。无所不能者,人也。推之他事,亦莫不然。唯人得天地日月交之用,他类则不能也。人之生,真可谓之贵矣。天地与其贵而不

---

① 小注"先天图也"四字原脱,据大全本补。
② "未尝离乎"四字原脱,据大全本补。
③ "春秋",衍义本、大全本作"二至"。
④ "出"前,衍义本无"能"字。

自贵,是悖天地之理,不祥莫大焉。目口舌也。凸而耳鼻窍。窍者受声嗅气,[①]物或不能闭之。凸者视色别味,物则能闭之也。四者虽象于一,而各备其四矣。][②]

　　灯之明暗之境,日月之象也。

　　月者,日之影也。情者,性之影也。心性而胆情,性神而情鬼。水者火之地,火者水之气。黑者白之地,寒者暑之地。

　　心为太极。又曰:道为太极。

　　形可分,神不可分。

　　草伏之兽,毛如草之茎。[③]　林栖之鸟,羽如林之叶。类使之然也。

　　阴事太〔半,盖阳〕一〔而〕阴二也。[④]

　　冬至之后为呼,夏至之后为吸,此天地一岁之呼吸也。

　　〔木结实而种之,又成是木而结是实。木非旧木也,此木之神不二也。此实生生之理也。][⑤]

观物外篇下

　　以物喜物,以物悲物,此发而中节者也。

　　石之花,盐消之类是也。[⑥]〔水之木,珊瑚之类是也。][⑦]

　　水之物无异乎陆之物,各有寒热之性。大较则陆为阳中之阴,而水为阴中之阳。

　　日月星辰共为天,水火土石共为地。耳目鼻口共为首,髓血骨

①　"声",原作"臭",据衍义本改。
②　自"阳中有阴"至"而各备其四矣"三百五十五字原脱,据大全本补。
③　"毛",原作"兔","茎",原作"丛",据大全本改。
④　"半盖阳""而"四字原脱,据大全本补。
⑤　自"木结实而种之"至"此实生生之理也"三十三字原脱,据大全本补。
⑥　"盐消之类是也",原作"盐之消之类是也",据大全本改。
⑦　"水之木,珊瑚之类是也"九字原脱,据大全本补。

肉共为身。此乃五之数也。

火生于无,水生于有。

不我物则能物物。

辰至日为生,日至辰为用。盖顺为生而逆为用也。

《易》有三百八十四爻,真天文也。

鹰雕之类食生,而鸡鹜之类不专食生。虎豹之类食生,而猫犬之类食生又食谷。以类推之,从可知也。

马牛皆阴类。细分之,则马为阳而牛为阴。

飞之类,喜风而敏于飞上。走之类,喜土而利于走下。

禽虫之卵,果谷之类也。谷之类多子,虫之类亦然。

蚕之类,今岁蛾而子,来岁则子而蚕。芜菁之类,今岁根而苗,来岁则苗而子。〔此皆一岁之物也。〕①

天地之气运,北而南则治,南而北则乱,乱久则复北而南矣。天道人事皆然。推之历代,可见消长之理也。

任我则情,情则蔽,蔽则昏矣。因物则性,性则神,神则明矣。潜天潜地不行而至不为阴阳所摄者,神也。

在水者不瞑,在风者瞑。走之类上睫接下,飞之类下睫接上。类使之然也。

在水之鳞鬣,②飞之类也。龟獭之类,走之类也。

夫四象,若错综而用之。日月,天之阴阳。水火,地之阴阳。星辰,天之刚柔。土石,地之刚柔。

天之孽,十之一犹可违。人之孽,十之九不可逭。

阳主舒长,阴主惨急。日入盈度,阴从于阳。日入缩度,③阳

---

① "此皆一岁之物也"七字原脱,据衍义本补。

② "之",衍义本、大全本作"而"。

③ "日入",原作"月之",据衍义本、大全本改。

从于阴。

飞之走,鸡凫之类是也。走之飞,龙马之属是也。

先天之学,心也。后天之学,迹也。出入有无死生者,道也。

神无所在,无所不在。至人与他心通者,以其本于一也。道与一,神之强名也。以神为神者,至言也。

身地也,本乎静。所以能动者,气血使之然也。天地生万物,圣人生万民。

生生长类,天地成功。别生分类,圣人成能。

神者,人之主。将寐在脾,熟寐在肾。将寤在肝,又言在胆。正寤在心。

以物观物,性也。以我观物,情也。性公而明,情偏而暗。

阳主辟而出,阴主翕而入。

日在于水则生,离则死,交与不交之谓也。

阴对阳为二。然阳来则生,阳去则死。天地万物生死主于阳,则归之于一也。

神无方而性有质。

发于性则见于情,发于情则见于色,以类而应也。

天地之大寤在夏,人之神则存于心。

以天地生万物,则以万物为万物。以道生天地,则天地亦万物也。

水之族以阴为主,阳次之。陆之类以阳为主,阴次之。故水类出水则死,风类入水则死。然有出入之类者,龟蟹鹅凫之类是也。

天地之交十之三。

一变而二,二变而四,三变而八卦成矣。四变而十有六,五变而三十有二,六变而六十四卦备矣。

天火,无体之火也。地火,有体之火也。

人之贵兼乎万类。① 自重而得其贵,所以能用万类。

凡人之善恶,形于言,发于行,人始得而知之。但萌诸心,发于虑,鬼神已得而知之矣。此君子所以慎独也。

气变而形化。

人之类备乎万物之性。

火无体,因物以为体。金石之火烈于草木之火者,因物而然也。

气形盛则魂魄盛,气形衰则魂魄亦从而衰矣。魂随气而变,魄随形而止。故形在则魄存,形化则魄散。

人之神则天地之神。人之自欺,所以欺天地,可不慎哉?

人之畏鬼,亦犹鬼之畏人。人积善而阳多,鬼益畏之矣;②积恶而阴多,鬼弗畏之矣。③ 大人者与鬼神合其吉凶,夫何畏之有?

至理之学,非至诚则不至。

物理之学既有所不通,④不可以强通。强通则有我,有我则失理而入于术矣。⑤

星为日余,辰为月余。

星之至微如尘沙者,陨而为堆阜。

心一而不分,则能应弗违。⑥ 此君子所以虚心而不动也。

藏者,天行也。府者,地行也。天地并行,则配为八卦。

圣人利物而无我。

明则有日月,幽则有鬼神。

---

① "类",衍义本作"物"。
② "益",衍义本作"亦"。
③ "弗",衍义本作"不"。
④ "既",衍义本、大全本作"或"。
⑤ "失理",原作"天地",据衍义本改。
⑥ "弗违",衍义本作"万物",大全本作"万变"。

《易》有真数，三而已。参天者，三三而九。两地者，倍三而六。

八卦相错者，相交错而成六十四也。

夫《易》，根于乾坤而生于姤复。盖刚交柔而为复，柔交刚而为姤，自兹而无穷矣。

《素问》《左传》，①七国时书也。

夫圣人大经，②浑然无迹，如天道焉。故《春秋》录实事，③而善恶形于其中矣。

中庸之法：自中者天也，自外者人也。

韵法：开闭者律天，④清浊者吕地。

韵法：⑤先闭后开者，春也。纯开者，夏也。先开后闭者，秋也。冬则闭而无声。

《素问》《密语》之类，于术之理可谓至也。

"显诸仁，藏诸用"，孟子善藏其用乎。⑥

"寂然不动"，反本复静，坤之时也。"感而遂通天下之故"，阳动于中，间不容发，复之义也。

庄、荀之徒失之辩。

东为春声，阳为夏声，此见作韵者亦有所至也。喞、凡，冬声也。

不见动而动，妄也。动于否之时是也。⑦ 见动而动，则为无妄。然所以有灾者，阳微而无应也。

---

① "左传"，衍义本、大全本作"阴符"。
② "大经"，衍义本、大全本作"六经"。
③ 衍义本无"故"字。
④ "开闭"，衍义本作"辟翕"。
⑤ "韵法"二字，衍义本无。
⑥ "孟子"，衍义本作"孔子"。
⑦ "于"，衍义本作"乎"。

有应而动,则为益矣。

"精气为物",形也。"游魂为变",神也。又曰:"精气为物,体也;游魂为变,用也。"

君子之学以润身为本。其治人应物,皆余事也。

〔刌剧〕者,①才力也。明辩者,②智识也。宽弘者,③德器也。三者不可阙一。

无德者责人怨人;易满,满则止也。

龙能大能小。然亦有制之者,受制于阴阳之气,得时则能变化,变变则不能也。

伯夷义不食周粟,至饿且死,止得为仁而已。

三人行,亦有师焉。④ 至于友一乡之贤,天下之贤。以天下为未足,又至于上论古人,⑤无以加焉。

义重则内重,利重则外重。

兑,说也。其他"说"皆有所害,惟"朋友讲习"无说于此。故言其极者也。

能循天理动者,造化在我也。

学不际天人,不足以谓之学。

君子于《易》:玩象,玩数,玩辞,玩意。

能医人能医之疾,不得谓之良医。医人之所不能医者,天下之良医也。能处人所不能处之事,则能为人所不能为之事也。

人患乎自满,满则止也。故禹不自满假,所以为贤。虽学亦当

---

① "刌剧"二字原脱,据衍义本补。
② "辩",衍义本作"辨"。
③ "弘",衍义本作"洪"。
④ "亦",衍义本作"必"。
⑤ "上",衍义本作"尚"。

〔常若〕不足,①不可临深以为高也。

人苟用心,必有所得。独有多寡之异,智识之有浅深也。

理穷而后知性,性尽而后知命。〔命〕知而后〔知〕至。②

凡处失在得之先,则得亦不喜。若处得在失之先,则失难处矣,必至于陨获。

人必有德器,然后喜怒皆不妄。为卿相、为匹夫以至学问高天下,亦若无有也。

人必内重,内重则外轻。苟内轻必外重,好利好名,无所不至。

得天理者不独润身,亦能润心。不独润心,至于性命亦润。

天下言读书者不少,能读书者少。若得天理真乐,何书不可读? 何坚不可破? 何理不可精?

历不能无差。今之学历者但知历法,不知历理。能布筹者,洛下闳也。③ 能推步者,甘公、石公也。洛下闳但知历法,杨雄知历法,又知历理。

一岁之闰,六阴六阳。三年三十六日,故三年一闰。五年六十日,故五岁再闰。天时地理人事,三者知之不易。

资性,得之天也。学问,得之人也。资性由内出者也,学问由外入者也。自诚明,性也。自明诚,学也。

颜子不迁怒,不贰过。迁怒、贰过,皆情也,非性也。不至于性命,不足谓之好学。

伯夷、柳下惠得圣人之一端:伯夷得圣人之清,柳下惠得圣人之和。孔子时清时和,时行时止,故得圣人之时。

《太玄》九日当两卦,余一卦当四日半。

---

① "常若"二字原脱,据衍义本补。
② "命""知"二字原脱,据衍义本、大全本补。
③ "洛",原作"落",据衍义本改。

扬雄作《太玄》,可谓见天地之心者也。

用兵之道:必待人民富仓廪实府库充兵强名正,天时顺,地利得,然后可举。

《易》无体也。曰"既有典常",则是有体也。恐遂以为有体,故曰"不可为典要"。既有典常,常也。不可为典要,变也。

庄周雄辩,数千年一人而已。如庖丁解牛曰"踟蹰四顾",孔子观吕梁之水曰"蹈水之道无私",皆至理之言也。

《老子》五千言,大抵皆明物理。

今有人登两台。两台皆等,则不见其高。一台高,然后知其卑下者也。

学不至于乐,不可谓之学。

一国一家一身皆同。能处一身,则能处一家。能处一家,则能处一国。能处一国,则能处天下。心为身本,家为国本,国为天下本。心能运身。苟心所不欲,身能行乎?

人之精神,贵藏而用之。苟衒于外,则鲜有不败者。如利刃,物来则�之。若恃刃之利而求割乎物,则刃与物俱伤矣。

言发于真诚,则心不劳而逸,人久而信之。作伪任数,一时或可以欺人,持久必败。

人贵有德。小人有才者,有之矣。故才不可恃,德不可无。①

天地日月,悠久而已。故人当存乎远,不可见其近。②

君子处畎亩则行畎亩之事,居庙堂则行庙堂之事,故无入而不自得。

智数或能施于一朝,盖有时而穷。惟至诚表天地同久。③　天

---

① "无",原作"有",据衍义本改。
② "近",衍义本作"迩"。
③ "表",衍义本、大全本作"与"。

地无，则至诚可息。苟天地不能无，则至诚亦不息也。

室中造车，天下可行，轨辙合故也。苟顺义理，合人情，日月所照皆可行也。

中庸非天降地出，揆物之理，度人之情，行其所安，是为得矣。

敛天下之智为智，敛天下之善为善，则广矣。自用则小。

汉儒以反经合道为权，得一端者也。权所以平物之轻重。圣人行权，酌其轻重而行之，合其宜而已。故执中无权者犹为偏也。王通言："《春秋》王道之权。"非王通莫能及此。故权在一身则有一身之权，在一乡则有一乡之权，以至于天下则有天下之权。用虽不同，其权一也。

夫弓固有强弱。然一弓二人张之，则有力者以为弓弱，无力者以为弓强。故有力者不以己之力有余而以为弓弱，无力者不以己之力不足而以为弓强，何不思之甚也？一弓非有强弱也，二人之力强弱不同也。今有食一杯在前，二人大馁而见之，若相让则均得食矣；①相夺则争，非徒争之而已，或不得其食矣。此二者皆人情也，②知之者鲜。知此，则天下之事皆如是也。

夫《易》者，圣人长君子消小人之具也。及其长也，辟之于未然。及其消也，阖之于未然。一消一长，一阖一辟，浑浑然无迹。非天下之至神，其孰能与于此。

大过，本末弱也。必有大德大位，然后可救。常分，有可过者，有不可过者。有大德大位，③可过者也，伊周其人也，不可僭也。④

---

① "让"，衍义本作"逊"。
② "人"下，衍义本、大全本有"之"字。
③ 衍义本无"有"字。
④ "僭"，衍义本、大全本作"惧"。

有大德无大位,不可过〔者〕也。①孔孟其人也,不可诬也。② 其位不胜德邪? 大哉位乎,待才用之宅也。③

复次剥,明治生于乱乎。姤次夬,明乱生于治乎。时哉时哉,未有剥而不复,未有夬而不姤者。防乎其防,邦家其长,子孙其昌。是以圣人贵未然之防,是谓《易》之大纲。

先天学,心法也。故《图》皆自中起。万化万事,生乎心也。

先天学主乎诚。至诚可以通神明,不诚则不可以得道。

先天图中,环中也。

事必量力。量力故久。④

所行之路不可不宽,宽则少碍。

知《易》者不必引用讲解,是为知《易》。⑤ 孟子之言未尝及《易》,⑥其间易道存焉,但人见之者鲜耳。人能用《易》,是为知《易》。如孟子,可谓善用《易》者也。

学以人事为大。今之经典,古之人事也。

《春秋》三传之外,陆淳、啖助可以兼治。⑦

所谓皇帝王霸者,非独谓三皇五帝三王五霸而已。但用无为则皇也,用恩信则帝也,用公正则王也,用智力则霸也。霸以下则夷狄,夷狄而下是禽兽也。

季札之才近伯夷。

叔向、子产、晏子之才相等〔埒〕。⑧

---

① "者"原脱,据衍义本补。
② "诬",衍义本、大全本作"闷"。
③ "才",衍义本作"时"。
④ "故"后,衍义本有"能"字。
⑤ "是",衍义本作"始"。
⑥ "之言",衍义本作"著书"。
⑦ "啖",原作"琰",据衍义本、大全本改。
⑧ "埒"原脱,据衍义本、大全本补。

管仲用智数,晚识物理,大抵才力过人也。

五霸者,功之首、罪之魁也。《春秋》者,孔子之刑书也。功过不相掩,圣人先褒其功,后贬其罪。故罪人有功亦必录之,不可不恕也。

"始作两观。"①始者,贬之也,诛其旧无也。"初献六羽。"初者,褒之也,以其旧僭八佾也。

某人受《春秋》于尹师鲁,师鲁受于穆伯长。某人后复攻伯长曰:"《春秋》无褒,皆是贬也。"田述古曰:"孙复亦云《春秋》有贬而无褒。"曰:"《春秋》礼法废,君臣乱。其间有能为小善者,安得不进之也。况五霸实有功于天下。且五霸固不及于王,不犹愈于夷狄〔乎〕,②安得不与之也。治《春秋》者不辨名实,不定五霸之功过,则未可言治《春秋》。先定五霸之功过而治《春秋》,则大意立,若事事求之,则无绪矣。"

凡人为学,失于自主张太过。

平王名虽王,实不及一小国之诸侯。齐、晋虽侯,而实僭王。此《春秋》之名实也。子贡欲去告朔之饩羊。羊,名也。礼,实也。名存而实亡犹愈于名实俱亡。苟存其名,安知后世无王者作? 是以有所待也。

秦缪公有功于周,能迁善改过,为霸者之最。晋文侯世世勤王,迁平王于洛,次之。齐桓公六合诸侯不以兵车,③又次之。楚庄强大,又次之。宋襄公虽霸而力微,会诸侯而为楚所执,不足论也。治《春秋》者不先定四国之功过,则事无统理,不得圣人之心矣。《春秋》之间,有功者未见大于四国者,有过者亦未见大于四

---

① "始",衍义本作"新",后同。
② "乎"原脱,据衍义本、大全本补。
③ "六",衍义本、大全本作"九"。

国者也。故四者功之首、罪之魁也。人言《春秋》非性命书,非也。至于书"郊牛之口伤,改卜牛,牛死,〔乃不郊,〕犹三望",①此因鲁事而贬之也。圣人何容心哉? 无我故也。岂非由性命而发言也。又云:"《春秋》皆因事而褒贬,岂容人特立私意哉?"又曰《春秋》圣人之笔削,为天下之至公,不知圣人之所以为公也。如因"牛伤",则知鲁之僭郊;因"初献六羽",则知旧僭八佾;因"新作雉门",则知旧无雉门。皆非圣人有意于其间,故曰《春秋》尽性之书也。

《春秋》为君弱臣强而作,故谓之名分之书。圣人之难,在不失仁义忠信而成事业。何如则可? 在于"绝四"。

有马者借人乘之,舍己以从人也。

或问:"'才难',何谓也?"曰:"临大事,然后见才之难也。"曰:"何独言才?"曰:"才者,天之良质也。学者,所以成其才也。"曰:"古人有不由学问而能立功业者,何必曰学?"曰:"周勃、霍光能成大事,唯其无学,故未尽善也。人而无学,则不能烛理。不能烛理,则固执而不通。人有出人之才,必以刚克。② 中刚则足以立事业,处患难。若用于他,反为邪恶。故孔子以申枨为'焉得刚'。既有欲心,必无刚也。"

君子喻于义,贤人也。小人喻于利而已。义利兼忘者,唯圣人能之。君子畏义而有所不为,小人直不畏耳。圣人则动不逾矩,何义之畏乎?

颜子不贰过。孔子曰"有不善未尝不知,知之未尝复行"是也,是一而不再也。韩愈以为将发于心而便能绝去,是过与颜子也。过与是为私意,焉能至于道哉? 或曰:"与善不亦愈于与恶乎?"曰:"圣人则不如是。私心过与,善恶同矣。"

---

① "改",原作"败","牛",原作"乃","乃不郊"原脱,据衍义本改补。
② "以",衍义本作"有"。

为学养心,患在不由直道,去利欲。由直道,任至诚,则无所不通。天地之道直而已,当以直求之。若用智数由径以求之,是屈天地而循人欲也,①不亦难乎?

事无巨细,皆有天人之理。修身,人也。遇不遇,天也。〔得失不动心,所以顺天也。行险侥幸,是逆天也。〕②求之者人也,得之与否天也。得失不动心,所以顺天也。强取必得,是逆天理也。逆天理者,患祸必至。

鲁之"两观""郊天""大禘",皆非礼也。诸侯苟有四时之禘,以为常祭可也。至于五年大禘,不可为也。

"仲弓可使南面",可使从政也。

"谁能出不由户。"户,道也。未有不由道而能济者也。不由户者,开穴隙之类是也。③

"多闻,择其善者而从之。"虽多闻,必择善而从之。"多见而识之。"识,别也。虽多见,必有以别之。或问"显诸仁,藏诸用",曰:"若日月之照临,四时之成岁,是'显诸仁'也。其度数之然而不知其所以然,是'藏诸用'也。"

洛下闳改《颛顼历》为《太初历》。④ 子云准太初而作《太玄》,凡八十一卦,九分共二卦,凡一五隔一四。细分之,则四分半当一卦。气起于中心,故首中卦。

"参天两地而倚数",非天地之正数也。倚者,拟也,拟天地正数而生也。

元亨利贞,变易不常,天道之变也。吉凶悔吝,变易不定,人道

---

① "循",衍义本、大全本作"徇"。
② 自"得失不动心"至"是逆天也"十八字原脱,据衍义本、大全本补。
③ "开",衍义本作"锁"。
④ "洛",原作"落","为太",原作"子云",据大全本改。

之应也。

　　鬼神者无形而有用，其情状可得而知也。于用可见之矣。若人之耳目鼻口手足，草木之枝叶华实颜色，皆鬼神之所为也。福善祸淫，主之者谁邪？聪明正直，有之者谁邪？不疾而速，不行而至，任之者谁邪？皆是鬼神之情状也。

　　《易》有意、象。立意皆所以明象，统下三者：有言象，不拟物而直言以明事；有像象，①拟一物以明意；有数象，七日八月三年十年之类是也。

　　《易》之数穷天地终始。② 或曰："天地亦有终始乎？"曰："既有消长，岂无终始。天地虽大，是亦形器，乃二物也。"

　　《易》有内象，理致是也；有外象，指定一物而不变者是也。

　　在人则乾道成男，坤道成女。在物则乾道成阳，坤道成阴。

　　神无方而《易》无体。滞于一方则不能变化，非神也。有定体则不能变通，非《易》也。《易》虽有体，体者，象也。假象以见体而本无体也。

　　一阴一阳之谓道。道无声无形，不可得而见者也。故假道路之道而为名。人之有行，必由乎道。一阴一阳，天地之道也。物由是而生，由是而成者也。

　　事无大小，皆有道在其间。能安分则谓之道，不能安分谓之非道。"显诸仁"者，天地生万物之功，则人可得而见也。所以造万物，则人不可得而见，是"藏诸用"也。

　　正音律数行至于七而止者，以夏至之日出于寅而入于戌。亥子丑三时则日入于地而目无所见，此三数不行者，所以比于三时也。故生物之数亦然。非数之不行也，有数而不见也。

―――――――――

①　"像象"，原作"象像"，据衍义本改。
②　"终始"，衍义本作"始终"。

月体本黑,受日之光而白。

水在人之身为血,土在人之身为肉。

经纶天下之谓才,①远举必至之谓志,并包含容之谓量。

六虚者,六位也。虚以待变动之事也。

有形则有体,有性则有情。

天主用,地主体。圣人主用,百姓主体。故"日用而不知"。

胆与肾同阴,心与脾同阳。心主目,脾主鼻。

阳中阳,日也。阳中阴,②月也。阴中阳,星也。阴中阴,③辰也。柔中柔,水也。柔中刚,火也。刚中柔,土也。刚中刚,石也。

法始乎伏牺,成乎尧,革于三王,极于五霸,绝于秦。万世治乱之迹,无以逃此矣。

日为心,月为胆,星为脾,辰为肾,藏也。石为肺,土为肝,火为胃,水为膀胱,府也。

《易》之生数一十二万九千六百,总为四千三百二十世,④此消长之大数。演三十年之辰数,即其数也。岁三百六十日,得四千三百二十辰。以三十乘之,得其数矣。凡甲子、甲午为世首。此为经世之数,始于日甲,月子,星甲,辰子。又云:"此经世日甲之数,月子、星甲、辰子从之也。"

鼻之气目见之,口之言耳闻之,以类应也。

倚盖之说,昆仑四垂而为海。推之理则不然。夫地直方而静,岂得如圆动之天乎?

海潮者,地之喘息也。所以应月者,从其类也。十干,天也。

---

① "天下",大全本作"天地"。
② "阳",原作"阴",据衍义本改。
③ 上"阴",原作"阳",据衍义本改。
④ "三",原作"二","世",原作"四",据衍义本改。

十二支,地也。支干配天地之用也。动物自首生,植物自根生。自首生,命在首。自根生,命在根。

神者,《易》之主也,所以无方。《易》者,神之用也,所以无体。

循理则为常。理之外则为异矣。

风类水类,小大相反。

震为龙。一阳动于二阴之下,震也。重渊之下有动物〔者〕,[①]岂非龙乎?

一、十、百、千、万、亿为奇,天之数。十二、百二十、千二百、万二千、亿二万为偶,[②]地之数也。

天之阳在东南,日月居之。地之阴在西北,火石处之。

身,地也,本乎静。所以能动者,气血使之然也。

火以性为主,体次之。〔水〕以体为主,[③]性次之。

阳性而阴情。性神而情鬼。

"起震终艮"一节,明文王八卦也。"天地定位"一节,明伏牺八卦也。八卦相错者,明交错而成六十四也。

"数往者顺。"若顺天而行,是左旋也。皆已生之卦也,故云"数往"也。"知来者逆。"若逆天而行,是右行也。皆未生之卦也,故云"知来"也。夫《易》之数,由逆而成矣。此一节直解《图》意,若逆知四时之谓也。[④]

《尧典》:"期三百六旬有六日。"夫日之余盈也六,则月之余缩也亦六。若去日月之余十二,则有三百五十四,乃日行之数。以十二除之,则得二十九日。

---

① "者"原脱,据衍义本补。
② "十二",原作"二十","万二千",原作"万二十",据衍义本改。
③ "水"原脱,据衍义本补。
④ "若"前,衍义本有"逆"字。

五十分之则为十。若三天两之则为六,两地又两之则为四,此天地分太极之数也。天之变六。六其六得三十六,为乾一爻之数也。积六爻之策共得二百一十有六,为乾之策。六其四得二十四,为坤一爻之策。积六爻之数共得一百四十有四,为坤之策。积二篇之策,乃万有一千五百二十也。

《素问》:"肺主皮毛,心脉,脾肉,肝筋,肾骨。"上而下,外而内也。"心血,肾骨",交法也。交即用也。

《易》始于三皇。《书》始于二帝。《诗》始于三王。《春秋》始于五霸。

"乾为天"之类,本象也;"为金"之类,列象也。

《易》之首于乾坤,中于坎离,终于水火之交、不交,皆至理也。

天地并行则藏府配。四藏天,四府地也。

自乾坤至坎离,以天道也。自咸恒至既济未济,①以人事也。

太极一也,不动;生二,二则神也。

火生湿,水生燥。

神生数,数生象,象生器。

太极不动,性也。发则神,神则数,数则象,象则器。器之变,复归于神也。

复至乾凡百有十二阳,②姤至坤凡八十阳。姤至坤凡百有十二阴,③复至乾凡八十阴。

乾,奇也,〔阳也,〕④健也,故天下之健莫如天。坤,耦也,阴也,顺也,故天下之顺莫如地,所以顺天也。震,起也,一阳起也。起,动也。故天下之动莫如雷。坎,陷也,一阳陷于二阴。陷,下

---

① "恒",原作"常",据衍义本改。
②③ "十二",原作"二十",据衍义本改。
④ "阳也"二字原脱,据衍义本补。

也。故天下之下莫如水。艮，止也，一阳于是而止也，故天下之止莫如山。巽，入也，一阴入二阳之下，故天下之入莫如风。离，丽也，一阴离于二阳，其卦错然成文而华丽也。天下之丽莫如火，故又为附丽之丽。兑，说也，一阴出于外而说于物，故天下之说莫如泽。

火内暗而外明，故离阳在外。火之用，用外也。水外暗而内明，故坎阳在内。水之用，用内也。"三天两地而倚数"，非天地之正数也。倚者，拟也，拟天地正数而生也。①

人谋，人也。鬼谋，天也。天人同谋而皆可，则事成而吉也。

汤放桀、武王伐纣而不以为弑者，若孟子言"男女授受不亲礼也，嫂溺则援之以手权也"。故孔子既尊夷、齐，亦与汤、武。夷、齐，仁也。汤、武，义也。唯汤、武则可，非汤、武是篡也。

诸卦不交于乾坤者，则生于否泰。否泰，乾坤之交也。乾坤起自奇偶，奇偶生自太极。

自泰至否，其间则有蛊矣。自否至泰，其间则有随矣。

天使我有是之谓命。命之在我之谓性。性之在物之谓理。

变从时而便天下之事不失礼之大经，变从时而顺天下之理不失义之大权者，君子之道也。

朔易之阳气自北方而生，②至北方而尽，谓变易循环也。

春阳得权，故多旱。秋阴得权，故多雨。

元有二：有生天地之始，太极也；有万物之中各有始者，生之本也。

五星之说，自甘公、石公始也。

天地之心者，生万物之本也。天地之情者，情状也，与鬼神之

---

① 此一节不见于衍义本、大全本。
② "之"，大全本作"以"。

情状同。

天有五辰，日月星辰与天而为五。地有五行，金木水火与土而为五。

有温泉而无寒火，阴能从阳而阳不能从阴也。

有雷则有电，有电则有风。

木之坚，非雷不能震。草之柔，非露不能润。

人智强则物智弱。

阳数于三百六十上盈，阴数于三百六十上缩。

人为万物之灵，寄类于走。走，阴也，故百有二十。

雨生于水，露生于土，雷生于石，电生于火。电与风同为阳之极，故有电必有风。

庄子与惠子游于濠梁之上，庄子曰："鲦鱼出游从容，是鱼乐也。"此尽己之性能尽物之性也。非鱼则然，天下之物皆然。若庄子者，可谓善通物矣。

庄子著《盗跖》篇，所以明至恶虽至圣亦莫能化，盖上智与下愚不移故也。

鲁国之儒一人者，谓孔子也。

老子，知《易》之体者也。

天下之事，始过于重，犹卒于轻；始过于厚，犹卒于薄。况始以轻，始以薄者乎？故鲜失之重，多失之轻；鲜失之厚，多失之薄。是以君子不患过乎重，常患过乎轻；不患过乎厚，常患过乎薄也。

庄子《齐物》，未免乎较量。较量则争，争则不平，不平则不和。

无思无为者，神妙致一之地也。所谓"一以贯之"。圣人以此洗心，退藏于密。

当仁不让于师者，进人之道也。

秦穆公伐郑，败而有悔过自誓之言，此非止霸者之事，几于王道、能悔则无过矣。① 此圣人所以录于《书》末也。

刘绚问无为，对曰："时然后言，人不厌其言。乐然后笑，人不厌其笑。义然后取，人不厌其取。"此所谓无为也。瞽瞍杀人，舜视弃天下犹弃敝屣也，窃负而逃，遵海滨而处，终身䜣然乐而忘天下。圣人，虽天下之大，不能易天性之爱。

文中子曰："易乐者必多哀，轻施者必好夺。"或曰："天下皆争利弃义，吾独若之何？"子曰："舍其所争，取其所弃，不亦君子乎？"若此之类，礼义之言也。"心迹之判久矣"，若此之类，造化之言也。

庄子气豪。若吕梁之事，言之至者也。《盗跖》言事之无可奈何者，虽圣人亦莫如之何。《渔父》言事之不可强者，虽圣人亦不可强。此言有为无为之理，顺理则无为，强则有为也。

金须百炼然后精，人亦如此。

佛氏弃君臣父子夫妇之道，岂自然之理哉？"志于道"者，统而言之。志者，潜心之谓也。德者，得于己。有形故可据。② 德主于仁，故曰依。

庄子曰："庖人虽不治庖，尸祝不越樽俎而代之。"此"君子思不出其位，素位而行"之意也。

晋狐射姑杀阳处父，《春秋》书："晋杀大夫阳处父。"上漏言也。君不密则失臣，故书"国杀"。

人得中和之气则刚柔均。阳多则偏刚，阴多则偏柔。

人之为道，当至于鬼神不能窥处，是为至矣。作《易》者其知盗乎，圣人知天下万物之理而一以贯之。

---

① "过"，衍义本作"失"。
② "可"，衍义本作"有"。

大羹可和，玄酒可漓，则是造化亦可和、可漓也。

有一日之物，有一月之物，有一时之物，有一岁之物，有十岁之物，至于百千万皆有之。天地亦物也，亦有数焉。雀三年之物，马三十年之物，凡飞走之物皆可以数推。人百有二十年之物。

太极，道之极也。《太玄》，道之玄也。太素，色之本也。太一，数之始也。太初，事之初也。其成功则一也。

易地而处，则无我也。

阴者阳之影，鬼者人之影也。

气以六变，体以四分。

以尊降卑曰临，①以上观下曰观。

"毋意、毋必、毋固、毋我"，合而言之则一，分而言之则二。合而言之则二，分而言之则四。始于有意，成于有我。有意然后有必，必生于意。有固然后有我，我生于固。意有心，〔必先期〕，②固不化，我有己也。

记问之学，未足以为事业。

智哉留侯，善藏其用。

思虑一萌，鬼神得而知之矣，故君子不可不慎独。

"时然后言"，言不在我也。

学在不止。故王通云"没身而已"。

诚者主性之具，无端无方者也。

---

① "降"，衍义本作"临"。
② "必先期"三字原脱，据衍义本补。

附　　录

皇极经世系述

邵伯温

　　至大之谓皇，至中之谓极，至正之谓经，至变之谓世。大中至正，应变无方之谓道。以道明道，道非可明。以物明道，道斯见矣。物者，道之形体也。故善观道者必以物，善观物者必以道。谓得道而忘物则可矣，必欲远物而求道，不亦妄乎？有物之大，莫若天地。然则天地安从生？道生天地，而太极者，道之全体也。太极生两仪，两仪生四象，四象生而后天地之道备焉。立天之道曰阴与阳，立地之道曰柔与刚，阴阳变于上而日月星辰生焉，刚柔化于下而水火土石成焉。日月星辰成象于天，水火土石成体于地。象动于上而四时生焉，体交于下而万物成焉。时有消长盈虚，物有动植飞走。消长盈虚者，时之变也；动植飞走者，物之类也。时以变起，物以类应，时之与物有数存焉。数者何也？道之运也，理之会也，阴阳之度也，万物之纪也，定于幽而验于明，藏于微而显於著，所以成变化而行鬼神者也。道生一，一为太极，一生二，二为两仪，二生四，四为四象，四生八，八为八卦，八生六十四，六十四具而后天地万物之道备矣。天地万物莫不以一为本，原于一而衍之以为万，穷天下之数而复归于一。一者何也？天地之心也，造化之源也。日为元，元者气之始也，其数一。月为会，会者数之交也，其数十二。星为运，运者时之行也，其数三百六十。辰为世，世者变之终也，其数四千三百二十。观一岁之数，则一元之数睹矣。以大运而观一元，则一元，一岁之大者也。以一元而观一岁，则一岁，一元之小者也。一元统十二会三百六十运四千三百二十世,岁月日时各有数焉。一岁统十二月三百六十日四千三百二十时,刻分毫厘,丝忽眇没,亦有数焉,皆统于元而宗于一,终始往来而不穷。在天则为消长盈虚,在人则为治乱兴废,皆不能逃乎数也。太阳为日,太阴为月,少阳为星,少阴为辰,太刚为火,太柔为水,少刚为石,少柔为土。阳之数十,阴之数十二,刚之数十,柔之数十二。太阳少阳太刚少刚之本数凡四十,太阴少阴太柔少柔之本数凡四十有八。四而因之,得一百六十,是谓太阳少阳太刚少刚之体数;得一百九十有二,是谓太阴少阴太柔少柔之体数。以阴阳刚柔之体数互相进退,是谓太阳少阳太刚少刚太阴少阴太柔少柔之用数。太阳少阳太刚少刚之用数一百一十二,太阴少阴太柔少柔之用数一百五十二。以阴阳刚柔之用数更唱迭和,各得万有七千二十四,是谓日月星辰水火木石变化之数。日月星辰之变数,水火土石之化数,是谓动植之数。以日月星辰水火土石变化之数再相唱和,得二万八千九百八十一万六千五百七十六,是谓动植之通数。本数者,数之始也。体数者,数之成也。用数者,数之变也。致用则体数退矣,体数退则本数藏矣。体退而本藏,则变化见矣。变化者,生生不穷之谓也。有数则有物,数尽则物穷矣。有物则有数,物穷则数尽矣。然数无终尽,数尽则复。物无终穷,物穷则变。变故能通,复故能久。日月星辰,变乎暑寒昼夜者也。水火土石,化乎雨风露雷者也。暑寒昼夜,天之变而唱乎地者也。雨风露雷,地之化而和乎天者也。一唱一和,而后物生焉。暑寒昼夜,变乎性情形体者也。雨风露雷,化乎走飞草木者也。性情形体,本乎天而感乎地者也。走飞草木,本乎地而应乎天者也。一感一应,而后物成焉。一唱一和一感一应者,天地之道万物之情也。凡在天地之间,蛮夷华夏,皆人也。动植飞走,皆物也。人各有品,物各有类。品类之间,有理有数存焉。推之于天地，而后万物之理昭焉。赜之于阴阳，而后万物之数睹焉。天地有至美，阴阳有至精。物之得者，或粹或驳，或淳或漓。故万物之类或巨或细，或恶或良，或正或邪，或柔或刚，皆其自取之也。至于声色形气，各以其类而得焉，可考而知。声音为甚，声者阳也，而生于天，音者阴也，而出乎地。知声音之数，而后万物之数睹矣。知声音之理，而后万物之理得矣。人之有类，亦犹物之有类也。人类之数，亦犹物类之数也。备天地兼万物而合德于太极者，其惟人乎！日用而不知者，百姓也。反身而诚之者，君子也。因性而由之者，圣人也。故圣人以天地为一体，万物为一身，善救而不弃，曲成而不遗，以成能其中焉。生物之道，天类属阳，地类属阴。阳为动，阴为植。阳之阳为飞，阴之阴为走。动而飞者亲上，走而植者亲下。天有至粹，地有至精。人类得之，则为明哲。飞类得之，则为鸾凤。走类得之，则为麒麟。介类得之，则为龟龙。草类得之，则为芝兰。木类得之，则为松柏。石类得之，则为金玉。万物莫不以其类而有得者焉。天有至戾，地有至幽。人类得之，则为妖孽。飞类得之，则为枭鸱。走类得之，则为虎狼。介类得之，则为虺蝎。草类得之，则为至毒。木类得之，则为不材。石类得之，则为礓砾。万物亦莫不以其类而有得者焉。致治之世，则贤人众多，龟龙游于沼，凤凰翔于庭，天降甘露，地出醴泉，百谷用成，庶草蕃庑，顺气之应也。衰乱之世，则反此，逆气之应也。逆顺之应，由人心之感焉。天人之际，安可忽哉！大哉，时之与事乎！圣人所以极深而研几也。时者天也，事者人也。时动而事起，天运而人从，犹形行而影会，声发而响应欤。时行而不留，天运而不停，违之则害，逆之则凶。故圣人与天并行而不逆，与时俱逝而不违。是以自天祐之，吉无不利。时不能违天，物不能违时，圣人不能违物。时不能违天，故天运而必变。物不能违时，故时变而必化。圣人不能违物,故物化而必顺。圣人惟不能违物,故天亦不能违圣人。是以先天而天弗违,后天而奉天时。天之时由人之事乎,人之事由天之时乎!兴事而应时者,其惟人乎。有其时而无其人,则时不足以应。有其人而无其时,则事不足以兴。有其人而无其时,则有之矣。有其时而无其人,盖未之有也。故消长盈虚者,天之时也。治乱兴废者,人之事也。有消长盈虚,而后有春夏秋冬,有治乱兴废,而后有皇帝王伯。唐虞者,其中天而兴乎? 尧舜者,其应运而生乎? 何天时人事之相验欤? 先之者则未之或至,后之者则无以尚之,其犹夏之将至、日之向中乎。故圣人删《书》断自唐虞,时之盛也。修经始于周平,道之衰也。故圣人惧之,以二百四十二年之事系之以万世之法。法者何也? 君臣父子夫妇人道之大伦也。性之者圣人也,诚之者君子也,违之者小人也,亡之者禽兽也。兴之则为治,废之则为乱,用之则为帝王,舍之则为乱贼。微圣人之生,《春秋》之作,则天下后世之人其乱贼接踵矣。《春秋》,有天道焉,有地道焉,有人道焉。王者举而用之,则帝王之功岂难致哉!

(录自清王植《皇极经世书解》卷八)

皇极经世观物外篇衍义 张行成

卷一 观物外篇上之上

先生诗云:"若无扬子天人学,安有庄生内外篇。"以此知《外篇》亦是先生之文,门人盖编集之尔。

天数五,地数五,合而为十,数之全也。天以一而变四,地以一而变四。四者有体也,而其一者无体也,是谓有无之极也。天之体数四而用者三,不用者一也。地之体数四而用者三,不用者一也。是故无体之一以况自然也,不用之一以况道也,用之者三以况天地人也。

天数五,地数五。以奇偶言,则一三五七九为天,二四六八十为地。以生成言,则一二三四五为天,六七八九十为地。故曰:"数之全也。"天生乎动,得太极之奇。一气之动静始终,分而为阳阴太少,故曰"天以一而变四"也。地生乎静,得太极之偶。一气之静动始终,分而为柔刚太少,故曰"地以一而变四"也。太阳为日,太阴为月,少阳为星,少阴为辰。以成天体,四时行焉。太极之奇,退藏四者之间而不自见,所以日月星辰与天而五,除日月星辰则无天,故曰"四者有体,一者无体"也。太柔为水,太刚为火,少柔为土,少刚为石。以成地体,四维具焉。太极之偶,退藏四者之间而不自见,所以水火土石与地而五,除水火土石则无地,故曰"四者有体,一者无体"也。日月星辰,天之体尽矣。水火土石,地之体尽矣。八象既全,万物咸备。是谓有之极者,谓天地之四也。天以奇变四，四成则一退居五。地以偶变四，四成则二退居十。以一统四，除四无一。是谓无之极者，谓天地之一也。大抵太极居一，万化之本。功成藏密，用故不穷。虽天地之大，亦须藏一。惟数无定象，随理圆通，故或指一为一，或指五为一，或指十为一。指一为一者，原天地之始生也。指十为一者，总天地之既成也。指五为一者，分天分地各以一而变四，故扬雄谓"五五为土"也。然言五者，必归之天。言十者，必归之地。五当为无之极，十当为有之极。五为太虚冲气，十为大物元形。有之极亦曰无者，除四无一也。天之体数四不用者一，故天辰不见。地之体数四不用者一，故地火常潜。天有四时，冬不用。地有四方，北不用。人有四体，背不用。虽不用，而用以之生。故无体之一以况自然，不用之一以况道。用之者三，以况天地人。"人法地，地法天，天法道，道法自然。"生出之序，由乎自然之理也。凡物未生之初，必因无体之一以为本。既生之后，当存不用之一以为本。不用之一即无体之一，降而在我者也。人皆有之，贤者能勿丧尔。是故一止不动则三用无穷。扬子云以北为玄而统三方，以三方为天地人，北方有罔有冥，亦五数也。冥当不用之一，三者之所息藏乎密也。罔当无体之一，四者之所生出乎虚也。冥终罔始，息而复生，有本者如是也。二者皆系乎北，别之则冥当为北，罔当为中。天之中在北，是为辰极，万物之所生也。故水土同包，元胃相养。而以数言之，一即五，五即一。是故阳用虽一，裂之则三。阴体虽两，通之则一也。

　　体者八变，用者六变。是以八卦之象，不易者四，反易者二，以六卦变而成八也。

　　老阳九，少阳七，共十六。少阴八，老阴六，共十四。阳与阳偶，失之太过。阴与阴偶，失之不及。九而六、七而八皆成十五者，太极三五之中也。九六七八，是谓四象。九六之数各止一变，揲蓍

_数。故乾一坤一为二也。七八之数一少一壮一究,阴阳各有三变,故男三女三为六也。_{是谓八卦}。六变之中止有四变,其二变大同小异,故六卦反复视之,亦共四卦而已。不易者四,乾坤坎离。反易者二,震巽艮兑。体有八而用有六,卦有八而爻有六,所以天统乎体则八变而终于十六,地分乎用则六变而终于十二也。此造化之端倪,天地之妙用也。

重卦之象,不易者八,反易者二十八,以三十六变而成六十四也。

十者形之一,一之数至十而后足。十者坤之一,而百者坤之十也。《卦数图》坤之位上得三十六、下得六十四者,体用足乎百数也。易者变也,足则无变矣。故百数之中以六十四为卦体,_{十之八也}。以三十六为爻用。_{八之六也}。六十四卦反复视之,三十六卦而已,此则八中藏六,体中藏用也。三十六者,四九也。二十八者,四七也。天道盈于七而极于九,极则退变。故乾虽用九,《易》不用九而用七。其三十六卦之中,不变者八,变者二十八。变者反复视之乃为五十六用,此则九中藏七,用之中亦以体藏用也。以体藏用,用必存本,每使有余以为变化之地。是故自六十四而言,常有二十八不用。自三十六而言,常有八数不变也。《易》用七者,蓍自七起,从天盈数。每一卦重为八卦凡七变,自乾之六画至坤之十二画凡七数,故一卦六爻直六日七分而成七日也。

故爻止于六,卦尽于八,策穷于三十六,而重卦极于六十四也。卦成于八,重于六十四,爻成于六,策穷于三十六,而重于三百八十四也。

爻止于六,用者六变也。卦尽于八,体者八变也。策三十六者,六六也,用自变也。卦六十四者,八八也,体自变也。爻重于三百八十四者,六十四卦各用六也。用因体变,体用合一。如四时,各用三月也。《周易》上经三十，下经三十四，反复视之，各十八卦。此三十六卦成六十四卦之理，自汉以来，未有言之者，而文王、孔子实先示之，观上下经用卦与所分阴阳之数则可知矣。《太玄》、《潜虚》或以四十五变八十一，或以五十五变一百，其数亦然，而用各不同。

天有四时，一时四月，一月四十日，四四十六而各去其一，是以一时三月，一月三十日也。四时，体数也。三月、三十日，用数也。体虽具四，而其一常不用也。故用者止于三而极于九也。体数常偶，故有四有十二。用数常奇，故有三有九。

用止于三，故四时八节用皆以三变。以十为一日旬，三旬而一月，九旬而一时，三十六旬而四时毕矣。以五为一日候，三候而一气，九候而一节，七十二候而八节周矣。四时者天包地，故以十数。八节者分天地，故有五数。天地相偶，乃有八体。分至属天，四立属地也。体数有四、有十二者，四时、十二月也。用数有三、有九者，三月、九十日也。盖十者一之足数，六十四卦析一为十得六百四十，以应天之四时。时当有四月，月当有四十日，四四十六各去其一，每时三月已。先去其四月之数一百六十，所余四百八十，则四十八之析，故八卦之爻四十有八也。每月三旬，又再去其十二旬之数一百二十，所余三百六十，则三十六之析，故老阳之策三十有六也。大率皆天三地四、四为体三为用之理也。一年分为四时，析一为四，成体之全也。一时分三月，三月分九十日，三三而九，致用之极也。凡数，皆祖乎大衍。细究揲蓍之法之理，则先生之言为不诞矣。说具《述衍》中。

大数不足而小数常盈者，何也？以其大者不可见而小者可见也。故时止乎四，月止乎三，而日盈乎十也。是以人之肢体有四而指有十也。

　　月止于三，孟仲季也。三月而时革，故不曰十二月也。日盈乎十者，甲乙丙丁戊己庚辛壬癸也，故一旬十日。大者不足，天地数也。小者常盈，人物数也。大者不可见、小者可见，故年包乎时，除时无年。时包乎月，除月无时。月包乎日，除日无月。大者统，而小者分也。

　　天见乎南而潜乎北，极于六而余于七。是以人知其前，昧其后，而略其左右也。

　　周天三百六十五度，南北各分其半。北极出地三十六度，余则皆潜。南极入地三十六度，余则皆见。天与人皆背北面南，故南见北潜也。用数三，成于六，兼余分，故有七也。

　　天体数四而用三，地体数四而用三。天克地，地克天，而克者在地，犹昼之余分在夜也。是以天三而地四，天有三辰，地有四行也。然地之大^{旧本作火。}且见且隐，其余分之谓耶？

　　日十二时，昼夜各半。昏晓之际虽名阴阳相侵，而皆为昼之余分，则所侵者实在夜也。天地相克之数亦然。余分本地数，故以火况之，实不及一分，故火且见且隐。天之辰全不见，地之火半见半隐，故曰"天有三辰，地有四行"，合之则七也。

　　乾七子，兑六子，离五子，震四子，巽三子，坎二子，艮一子，坤至阴，故无子。乾七子，坤六子，兑五子，艮四子，离三子，坎二子，震一子，巽刚，故无子。

　　自"乾七子"至"坤无子"者，以乾为主而言也。自"乾七子"至"巽无子"者，以坤配乾而言也。共五十六子，则用卦之数也。自爻而言，一卦六爻，总三百三十六，则八变之体数也。自数而言，一卦九数，总五百有四，则十二变之用数也。以乾为主者，天数也。以坤配乾者，地数也。体用之变，半以前则属乎天，半以后则分于地也。坤、巽无子者，天以阳为德，阴过者穷，地以柔为质，刚过者

穷也。天地之体四,用者三,不用者一。天兼余分,不过乎七。自
阴阳言之,则震、巽不用,故为无策。自一阳言之,则坤、震不用,故
为无数。自天地言之,则坤、巽不用,故为无子。以功成无为而言,
则乾坤退藏,六子用事,故文王八卦以乾坤居不用之位也。详解具
《通变》图中。

天有二正,地有二正,而共用二变以成八卦也。天有四正,地
有四正,共用二十八变以成六十四卦也。是以小成之卦正者四,变
者二,共六卦也。大成之卦正者八,变者二十八,共三十六卦也。
乾坤离坎为三十六卦之祖也,兑震巽艮为二十八卦之祖也。

天二正,乾离。地二正,坤坎。二变者,天用兑震,地用艮巽。
天四正兼颐、中孚;地四正兼大、小过。二十八变者,余二十八卦反
复为五十六卦也。小成八卦,大成六十四卦。二正共一变者,一变
而三,并之则四体也。二正共七变者,三变而九,并之则十六体也。
乾坤坎离为三十六卦之祖,体之祖也。艮震巽兑为二十八卦之祖,
用之祖也。故《周易》上经用乾坤坎离,下经用震巽艮兑也。

乾坤七变,是以昼夜之极不过七分也。艮兑六变,是以月止于
六,共为十二也。离坎五变,是以日止于五,共为十也。震巽四变,
是以体止于四,共为八也。

乾为日,主年。兑为月,主月。离为星,主日。震为辰,主时。
辰,天体也。故七变以求年,六变以求月,五变以求日,而四变以求
体,先天本以乾兑离震主日月星辰,而兼坤艮坎巽者,天四变含地
四变也。先天以偶卦当月之十二,奇卦当日之三十。每两卦得六
七四十二,共为天之一变。七变者二百九十四,六变者二百五十
二,五变者二百一十,四变者一百六十八也。卦以一卦为一变者,
六辰也。七六五四之变共四十四卦二百六十四爻,则实用之数也。
七卦之爻四十二,六卦之爻三十六,五卦之爻三十,四卦之爻二十

四,各随天而用七变焉。然后与两卦当一变之数合者,日月与卦变大小之用不同,卦变属物,日月之变属天也。

卦之正、变共三十六,而爻又有二百一十六,则用数之策也。三十六去四则三十二也,又去四则二十八也,又去四则二十四也。故卦数三十二位,去四而言之也。天数二十八位,去八而言之也。地数二十四位,去十二而言之也。四者,乾坤离坎也。八者,并颐、中孚、大、小过也。十二者,并兑、震、泰、既济也。

卦之正、变共三十六,每卦六爻则二百一十六爻。揲蓍法乾之策二百一十六,坤之策一百四十四,共三百六十。阳主用,故二百一十六为用数之策,并爻与卦得二百五十二,为用数之用也。三十六者,老阳四九,乾之策数也。去四则少阴四八,巽离兑之策数也。又去四则少阳四七,震坎艮之策数也。又去四则老阴四六,坤之策数也。卦数三十二位者,《先天图》六十四卦分为左右,左为天,右为地,每方三十二卦,故应去四之数也。乾坤坎离四卦不变,与太极并存。卦之去四以当蓍之去一,故卦之位不用也。天数二十八位者,《先天图》天自益以下、地自豫以下为无数,每方有数二十八,故应去八之数也。震巽艮兑肖乾坤坎离则为颐、中孚、大、小过,亦常存而不变,故天之位不用也。地数二十四位者,每方四位,不用者一,用者三,每位八卦三位二十四卦,故应去十二之数也。兑与巽、震与艮、泰与否、既济与未济,皆反复互用之卦,兑、震、泰、既济属天,故地之位不用也。三十二卦而四卦入于无。四体而一不用者,天地所同。然二十八者属之天,二十四者属之地,岂非“天数七,地数六,天兼余分”之谓耶? 夫去乾坤坎离为三十二位,通反对数则六十卦而已。老阳三十六位,通反对数则六十四卦而已。是故地数二十四偶之而四十八,天数二十八偶之而五十六,皆为实数。乃若三十二位偶之而六十四,于六十卦之外虚加四卦,二十四策通三百八十四者,应二十四气之闰数也。三十六卦偶之而七十二,于六十四卦之外又虚加八卦,四十八策通四百三十二者,应七十二候之闰数也。是故六当地,七当天,八当坤,九当乾。天地为实,乾坤为虚。天地有穷,乾坤无极也。

日有八位而用止于七,去乾而言之也。月有八位而用止于六,去兑而言之也。星有八位而用止于五,去离而言之也。辰有八位而用止于四,去震而言之也。

日月星辰各备八卦之数,故有八位。存本而用用,其用每减者,上得兼下,下不得兼上,贵贱之等也。日七位,其数百三十三。月六位,其数一百二十。星五位,其数一百五。辰四位,其数八十八。与七六五四之变理同而数异,变以天为主,位以地为主也。日月星辰或用四位,或用八位,何也?用四位者,四四而十六,主阴阳而言,盖天之变也。用八位者,八八而六十四,兼刚柔而言,盖地之物也。变在天而分于两地,物在地而宗于一天。十六位者,用十五位为五变。总二百七十数余乾之一不用,以当九十,散则为辰数也。六十四位者用四十四位,得数四百四十六,则四百五十而虚四,余二十位不用,得数百三十,则一百二十六而盈四也。余详解具《通变》图中。

日有八位而数止于七,去泰而言之也。

日去泰则月当去损,星当去既济,辰当去益,举一隅也。以《先天方图》观之,其位与数皆可见矣。

月自兑起者,月不能及日之数也,故十二月常余十二日也。

日起于一者,乾也。月起于二者,兑也。月不及日之数,故日一年三百六十六日,月一年三百五十四日也。兑艮六变,月之用数也。易之变,两卦共四十二,兑艮变数当得二百五十二,而数止用百二十、偶之而二百四十者,亦余十二日也。余十二日者,日一年盈六日,月一年缩六日,共十二日以为闰。

　　乾,阳中阳,不可变,故一年止举十二月也。震,阴中阴,_{旧本作}阳。不可变,故一日之十二时不可见也。兑,阳中阴,离,阴中阳,皆可变,故月日之数可分也。是以阴数以十二起,阳数以三十起,而常存二、六也。

　　乾位奇中奇,震位偶中偶,阴阳纯,故不可变。兑位奇中偶,离位偶中奇,阴阳杂,故可变。不可变则不可分,可变则可分也。故日月为易。月一变十二,日一变三十,共四十二,为天一变之数也。十二、三十,其法以三因、二因而算之。二因者二六,故十二。三因则进位,故三十也。阴数起十二者,以月数起也。阳数起三十者,以日数起也。如一元十二会,一会三十运,一运十二世,一世三十年。阴偶数,常自十二起者,得太极之二而二六也。阳奇数,常自三十起者,得太极之三而三十也。阴二而二六者,六用数、地分乎用也。阳三而三十者,十全数、天统其全也。亦"三天两地而倚数"之义也。《皇极经世》因数法以二因者,加十二而常终于二数。以三因者,加三十而常终于六数。累至于沟涧正载,莫不皆然。月之自变二而四矣,必反于二。日之自变六而八矣,必反于六。故曰常存二、六。二、六者,日月相错,天变之本数也。此法亦如河图奇偶之数,以三以二而数,累至无极而终不失其本。信乎,数之不可逃也。

　　举年见月,举月见日,举日见时,阳统阴也。是天四变含地四变,日之变含月与星辰之变也。是以一卦含四卦也。

　　尊统乎卑,大统乎小,是故阳统乎阴。阴则分阳数而已,分年为月,分月为日,分日为辰。天四变含地四变者,乾兑离震包巽坎艮坤也。所以元会运世十六位止用日月星辰。律吕之数则兼水火土石之四变,而先天运数分用其半也。日之变含月与星辰之变者,乾包兑离震也。所以十六位之中,元之会运世、十二与三百六十与四千三百二十之数,实为会运世之元也。一卦含四卦者,乾兑离震巽坎艮坤之变,四卦互相为用也。故六画之卦,中爻互体,复含三画二卦,与上下一体则四卦也。皆阳统乎阴之义。

日一位,月一位,星一位,辰一位。日有四位,月有四位,星有四位,辰有四位。四四十有六位。尽此一变而日月之数穷矣。^{"此}一变"上原脱一"尽"字。

自日之日至日之辰,自辰之日至辰之辰,凡十六位。每三位五十四为一变,五变而二百七十。辰之辰得一千八百六十六万二千四百为世之世。每世三十辰得二日半,则四千六百六十五万六千日者,大畜一元之日数也。"尽此一变而日月数穷"者,体数之用二百七十,地以四体分天三用也。十六位之中犹有一焉。正一无尽,以当九十,为不用之一,则以天辰不见,去其辰数也。故算法用算二百七十一枝。

天有四变,地有四变。变,有长也,有消也。十有六变而天地之数穷矣。

天以震离兑乾为长、巽坎艮坤为消,地则反是。一长一消共十六变,此分天分地,各以八卦之位而言变也。盖月一变十二、日一变三十,共得四十二为一变,则一卦变七卦之爻数也。一卦重为八卦,得四十八爻,去一用七者,存本而言,所谓地上之数起于二,故六十四卦止用五十六卦者,八七也。天地十六变共六百七十二,分消长而数各三百三十六,即五十六用卦之爻数也。若乃天统乎体,八变而终于十六,以乾为主,自天而行,两卦当一变,则同人当乎八变,姤当乎十六变。比卦位之数四之一者,天一则地四也。别而言之,天统乎体,地分乎用。合而言之,则天地皆有体用也。

日起于一,月起于二,星起于三,辰起于四。引而伸之,阳数常六,阴数常二,十有二变而大小之运穷矣。"阴数常二"下原脱"十有二变"一句。

　　日起于一者,起一元也。月起于二者,起十二会也。星起于三者,起三百六十,则运数也。辰起于四者,起四千三百二十,则世数也。此以运行变数而言,当乾、夬、大有、大壮四卦之数。引而伸之,阳数常六,则小畜之年数也。阴数常二,则需之月数也。运数在天,故常六、常二。自小畜至临,六变得二百五十二。自同人至震,又六变得五百有四。所谓地分乎用,六变而终于十二,此大小运极数也。故曰大小之运穷矣,体数有十六变而运数十二变,用者三,不用者一也。

　　三百六十变为十二万九千六百。

　　三百六十者,乾之五爻分而为大有之数,则一元之运数也。十二万九千六百者,乾之四爻分而为小畜之数,得三百六十之三百六十,则一元之年数也。

　　十二万九千六百变为一百六十七亿九千六百一十六万。

　　一百六十七亿九千六百一十六万者,乾之三爻分而为履之数,得十二万九千六百之十二万九千六百,则元之元也。

　　一百六十七亿九千六百一十六万变为二万八千二百一十一兆九百九十万七千四百五十六亿。

　　二万八千二百一十一兆九百九十万七千四百五十六亿者,乾之二爻分而为同人之数,得一百六十七亿九千六百一十六万之一百六十七亿九千六百一十六万,则元之元之元之元。存一与十二之外,天之第四变也,此分数也。分大为小,乾道运行,散为万物。四变当乾之中爻即坎离,用四位生物之数也。夫乾之分数六爻,大小运数去初上而不用者,六而用四也。同人之数分为十二会,而用数之用以开物八会为主者,亦六而用四也。是故八卦用六爻者,四

而用三主天,而用则乾坤主之。六爻用四位者,三而用二主地,而
用则坎离主之也。

以三百六十为时,

此立时数,时即世也。一为一秒,十二秒为一分,三十分计三
百六十秒为一时。若以时当世,一世三十年,计三百六十月,则三
百六十之数一当一月矣。

以十二万九千六百为日,

此立日数,日即运也。自一而进积三十以当一秒,十二秒计三
百六十当一分,三十分计一万八百得三百六十秒当一时,十二时计
一十二万九千六百得四千三百二十秒当一日。若以日当运,一运
三百六十年计一十二万九千六百日,则一十二万九千六百之数一
当一日矣。

以一百六十七亿九千六百一十六万为月,旧本脱自“一十六万为月”
至“十二万九千六百为日”一节。

此立月数,月即会也。自十而四进积十二万九千六百以当一
秒,十二秒计一百五十五万五千二百当一分,三十分计四千六百六
十五万六千当一时,十二时计五亿五千九百八十七万二千当一日,
三十日计一百六十七亿九千六百一十六万当一月。若以月当会,
一会一万八百年计四千六百六十五万六千时,每时三十分计一十
三亿九千九百六十八万分,每分十二秒计一百六十七亿九千六百
一十六万秒,则一百六十七亿九千六百一十六万之数一为一秒矣。

以二万八千二百一十一兆九百九十一①万七千四百五十六亿
为年,

此立年数,年即元也。自三十而十进积一会一万八百之元之

---

① “九十”,此下原有“一”字,四库本同,据上文删。后同。

元以当一秒,十二秒计十二会十二万九千六百之元之元当一分,三十分计三十元之元之元当一时,十二时计三百六十元之元之元当一日,三十日计一万八百元之元之元当一月,十二月计十二万九千六百元之元之元当一年。若以年当元,一元十二万九千六百年计五亿五千九百八十七万二千时,一百六十七亿九千六百一十六万分,二千一十五亿五千三百九十二万秒。每秒得一十三亿九千九百六十八万,则二万八千二百一十一兆九百九十万七千四百五十六亿当二千一十五亿五千三百九十二万秒矣。故先生以一十三亿九千九百六十八万为一年以当一秒,十二秒计一百六十七亿九千六百一十六万以当一分,每一百六十七亿九千六百一十六万秒以进三十运计一万八百年,即当一十三亿九千九百六十八万分也。以分于一万八百年之间,每年得四千三百二十时,计一十二万九千六百分,而一百五十五万五千二百秒矣。天之一时得三十分,每分得十二秒,每秒当一年计三百六十年。每年得一十三亿九千九百六十八万,则三百六十秒计五千三十八亿八千四百八十万者,物之分数也。先生不立秒之名者,天之长数以乾为元,自夬四变凡一百六十八,至履为分而止。若消数复以履为元,自兑四变亦一百六十八,至同人为分而止也。

则大小运之数立矣。

立大小运数者,以明用也。体数有三百八十四而用数止于三百六十,体数之用有二百七十而用数之用止于二百五十二,所以一元十二会有三百六十运,而开物八会止用二百四十运,加闰数不过二百五十二也。自一至极天地之大数十六,乾当一,坤当二,载总六十四卦之变得其十五。而此运数用止于七者,用其天数也。盖天变赢于七,物数盈于兆,是故谓天子之民为兆民也。后天之数五,则《易》二篇之策,其用至万物。先天之数七,则《经世》大小运之数,其用至兆物也。自一至万兆大数则七,细别之则二十一,盖三七之变也。其起运之法用《卦气图》,天而地也。观物之法用《律吕图》,地而物也。会分十二,位分十六。在天,有生物之时。在地,有生物之数。元会运世得数之多寡不同,故一十百千万亿兆有七等之物,不同也。二者,天地万物之数、历律之数也。

二万八千二百一十一兆九百九十万七千四百五十六亿分而为十二,前六限为长,后六限为消,以当一年十二月之数,而进退三百六十日矣。

此当以元经会之数也。十二月即十二会,三百六十日即三百六十运。以元之元数为一分,每会得一万八百元分,每运得三百六十元分,总一元之分数计得十二万九千六百元之元之元。阳三百六十为进,阴三百六十为退,三百六十乃成七百二十矣。阴阳之分在年则以消长,在月则以朓朒,在日则以昼夜而分也。

一百六十七亿九千六百一十六万分而为三十,以当一月三十日之数,随大运消长而进退六十日矣。

此当以会经运之数也。一月三十日,即一会三十运也。自月言之,朓朒分用一进一退消长各数,则成六十运。自日言之,昼夜又分用一进一退朓朒各数,则一月之数成百二十日,一会之数成百二十运也。

十二万九千六百旧本脱至此。分而为十二,以当一日十二时之数,而进退六日矣。

此当以运经世之数也。以元经会则年卦月卦会,经运则气卦候卦运,经世则日卦时卦之数也。一日十二时,即一运十二世也。一为一秒,十二秒为一分,三十分为一时。总一日得四千三百二十秒,十二万九千六百则三十日之秒也。积一运之年凡得五亿五千九百八十七万二千秒,则泰之数也。曰"进退六日"者,举一变之数也。以日当年则六日为六年,进之而六十年。在小运为十变,在大运为一变。盖天道以六而变,必有余分。小则六日者,历六辰也。大则六十年者,甲子、甲午各一世也。是故大运六十年而一变者,五运之数也。小运六年而一变者,六气之数也。自五运言之,天始于甲临于子,地始于己临于卯。甲己之间,中见土运。土金水木火,以次相传。天终于癸亥,地终于戊寅。别而言之,各有六、十,合而言之,共为六十也。如是,六变而一周天矣。自六气言之,天始于子而终于巳,地应之则始于卯而终于申;天始于午而终于亥,地应之则始于酉而终于寅。司天司地,通为六气,别之则十二而二十四,合之则十二而六也。如是六十变,亦一周天矣。是故大运以六十而变,六变通余分得三百六十六;小运以六而变,六十变通余分亦成三百六十六也。

三百六十以当一时之数,随小运之进退,以当昼夜之时也。

一时即一世。自时言之,则三百六十为秒数。自世言之,则三百六十为月数也。三百六十月,则一世之年矣。当昼夜之时则一时成二时,一时得百八十秒,积一日实得二千一百六十秒者,分用其半也。曰"随大运之消长"者,子以后六月为长,午以后六月为消。"随小运之进退"者,子以后六时为进,午以后六时为退。大运有消长、进退,小运有进退,无消长。消长者,进退之积也。

十六变之数,去其交数,取其用数,得二万八千二百一十一兆九百九十万七千四百五十六亿。

天统乎体,八变而终于十六。月之变十二,日之变三十,凡四十二共为一变。天起于一,去乾而数自夬而行,八变三百三十六得十六卦至同人,又八变十六卦至姤,则地之交数也。同人之数即二万八千二百一十一兆九百九十万七千四百五十六亿也。

分为十二限,前六限为长,后六限为消,每限得十三亿九千九百六十八万之一百六十七亿九千六百一十六万。

自子至巳为长，自午至亥为消，此尽举一年之数，包退数、闰数在其间矣。若月日，则消长之中各有进退也。

每一百六十七亿九千六百一十六万年，

元会运世年，天之五也。月日时分杪，地之五也。元以年为年，会以月为年，运以日为年，世以时为年，年以分为年，月以杪为年。月之一杪当元之一年，故称杪为年。此即一百六十七亿九千六百一十六万之一十三亿九千九百六十八万也。每年当一十二万九千六百会，每月当一万八百会，每日当三百六十会，每时当三十会。总百六十七亿之数得十二年为十二杪也。

开一分，进六十日也。六限开六分，进三百六十日也。

总一元之数析为十二大分，一大分则十三亿九千九百六十八万之一百六十八万之一百六十七亿九千六百一十六万也。以进六十日，则每日开落一百八十元。分于全数止用其半者，分其半以为退数也。元会运世体四用三。元之用至世，会之用至年，运之用，至月而止。故此分数用至月之年，若自泰之辰数，复为元而起至同人之数，亦当月之年也。

犹有余分之一，故开七分，进三百六十六日也。

天以六变，故《象图》天卦去乾坤坎离，余三百六十爻以当天之用数。天实有三百六旬六日，故每卦六爻当六日，必加余分焉，亦《后天卦气图》六日七分之法也。余分亦当一日六十卦，则余六十矣。总余分之用虽实得六日，计浮数之名则虚加十倍。故先生立大运之数，正数以六十日得一分，而闰数以六日得一分也。闰数之分一万八百元之元之元得六十运之数。先生但云"六日"者，实数则六运故也。地之承天，析一为四。故在《卦气图》则分于二十四气，中盈朔虚各十二，而有二十四运也。夫十六变之数，用数当十二会,则交数亦当十二会。大运进数兼闰用七会,则退数亦当七会,通之为十四会,则交数之中侵其二会矣,所谓阳侵阴也。二十四而用十四者,十二分用七也。小运十二万九千六百而用九万七百二十者,十分用七也。盖十用七者,主十日而用天之用也。故律吕声数阳刚四十又四之百六十、而用一百十二者,十用七也。十二用七者,主十二辰而用地之用也。故揲蓍少阳数每用四十八又六之二百八十八、而用一百六十八者,十二用七也。大小运之用,用数用十之七而体数用十二之七者,日法本四千三百二十秒,用数以三千六百秒进一日,则十二之十尔,日数从天、辰数从地也。先生于小运举用数十用七而止用八会又十分会之四,于大运举体数十二用七而用十四会者,阳一而阴二。体者有两,虚实各半。用者合一,全用其实也。盖一年止有七百三十昼夜。《太玄》以一昼一夜为一日,通踦赢二赞为三百六十五日,《经世》以昼夜各为一日,又以零三时亦为二日,故一年进退用十四会数共七百三十二日,余分每一日用十日之数则成八百四十日也。实数三百六十成七百二十日者,阴分乎阳,析一为二也。余分六日成百二十日者,天地既析一为二,人物又析一为十也。若计其实,则用数二百五十二之中取二百四十,而日用八时,成三百六十为一年之用,余分六日散于六甲,得六十甲子,闰数六日合之,而百二十为人物之用也。夫卦六十四者,十六之四也。天用三分,以一分与地,故地有十六位,而八卦用四十八爻也。四十八者,十二之四也。地用三分,以二分与物,故年有三十六旬,而人为百二十年之物也。是故一年四时,时本有四月,月本有四十日,各去其一,用三百六十日,而人在天地间,当闰余之扐、气朔之虚也。

其退亦若是矣。

此立大运法也。前法以前六限为长,后六限为消,尽取十二限数，进退三百六十日。此乃六限进三百六十日，又以一限进六日，而曰"退亦若是"者，细别而言之也。一元运数止有三百六十，阳为进，阴为退，所谓阴者分阳而已。阴阳赓续，①分治一元。别而言之，各有三百六十者，阴分乎阳，析半数也。合而言之，共成三百六十者，阳包乎阴，总全数也。故此大运法，别退数闰数而言，以明天地之数阴阳相须，分半而通用，正闰相生，同本而异名也。

十二万九千六百，去其三者，交数也。取其七者，用数也。用数三而成于六，加余分故有七也。

此立小运法也。大运法专明体则小运之体可知，小运法专明用则大运之用可知，互见也。运者，用也。在体为体之用者，用数三百六十也。在用为用之用者，用数之用二百五十二也。交数则不用之数也。用数显阳也，交数幽阴也。天统乎体，自十六变之数而言。用数八，交数八。阴敌乎阳者，天之消长各四变，地之消长亦各四变，主乾坤子午，而言冬夏之分也。阴阳相生，冬夏相配。君臣相须，天五、地五之理也。地分乎用，自一元之数而言，用数七，交数三。阳胜乎阴者，天在地上者七，交而在地下者三。主坎离卯酉而言，昼夜之分也。阳侵乎阴，昼侵乎夜，君侵乎臣，三天两地之理也。先天八卦用六爻，乾坤主之者，体也。六爻用四位，坎离主之者，用也。所以体数实统三百六十运之全，用数止当二百四十运，则六之四也。先生《经世》以元经会备述一元而止载帝王之当世首者，总其大数，天之体数也。以会经运自开物至闭物止述二百四十运而兼载余分闰位者，别其分数，地之用数也。以运经世起尧之世至五代而终，备载君臣治乱之迹者，析其细数人物之世

---

① "赓"原作"赓"，据四库本改。

数也。

七之得九万七百二十年，

十二万九千六百之中十而取七，是其数也。地数十二，开物于寅中，闭物于戌中。故八为用，四为交。天数十，阳六阴四。天兼余分，独用其七，故七为用，三为交。交数之中，犹有用数存焉者，天以余分与物，地必有合。是故三百六十以二百五十二为用数之用，二百六十四为实用之数也。

半之得四万五千三百六十年，以进六日也。

用数之中取其半者，又自分阴阳，以明消长之用也。此数六而十二、十二而二十四者，坎离迭纬，消长朓朒，一昼一夜，用必有合也。此包合数、闰数而言，故曰"以进六日"。下别合数、闰数而言，故以四万三千二百年进十二日，又以余数二千一百六十年各进六分也。

日有昼夜，数有朓朒，以成十有二日也。

此明阴阳之运，日月之变。一长一消，一进一退，数必有合。六数之中，日分乎昼夜，数分乎朓朒，则各成十二也。故一以为二。既一以为二，各兼消数，则以二为四可知矣。所以进退六十日、进退六日与夫当昼夜之时，皆用半数也。

每三千六百年进一日，凡四万三千二百年进十有二日也。余旧本衍一"有"字。二千一百六十年以进余分之六，合交数之二千一百六十年，共进十有二分以为闰也。

《卦气图》以乾兑离震包坤艮坎巽者，乾坤之体数主天一而言，则阳为进，阴为退。《律吕图》以坤艮坎巽匹乾兑离震者，坎离之用数主地二而言，则阴阳互为进退。是故小运之用，不言其退也。以十二万九千六百年分为十二，以当一日十二时之数者，小运体数也。一时当一世，一万八百年进一世，一元之年共进十二世则一运之全数也。此云"每三千六百年进一日"者，用数也。进十二日积之则百二十。有进必有退，合之而二百四十年则一运用数之八世也。闰数以四千三百二十年进十二分，比正数则十二年也。盖以时法推日法一万八百当得三十时，十二万九千六百当得三十日，一变十二当需之数为一年，再变三十当大畜之数为一世，又变十二当泰之数为一运，则一运三百六十年而一年三百六十日之全数也。用数于十二万九千六百之中取九万七百二十，以进退六日合之而二十四，加闰数十二分共二十五日二分，积三千六百之九万七百二十得三亿二千六百五十九万二千，当泰之数，十二分之七为三百六十之二百五十二，则一运之用数也。若准大运法以一十三亿九千九百六十八万为一年，则自泰七进至损之数得一十三亿九千九百六十八万之三亿二千六百五十九万二千，以当一运之日。又一进至临则十二运之数。其积数于临九百兆之数，亦用十二分之七也。又三十分之为同人，则三百六十运而每运用二百五十二年矣。此大小运用数之合也。同人者，八变之体数也，计三百三十六。临者，六变之用数也，计二百五十二。六变之数自小畜十二万九千六百之年数而行，八变之数自夬十二之会数而行。先生于大小运数，大运举同人数者，要其终，小运举小畜数者，原其始也。反覆互举，使学者思而得之尔。夫三百六十之中十用其七，得二百五十有二日。小运法进十二日为百有二十，则退十二日亦为百有二十，共二百有四十矣。余分之六则阳之盈六日，气之余分也，交数之六则阴之缩六日，朔之虚分也，共为十二。以正数论之，此十二数胱朒昼夜分用，亦偶之为二十四矣。故用数之用二百五十二，而实用之数二百六十四也。

　　故小运之变，凡六十而成三百六十有六日也。

　　先生于小运法专言其用。未有此语者，以明小运之体亦有三百六十六,与大运之体不殊也。小运之体既同于大运,则大运之用无异于小运,复何疑哉。是故先生大运正数六分用六会,得六万四千八百元之元之元,闰数一分用一会,得一万八百元之元之元,并正闰之数则十二万九千六百年,每年得七万五千六百元之元之元。元之元者,大运一小分之数也。一分析为十二秒,则二年得九十万七千二百秒矣。若准日法之体,以四千三百二十秒进一日而用其半,则正数六会共进三百六十日,闰数一会共进六十日,凡六日而加闰一日。并正闰之数以七日为六日,则每二千五百二十秒而进一日,总计九十万七千二百秒以进三百六十日,而余分六日则藏乎三百六十日之中。若准小运之用,以三千六百秒而进一日,总九十万七千二百秒共得二百五十二日,而闰数十二日则显乎二百四十日之外。若用数亦以闰数十二包于正数二百四十之中,则每正数三千六百年必加闰数一百八十年,总计三千七百八十年而后进一日也。且夫六十三者,余分时数之所积也。若一析为十,则为六百三十矣。故积其数而与加闰之数合三千七百八十者,六百三十之六也。又积其数而年得二百五十二日,则六十之四而加闰之日也。二千五百二十者,六百三十之四也。① 又积其数而年得三百六十六日,则六十之六而加余分之日也。

　　六者,三天也。四者,两地也。天统乎体而托地以为体,地分乎用而承天以为用。天地相依,体用相附。

　　《经世·卦气图》体数以四爻直一日,总之而一年通闰得三百八十四日者,两地而三天也。故大小运体之用数,亦用两地而成于三天也。用数以六爻直一日,总之而一年通闰得二百五十六日者,

---

① "三"原作"二",四库本同,据文意改。

三天而两地也。故大小运用之用数,亦用三天而成于两地。是故用数之用二百五十二,自物数言之则自草木萌动至地始冻为开物八月而加闰之日,自人数言之则日用八时四分七时二分为正年得二百一十六日。当乾之策一时二分为闰年得三十六,当坤奉乾一分之策也。所以然者,人为天之用,其用无冬夏而有昼夜。以日计虽用十分之七,总于一年则十用其全者,是谓两地而三天,故天统乎体也。物者地之用,其用无昼夜而有冬夏。以日计虽用十分之全,总于一年则十用其七者,是谓三天而两地,故地分乎用也。夫天地变化,体用不同。要之,天以地为用,用数实在乎坤。是故乾坤三男三女、七八九六之策二百四十者,坤之策二十四而十析之也。一卦六爻均之用策各三十,并二卦十二爻共三百六十者,乾之策三十六而析之也。数有十,乾之策十之而用为十二者,阳进二也。坤之策十之而用为八者,阴退二也。所以日有十,辰有十二,而卦止有八。八卦用六爻,乾坤主之。六爻用四位,坎离主之。乾坤虽用六爻,初上无位,实用不过乎八。是故用数三百六十,用数之用二百五十二。主天而言一年用十二月,主地而言一年止用开物之八月也。夫用数有三百六十,用数之用有二百五十二,生物之数有二百五十六,而实用之数二百六十四,其别何也?盖用之用,生物之时也。数止有二百五十二,地加其一体不过二百五十六,物又加天地各一体不过二百六十四。二百六十四者,实用之物数也。然运行之数三百六十,皆为天之用。一岁必期三百六十日,而此实用之物数布于其间。所以律吕数二百六十四布于元会运世十六位之中,每位二百四十,计三千八百四十小位,以应三百八十四爻,则闰岁三百八十四日之数也。余分之六在其中矣。是故《卦气图》在日数则三百八十四日,在时数则二百五十六日者,止有三千七十二时故也。

卷二　观物外篇上之中

乾为一,乾之五爻分而为大有,以当三百六十之数也。乾之四爻分而为小畜,以当十二万九千六百之数也。乾之三爻分而为履,以当一百六十七亿九千六百一十六万之数也。乾之二爻分而为同人,以当二万八千二百一十一兆九百九十万七千四百五十六亿之数也。乾之初旧本作"六"。爻分而为姤,以当七秭九千五百八十六万六千一百十垓九千九百四十六万四千八京八千四百三十九万一千九百三十六兆之数也。旧本阙此一节。是谓分数也。分大为小皆自上而下,故以阳数当之。如一分为十二,十二分为三百六十也。

乾五爻分为大有,当三百六十之数,四爻分为小畜,则三百六十之三百六十也。三爻分为履,则十二万九千六百之十二万九千六百也。二爻分为同人,则一百六十七亿九千六百一十六万之一百六十七亿九千六百一十六万也。初爻分为姤,倍数亦然。大有初分乾,得二卦为辰。小畜再分乾,倍二得四卦为日。履三分乾,倍四得八卦为月。同人四分乾,倍八得十六卦为年。姤五分乾,倍十六得三十二卦为世。一世之辰,当一运之日、一会之月、一元之年。以世推之,至于一元,皆可知也。《易》卦六爻,一爻不变,生则一居下,以命出性也。成则一居上,以性出命也。故六十四卦阴阳皆自初生,而八纯之卦世爻皆在乎上。先生分乾之数自五而起,惟上不动,世爻故也。所以人之命门在下,性门在上。养生者保精,养性者保神。剥之上九:"硕果不食。"降而反生,剥则为复,性乃生命也。

一生二为夬,当十二之数也。二生四为大壮,当四千三百二十之数也。四生八为泰,当五亿五千九百八十七万二千之数也。八生十六为临,当九百四十四兆旧本衍一"四"字。三千六百九十九万六千九百一十五亿二千〔万〕之数也。① 十六生三十二为复,当二千六百五十二万八千八百七十垓三千六百六十四万八千八百京二千九百四十七万九千七百三十一兆二千万亿旧本阙此一节。之数也。三十二生六十四为坤,当无极之数也。

　　乾坤互变,九变主一子,七九六十三卦而穷,余六爻不尽。盖八变而三百三十六,体数极矣。余八卦四十八爻,当坤之一位,所谓无数也。《易》曰“坤以藏之”,坤非真无也。藏而不见,所谓密也。故先天坤当无数而先生谓“当无极之数”者,既往之数未尽于明,方生之数已潜于幽,此之谓无极也。若夫九变各有六爻不尽,则乾坤自存其本也。乾不尽而复生焉,坤不尽而姤生焉。故八变五十六卦余八卦不尽,体不可尽也。九变三百七十八爻余六爻不尽,用不可尽也。体者物也,用者气也。是故数起于一,二十变而至万兆,同人当之。又二十变而至秭,姤当之。又四十变,而至载,坤当之。是故九九,老阳之变也。坤当无极之数者,虽八十一变未至于极。亦如《太玄》八十一首七百二十九赞,而天度尚余九辰也。

　　是谓长数也。长小为大皆自下而上,故以阴数当之。

　　所谓分数、长数者,有地而后有二。故地上之数起于二、十二者,二、六也。二、六者,地二之用,用之体也。有地之后,用已成体。故天地之变化,气感于形,形应于气。阳先分之以立其大限,阴乃长之以充其细数也。阳分则虚,虚为阴。故自上而下者,阴生于上,为阳中之阴也。阴长则实,实为阳。故自下而上者,阳生于下,为阴中之阳也。自阴之形数言之则为长,自阳之气数言之则为消。盖一分之初,多少已定。故人寿百岁,自阴之长数而言,一年

----

① “万”原脱,据道藏本补。

为增一岁。若自阳之分数而言，则一年为减一岁也。此盖阴阳并行，相为终始。天以一三五七九而造始，地以二四六八十而续终。所谓"乾知大始，坤作成物"者也。若迭为消长，则此长而彼消，彼长而此消。故由子至巳、自六至九、自少至多，为阳长阴消；由午至亥、自九至六、自多至少，为阴长阳消。此阴阳分两，各为主者也。阴阳并行者，天之一而二也。阴阳分两者，地之二而四也。

天统乎体，故八变而终于十六。地分乎用，故六变而终于十二。天起于一，而终于七秭九千五百八十六万六千一百一十垓九千九百四十六万四千八京八千四百三十九万一千九百三十六兆。旧本阙此一节。地起于十二，而终于二百四垓旧本"垓"作"秭"。六千九百八十万七千三百八十一京旧本"京"作"垓"。五千四百九十一①万八千四百九十九兆七百二十万亿也。

天圆主用，用以体立，故统乎体。地方主体，体以用行，故分乎用。八者，体数也。十六者，八之偶也。天统乎体，故得体之数，八变而终于十六。六者，用数也。十二者，六之偶也。地分乎用，故得用之数，六变而终于十二。数体者，存乾之一。自夬八变至同人则三百三十六，又八变至姤而终则六百七十有二也。数用者，存大壮之四。自小畜六变至临则二百五十有二，又六变至震而终则五百有四也。天从体起用，故由二历六，以六而终。其数总二十二，则五、六之合而偶之者，物数也。故曰天终为万物也。地摄用归体，故由六历二，以二而终。其数总十有九，则九、十之终而合之者，闰数也。故曰地归于天也。天去一而数，地去四而数，故蓍去一而卦去四也。天之有数起于乾而止于震，余入于无者，天辰不见也。天数至震而不用，地之体虽在而无用，故先终也。又曰"天起

---

① 此"一"字当作"三"。

于一而终于七耗,地起于十二而终于二百四埃"者,一乾数也,七耗即姤数也。起于一者,体数以乾为主,自夬而行至姤则十六变也。十二,夬数也。二百四埃,即震数也。起于十二者,用数以夬为主。一分而三十为大有之运数,一长而十二为大壮之世数。先得一变足地之体,然后自小畜而用行,至震则十二变也。地之前六变,先存一变得二百九十四者,著六用之全数也。地者天之用,所谓天变其体不变其用,故阳常存一而乾坤用七变也。

有地,然后有二。有二,然后有昼夜。

寒暑属天,所谓分阴分阳。昼夜在地,所谓迭用柔刚。故曰刚柔者,昼夜之象也。寒暑者,乾坤之用。昼夜者,坎离之用也。

二三以变,错综而成。故《易》以二而生,数以十二而起。而一非数也,非数而数以之成也。天行不息,未尝有昼夜。人居地上以为昼夜,故以地上之数为人之用也。

二三以变者,二与三奇偶相参以变,盖五数也。地分其二,故二因十二;天分其三,故三因三十,亦参天两地而倚数之理也。后天参两为衍数五十,先天二三为变数四十二。后天先虚其一以为七,七之著数又挂其一乃合八卦之爻数。先天一卦变八卦一以为本,七以为用,故日月以四十二为一变也。后天用乾坤九六之变者,阴阳寒暑之变也。先天用坎离日月之变者,刚柔昼夜之变也。以二生者,变易也。以十二起者,用数自夬而起,其位则二,其数则十二也。著数揲一,卦则存六,再一卦又存六者,二六为地之用数,故两卦偶而后用,在年则十二月,在日则十二时,以当天之十二次、地之十二野、人之十二物也。天无昼夜,此之谓一。一非数者,以其不变也。以地上数为人之用,故大数则一元统十二会,自十二而分,小数则一分统十二秒,自十二而积也。

天自临以上,地自师以上,运数也。天自同人以下,地自遁^{旧本}

"遯"误作"剥"。以下，年数也。运数则在天者也，年数则在地者也。天自贲以上，地自艮以上，用数也。天自明夷以下，地自否以下，交数也。天自震以上，地自晋以上，有数也。天自益以下，地自豫以下，无数也。

《先天图》以左右数之，则乾兑离震为冬至迄夏至为阳属天，巽坎艮坤为夏至迄冬至为阴属地。以上下数之，则乾兑巽坎为昼属天，艮坤离震为夜属地。故师、临以上各十六卦为天之天、地之天之元会运世之数而在天，同人、遯以下各十六卦为天之地、地之地之年月日时之数而在地。运数少而年数多，天数统而地数分。临当九百兆之数，同人当二万兆之数，师当七千沟之数，遯当二十三万沟之数也。贲艮以上为用者，四十六卦二百七十六爻则体数之用而加余分之数也。明夷、否以下为交者，四分之中三分为用，一分为交。交数主刚柔言，以复为主。自明夷至颐，自否至坤，皆八也。震晋以上为有者，有数，主乾而言。自晋至姤，自震至夬，皆二十七卦，其爻三百二十四。并乾五十有五，则三百三十爻也。益豫以下为无者，无数，存坤以为主。自益至复，自豫至剥各四，则无数之四十八也。地之交数不数谦者，用数增贲以存乾，故交数减谦以存坤也。用数四十五卦存乾以当阳盈之六日，交数十五卦存坤以当阴虚之六日。地之无数起于豫者，天数存乾以主有，故地数存坤以主无也。月以十二、日以三十而变。自一至万万极，凡九十七数。自乾之一至坤之二载以当无极之数，六十四卦得八十一数，具细算在极数中。

天之有数起乾而止震，余入于无者，天辰不见也。地去一而起十二者，地火常潜也。故天以体为基而常隐其基，地以用为本而常藏其用也。

地，二也。去一而数起十二者，二六即二也。《皇极经世》日起于乾，月起于夬。夬之数即十二，位即第二也。起乾而止震者，所谓天数二十八位也。若从用数去四，自小畜而起至震则二十四而已，所谓六变而终于十二也。地之用在天，故藏一于始；天之体在地，故隐四于终，亦著去一而卦去四之义也。用或去四者，以地为用，体成而后用行。《经世》起于会者，用至于年则其用在年，故年数在地也。

一时止于三月，一月止于三十日，皆去其辰数也。是以八八之卦六十四而不变者八，可变者（七）旧本衍"七"字。七八五十六，其义亦由此矣。

一时本四月，而用三月。一月本四十日，而用三十日。皆为去其辰数者，三用而一不用也。不变者八，七变而一不变。天三地四，天有三辰、地有四行也。天辰不见，地火常潜。天地各三，本当用六而用七者，天侵地以为余分也。

阳爻，昼数也。阴爻，夜数也。天地相衔，阴阳相交。故昼夜相杂，旧本"杂"误作"离"。刚柔相错。春夏阳多也，故昼数多，夜数少。秋冬阴多也，故昼数少，夜数多。

《先天图》左有一百十二阳，八十阴，上亦然，右有一百十二阴，八十阳，下亦然。阴中有阳，阳中有阴。阴阳相交，未尝相无。故应于人世，则昼夜相杂，刚柔相错。离兑当春，有五十六阳四十阴。坎艮当秋，故反之。乾巽当夏，有六十四阳三十二阴。坤震当冬，故反之。春秋昼夜等而阴阳数不等者，春主阳生，秋主阴杀。在日月则昼夜之数同，在天地则阴阳之分异。故春昼多明，秋昼多暗也。

体数之策三百八十四，

《卦数图》坤得一百，上卦三十六者，六六为用之全；下卦六十四者，八八为体之全。故六十四卦三百八十四爻，应天地之全体。

去乾坤坎离之策为用数三百六十。

乾坤坎离四正之卦，反复不变，六十卦赖之以立，故去之以存太极之体。余三百六十爻当一期之日，以为元气之用。

体数之用二百七十，

用数三百六十，天以之而运行，天之用也。天地之体四，其用者三，故爻数有三百八十四而四卦之数有二百八十八，则四分之三也。爻去二十四而用三百六十，则数去一十八而用二百七十，所以二百七十为体数之用也。自爻数而言，则天不用震之八卦，地不用坤之八卦也。

去乾与坎离之策为用数之用二百五十二也。

其言二百七十者，已去乾离坎之策矣。又云"去乾与坎离之策"，何也？盖用数之中，仍自存体。其曰"用数之用"，则所存"乾与坎离之数"当为用数之体也。天下之理，体用无常，当时为是。自三百八十四言之，则三百六十为用。自二百七十言之，则所存之十八策又为体矣。体中有用，用中有体，未尝离也。存太极之体，余为天之用。存天之体，余为地之用。存地之体，余为人物之用。常存其本，用之不尽，是故生生不穷。

体数之用二百七十，其一百五十六为阳，一百十四为阴。去离之策得一百五十二阳、一百一十二阴，为实用之数也。盖阳去离而用乾，阴去坤而用坎也。

乾兑离巽坎艮六卦之变共二百八十八爻，阳一百六十，去乾六坎二离四，则所余者一百四十有八也。阴一百二十八，去坎四离二，则所余者一百二十有二也。其曰"一百五十六为阳，一百十四为阴"者，阳去离之阴而用乾，阴用坎之阳而去坤，乾坎二卦用者八阳，坤离二卦去者八阴，克阴之八，增阳之数。所以应阴阳刚柔四象之用也。"去离之策得一百五十二阳、一百十二阴"者，阳去四阳爻，阴去二阴爻也。

是以天之阳策一百十二,去其阴也。地之阴策一百十二,阳策四十,去其南北之阳也。极南大暑,极北大寒,物不能生,是以去之也。其四十,为天之余分耶。阳侵阴,昼侵夜,是以在地也。合之为一百五十二阳,一百十二阴也。

取《先天图》中阴阳之策,应天地实用之数也。乾兑离震一百九十二爻,阳一百十二,阴八十,坤艮坎巽一百九十二爻,阴一百十二,阳八十。天之阴尽去矣,地之阳止去其不能生物者,故存坎艮四十阳,以为天之余分也。乾坤之策三百六十,当期之日。先、后天皆以六十卦三百六十爻当期之日,故雍称一爻当一策也。

阳去乾之策,阴去坎之策,得一旧本作“二”。百四十四旧本作“六”。阳,一百八阴,为用数之用也。

三百八十四者,体数也。三百六十者,用数也。二百七十者,体数之用也。二百六十四者,实用之数也。二百五十二者,用数之用也。三百八十四者,具六十四卦也。三百六十者,去乾、坤、坎、离也。二百七十者,天去复、颐、屯、益、震、噬嗑、随、无妄,地去否、萃、晋、豫、观、比、剥不言去坤者,坤已在四正中去之矣。也。二百六十四者,再去离也。二百五十二者,再去乾坎也。

阳三十六,三之为一百八。阴三十六,三之为一百八。三阳三阴,阴阳各半也。阳有余分之一为三十六,合之为一百四十四旧本作“六”。阳,一百八阴也。故体数之用二百七十,而实用者二百六十四,用数之用二百五十二也。

此以明用数之用也。用策三百六十分而为十,乾得六,其策二百一十六;坤得四,其策百四十有四。故昼日之极不过六分,四常不用。天有余分,昼常侵夜,故七用三不用也。二百七十者,天地之用。二百六十四者,人物之用。二百五十二者,天生物之时,天之用也。

卦有六十四而用止乎三十六,爻有三百八十四而用止乎二百一十六也。

卦,地也,爻,天也。卦用三十六,爻用二百一十六,合之即用数之用二百五十二也。周天之度环北极七十二度,常见不隐,谓之上规。环南极七十二度,常隐不见,谓之下规。虽阴中自分阴阳,要之常隐常见者为静数,故坤之策应之也。其东西循环为用者,二百一十六度。虽阳中亦自分阴阳,要之循环迭用者为动数,故乾之策应之也。卦以六六变为八八,三百八十四则六十四卦之爻也。老阳二百一十六则用卦之策,乾尽包之,阴已无有矣。所以用乎地上者,皆一阳之气,阴则分阳而已。何以言之?阳三十六,三之为一百八,此三阴三阳分二百一十六之数也。一日十二时,一年十二月,自寅至午一百八,自午至戌一百八。阳中三阳、阳中三阴皆为昼,为开物之时。其余百四十四虽属坤矣,寅之末一十八,戌之初一十八,犹为阳之余分所克。用者常七,不用者止于三也。阴阳之体名为匹敌,至于用数阳常有余者,天地、君臣、父子、夫妇之道也。阴之三不用者,一不用之理。故天地息于冬,人息于夜。然人不息于夜,则昼不能应事。天地不息于冬,则春不能生物。用者以不用为基,故曰阳以阴为基也。

六十四分而为二百五十六,是以一卦去其初、上之爻,亦二百五十六也,此生物之数也。故离坎为生物之主,以离四阳、坎四阴,故生物者必四也。阳一百一十二,阴一百一十二,去其离坎之爻则二百一十六也。阴阳之四十共为二百五十六也。

生物之数即实用之数二百六十四而除离四阳、坎四阴以为物体者也。乾坤定位于上下,坎离交垢于其中。坎离,精神也,故为生物之主。离不存四阳无以受坤之阴,坎不存四阴无以纳乾之阳,故各去四以立体。去四者,常存而不用也。阴阳之爻皆以当乾策者,生物用事,阳之阴也。阴阳之四十则坤逊乾之阳,故以当余分也。

是以八卦用六爻,乾坤主之也。六爻用四位,离坎主之也。故天之昏晓不生物,而日中生物,地之南北不生物,而中央生物也。

用六爻者,三百八十四之数也。用四位者,二百五十六之数也。夫一六相虚,初上无位,故坎离生物用四位,而初上不用也。四位者,四体也。初者,地之气,命之根也。上者,天之神,性之原也。六十四卦三十二阳三十二阴,不变者,初不用也,人物之命也。八纯卦五世而游魂者,上不用也,圣贤之性也。

体数何为者也,生物者也。用数何为者也,运行者也。运行者天也,生物者地也。

体数三百八十四,用数之体二百八十八,其实用者二百六十四,又去坎离之八为二百五十六,地以之而生物,地之用也。用数三百六十,体数之用二百七十,去乾与坎离为二百五十二,天以之而运行,天之用也。二者皆用也。

天以独运,故以用数自相乘,而以用数之用为生物之时也。

天一也,无借乎阴。用数自相乘者,用数三百六十也。以三百六十乘三百六十得一十二万九千六百,则一元之年数也。用数之用为生物之时者,二百五十二也。以一年观之,自草木萌动至地始冻而物不生,凡二百五十二,故地分乎用,自小畜至临,六变而二百五十二也。

地偶而生,故以体数之用阳乘阴为生物之数也。

体数之用二百七十者,阳也。地析一为四,析四为十六,析十六为六十四,析六十四为二百五十六者,阴也。阳乘阴者,以二百七十乘二百五十六得六万九千一百二十,为六倍万物之数。故元之世四千三百二十以十六位析之,即应其数也。若又以二百七十乘之,得一千八百六十六万二千四百,当皇极十六位世之世数,为生物之极数也。是故运行之数以一万八百为一会,生物之数以万一千五百二十当一会也。

天数三,故六六而又六之,是以乾之策二百一十有六。地数两,故十二而十二之,是以坤之策百四十有四也。乾用九,故三其八为二十四,而九之亦二百一十六;两其八为十六,而九之亦百四十有四。坤用六,故三其十二为三十六,而六之亦二百一十六;两其十二为二十四,而六之亦百四十有四也。

乾用九者,三三也。八者,四之两,三而两也。坤用六者,二三也。十二者,四之三,两而三也。天数三地数两者,天地本用也。三而两、两而三者,乾坤通用也。且一二三为六,四五为九,一三五为九,二四为六,皆三天两地。自大数言之,天无非三,地无非两。故天地各用则天数三、地数两也。自细数言之,天亦有六,地亦有九。故乾坤互用则三而两、两而三也。盖阳生于阴中,自六而进,至九而老。阴生于阳中,自九而退,至六而老。方其互用,所谓"不可为典要"。及其定体,所谓"既有典常"也。大抵天道六变而穷,止于三百六十。天三地两,乾九坤六,变化不同。凡宇宙间物之千态万状,古与今时之千秋万祀,皆不出乎此矣。

坤以十二之三,十六之四,六之一与半,为乾之余分,则乾得二百五十二,坤得一百八也。

此乾得七、坤得三之义也。三天两地,正数也。天七地三,天克地以为余分也。故坤一百四十四之数,或以十六而析,或以十二而析,或以六而析,皆四分之中以一分奉乾而为余分也。余分在实用之数有四十,在用数之用止三十六者,在物则兼地四之体,在天则存地四之体也。《太玄》三十三著挂一以存玄,余八十一首之策,以日法约之得一百四十四日,以一百八日为家体,以三十六日为归奇。故为地承天之数也。

阳四卦十二爻，八阳四阴，以三十六乘其阳，以二十四乘其阴，则三百八十四也。

六六三十六卦变为八八六十四卦。乾、坤、坎、离、颐、中孚、大、小过八卦不变，余二十八卦，反复视之为五十六卦。八者不变，体也，常存乎天地间，为群用之宗。其五十六卦半往则半来者，阴阳屈信升降之用也。八卦位乎八方，一卦统八卦得六十四卦三百八十四爻。其阴阳变化、盈缩显晦之用，三昼之初数已具乎其中矣。信乎，一丽于数，终不可逃也。何以言之？阳四卦八阳四阴，以三十六乘其阳得二百八十八，则六位四十八卦之爻也，以二十四乘其阴得九十六，则二位十六卦之爻也。合之而三百八十四，则六十四全卦之爻也。阴四卦八阴四阳，以二十四乘其阴得一百九十二则四位三十二卦之爻也，以三十六乘其阳得一百四十四则三位二十四卦之爻也。合之而三百三十六，则五十六用卦之爻也。阳卦之爻得六十四卦之全，阴卦之爻得五十六卦之用。不变之八，常属乎阳。是故阴阳虽均用于天地间，而凡见者皆系乎阳也。阳于三百六十盈二十四，如乾之策得七月之日而余六也。阴于三百六十缩二十四，如坤之策得五月之日而亏六也。合之得七百二十，以二爻当一昼一夜则三百六十之日。阳赢阴缩，故昼常侵夜五刻也。阳卦三百八十四，阳得六位、阴得二位者，天之体数四用者三不用者一，地之体数四用者三不用者一，天尽兼之也。阴卦所得存四阴位者，示天地匹敌也。三阳位者，阳在地上则地从而有用，在地下则地为无用。故天统乎体，地分乎用，天有八变，地有六变也。合之则阴阳共三百八十四，分之则阳数之外复有阴数，犹夜之于昼，故曰阴分阳也。康节所谓四阳卦者，谓乾兑离震属天，四阴卦者，谓巽坎艮坤属地，伏羲八卦也。上下左右数之，四阳八阴，四阴八阳,其数皆不等。若夫文王八卦,乾坎艮震为四阳,一父三男也,巽离坤兑为四阴,一母三女也。六阴六阳,其数皆等。至于分阴分阳,则坤兑乾坎自西南至北,艮震巽离自东北至南,其数亦等。伏羲之《易》,《易》之体也。体必致用,阴阳偏者,用之所以生也。文王之《易》,《易》之用也。用必立体,阴阳等者,体之所以成也。故曰阴阳半而形质具焉,阴阳偏而性情生焉。深哉,真天地自然之理,自然之数也。

体有三百八十四而用止于三百六十,何也?以乾坤坎离之不用也。乾坤坎离之不用,何也?乾坤坎离之不用,所以成三百六十之用也。故万物变易,而四者不变也。夫惟不变,是以能变也。用止于三百六十而有三百六十六,何也?数之赢也。数之赢则何用也?乾之全用也。乾坤不用,则离坎用半也。乾全用者,何也?阳主赢也。乾坤不用者,何也?独阳不生,专阴不成也。离坎用半,何也?离东坎西,当阴阳之半,为春秋昼夜之门也。或用乾,或用离坎,何也?主阳而言之,故用乾也。主赢分而言之,则阳侵阴、昼侵夜,故用离坎也。阳主赢,故乾全用也。阴主虚,故坤全不用也。阳侵阴、阴侵阳,故坎离用半也。是以天之南全见而北全不见,东西各半见也。离坎,阴阳之限也。故离当寅,坎当申。而数常逾之者,盖阴阳之溢也。然用数不过乎寅,交旧本作"爻"。数不过乎申。或离当卯,坎当酉。

乾坤列上下者,天地也。坎离分东西者,日月也。去四正之外,六十卦变三百六十。故天道穷于六甲,三十六旬为一年。然天有三百六十五度四分度之一,而一年除小月又止有三百五十四日。余六度者,气之赢,是为阳之盈。亏六日者,月行疾,五十九日而再会,是为阴之缩也。夫物之不齐,物之情也。天地日月犹不能齐,惟其不齐,所以变化不穷,若齐则止矣。乾全用者,主岁而言,三百六十六日而后一岁足。故曰十九年而七闰，天之偿也。以其每年不足，以闰偿之也。坎离用半者，主日月昼夜而言，所谓阴阳之溢者是也。夫数之赢者，挂一之蓍，归奇之扐，生物之气也。乾虽主一岁之功，坎离实分生物之任。故乾全用，坎离用半也。地道无成，故坎得分离，坤不得分乾也。是以乾坤分上下者，君臣之义。坎离分东西者，宾主之礼。坎离得相敌，乾坤不得相敌也。离当卯而终于申，昼之分也。坎当酉而终于寅，夜之分也。离或当寅、坎或当申者，卯者离之分，寅则与坎共之，酉者坎之分，申则与离共之。寅申之间，坎离交而相侵。昏晓之际，阴阳侵而相溢。自坎离之分言之，以离为阳，以坎为阴。故曰阴侵阳、阳侵阴也。然离当寅，未卯而已明，坎当申，已酉而未昏。天克地以为余分，昼常多夜五刻。自昼夜之分言之，以昼为阳，以夜为阴，故又曰"阳侵阴、昼侵夜"也。夫用数无有未寅而用，交数无有未申而交者，坎离之限也。阴阳之溢者，坎离之相胜也。阳常侵阴者，天道之常也。若以大数言之，则开物于惊蛰后、闭物于立冬前者，阴阳互相侵也。用数多、不用数少者，阳侵阴、昼侵夜也。故乾全用，坤全不用，而坎离用半也。

乾四十八而四分之一分为阴所克，坤四十八而四分之一分为所克之阳也。故乾得三十六，而坤得十二也。阳主进，是以进之为三百六十日。阴主消，是以十二月消十二日也。

八卦每位八十四爻，①六分之则每分八爻者，用之体也。八分之则每分六爻者，体之用也。离兑巽各得二十八阳二十阴，坎艮震各得二十八阴二十阳，乾得三十六阳十二阴，坤得三十六阴十二阳。阳主用，自用数言之，乾得其六，为三十六阳，主进。进之为三

---

① "八十四爻"，据文意疑当作"四十八爻"。

百六十者,一年之日数也。坤得其二,为十二阴,主消。故十二月消十二日,积闰之数也。周天三百六十五度有奇,三十六旬为一年者,正数也。六日者,数之赢也。月行疾,五十九日而再会,则两月之间消二日,故十二月消十二日也。其言进之为三百六十者,包余分而言也。其言消十二日,别余而言也。正数六日,余分六日。《皇极经世》之数,一元三百六十运,一会三百六十世,一运三百六十年,一世三百六十月,一年三百六十日,一月三百六十辰,无非三百六十也。一元十二会,一运十二世,一岁十二月,一日十二辰,无非十二也。阳得三百六十者六,阴得十二者四,亦天三地二、阳六阴四之义也。乾之阳数三百六十中三分用二为开物数,坤之阳数十二为闰数,故用数之用二百五十有二也。

顺数之,乾一,兑二,离三,震四,巽五,坎六,艮七,坤八。逆数之,震一,离兑二,乾三,巽四,坎艮五,坤六也。

易逆数者,以右行者为逆,左行者为顺也。此所谓逆顺者,以自上分者为顺,自下起者为逆也。顺数者,体也,故有八。逆数者,用也,故有六。用止有六者,离与兑、坎与艮阴阳之数同于一数也。顺数者若分而实合,所以起用也。逆数者若合而实分,所以成体也。左右而数,皆自上而下分也,始乾终坤合也。数震至坤,如环之圆,合也。四而成乾,四而成坤,分也。

乾四十八,兑三十,离二十四,震十。坤十二,艮二十,坎三十六,巽四十。

震十,艮二十,兑三十,巽四十。一二三四,地之四卦。四维。用干数,地从天也。坤十二,离二十四,坎三十六,乾四十八。一二三四,天之四卦。四方。用支数,天从地也。震艮兑巽合之则一百,坤离坎乾合之则百二十。一百则十也,百二十则十二也。是故天数二十五,合之而五十,进之而一百。地数三十,合之而六十,进之而

百二十。天统乎体，地分乎用。故天得百二十，地得一百也。风后太
一式九宫皆右差一位，则四方用偶数、四维用奇数者，从地也。与天九宫不同。

乾三十六，坤十二，离兑巽二十八，坎艮震二十。

此数于《先天图》中，皆取其阳数者也。著去挂一而四十八
策，七九者，阳数也。九之象用策三十六，归奇十二。七之象用策
二十八，归奇二十。乾三十六阳、坤十二阳与九之策合，三女二十
八阳、三男二十阳与七之策相反者，体用不同也。先天，易之体也。
以多者致用，故三女从乾，三男从坤。后天，易之用也。以少者立
体，故三男从乾，三女从坤也。

圆数有一，方数有二，奇偶之义也。六即一也，十二即二也。

天体数四，用者三，不用者一。地体数四，用者三，不用者一。
是故天地各有四象，而乾坤各用三爻也。用者重之则六，故六为用
数。然圆数奇，故天之数一而用六。方数偶，故地之数二而用十
二。六则一之变而重之也。十二则一之变重之而又偶之也。

天圆而地方。圆者数之，起一而积六。方者数之，起一而积
八。变之则起四而积十二也。六者常以六变，八者常以八变。而
十二者亦以八变，自然之道也。八者，天地之体也。六者，天之用
也。十二者，地之用也。天变方为圆而常存其一，地分一为四而常
执其方。天变其体而不变其用也，地变其用而不变其体也。六者
并其一而为七，十二者并其四而为十六也。阳主进，故天并其一而
为七。阴主退，故地去其四而止于十二也。是阳常存一而阴常晦
一也，故天地之体止于八而天之用极于七，地之用止于十二也。圆
者裁方以为用，故一变四，四去其一则三也，三变九，九去其三则六
也。方者展圆以为体，故一变三并之四也，四变十二并之十六也。
故用数成于三而极于六，体数成于四而极于十六也。是以圆者径
一而围三，起一而积六，方者分一而为四，分四而为十六，皆自然之

道也。

圆者之形上下兼四旁,径一围三积之而六,应三才六位,故卦具六爻者,用数也。方者之形上下各四隅,径一围四积之而八,应四方八维。故象分八卦者,体数也。起四而积十二者,地之体四,每一用三。故四方分为十二次、四时分为十二月者,体之用也。天地均有体用。天圆,以用为主,体则托乎地。地方,以体为主,用则从乎天。一变而四,地之体也。天偶之而八,八者天地之体也。一析为四,四四而十六,四者地之一,十六者地之四也。一变为三者,四之用也。重之而六者,八之用也。四之而十二者,十六之用也。皆体四用三、三用一不用之理也。六者以六变,六六三十六旬是也。八者以八变,八八六十四卦是也。十二者亦以八变,两卦十二爻变为九十六,十二月之气亦以八节而变是也。六以六变,用自变也。八以八变,体自变也。十二以八变,用托体以变也。天地相偶,体止于八,用止于六。十二者地之用,非天本用,故天止于十干而十二支在地。十二之变以八者,不出乎十数,皆自然之理也。天变其体者,变方为圆也。不变其用者,常存其一也,谓六变之用存一而七也。地变其用者,并一于三也。不变其体者,常执其方也。谓析四为十六其用十二,不离乎四也。六从一起,去本则六,存本则七。阳常存一者,主进也,故天之用并余分而七也。四方之星与北斗日月五星皆七,天之用无非七也。十二从四起,去本则十二,存本则十六。阴常晦一者,主退也。故地之用止于十二也。一年四时,一时三月,一月三十日。地虽执其方,至于用则去一为三,从天之用也。圆则行,圆者用也。方则止,方者体也。变体为用皆去一者,裁方为圆之义也。变用为体皆并一者,展圆为方之义也。方者言一变三,并而四,四变十二,并而十六。则圆者当言一变四,去一则三,三变十二,去三则九。而云三变九,去三则六者,盖天以一变四者,初自方数而来,从体生用也,去一为三裁方为圆矣。以用为主,故再变即从圆数起,非若地之常执其方也。地以一变三者,初自圆数而来,从用生体也。并一为四展圆为方矣。以体为主,故去再并之数,不去初并之数者,所谓常执其方也。体数成于四而极于十六,故《皇极经世》元会运世有十六位。用数成于三而极于六,故《皇极经世》用数之用不过六变。用主天言,故不及十二;体主地言,故不止于八也。

一役二以生三,三去其一则二也。三生九,九去其一则八也,去其三则六也。故一役三、三复役二也,三役九、九复役八与六也。是以二生四,八生十六,六生十二也。三并一则为四,九并三则为十二也。十二又并四则为十六。故四以一为本、三为用,十二以三为本、九为用,十六以四为本、十二为用。

一役二以生三,去一则二者,太极生两仪,两仪见而太极隐。两仪既位乎天地,人在其中以当太极,则实列于三矣。是故以位言之,上乾下坤,人为虚位;以数言之,一奇二偶,三为真数也。三生九,九去一则八、去三则六者,三列为左右,以横而变,应地之体。去一则八者,八方而中虚也。故《河图》九数,五居中央而八卦应其八位也。三列于上下,以从而变,应天之用。去三则六者,两仪各三位中去其三者,虚人以为用也。故《易》之重卦上下二体,应乎天地而虚人也。三才存二位各去其一者,虚中以为用也。故《易》之六爻兼三才而两之,应乎阴阳刚柔仁义也。去三役九者,一役三也。三复役二,九复役八与六者,有体,然后用行其中。故三为一之役者,以二为之役也。九为三之役者,以八与六为之役也。二为三役,故生四。八与六为九役,故八生十六,六生十二。天役地,阳役阴,以奇布偶,随寓而生。故偶者,再偶而成体也。体者用之所寓,偶者奇之所生。故四体之中,常存一焉以为之本,而三为之用也。是故三并一则四,四以一为本、三为用者,体有四,用者三、不用者一也。九并三为十二,十二以三为本、九为用者,自十二会而言,亦用者三、不用者一也。十二并四为十六,十六以四为本、十二为用者,自十六位而言,亦用者三、不用者一也。十六以十二为用者,体之用也。十二以九为用者,用之用也。并之者,体也。通本而言,体兼用与不用也。去之者,用也。去本而言,用成则本退也。天下之理,不过体用而已。自然之数如是,《易》因而用之。所以《观物》以一元包会运世,而十六位中,去元之四数则十有二;十二位中,各去其元数则九也。

　　圆者六变,六六而进之,故六十变而三百六十矣。方者八变,故八八而成六十四矣。阳主进,是以进之为六十也。

　　六为用数,用者阳也。八为体数,体者阴也。用属乎爻,体属乎卦。蓍以求爻,积而成卦,则用在体后也。夫阳以三变,阴以两变,三天两地之义也。阳得其三,阳主进也。六六而三十六,进之为三百六十,故天度与爻数应之也。八八得六十四而止,故卦数应之也。先生曰"天数三,故六六而又六之,是以乾之第二百一十六。地数两,故十二而十二之,是以坤之策百四十有四",与此同义。夫坤数一百,上位三十六,天也;下位六十四,地也。六十四卦反复视之而三十六,六六之卦隐于八八之中者,天以六而藏诸用,地以八而显诸仁也。天托地以为体,用乃随体而显。地因天以为用,体亦随用而藏。是故天之太极从地而右转,地之元气从天而左行,斗日相错。去乾坤离坎不用,用其六十卦之爻以成一期之日,则三百六十者显而六十四者藏也。

卷三　观物外篇上之下

　　蓍数不以六而以七,何也? 并其余分也。去其余分则六,故策数三十六也。是以五十者,六十四卦闰岁之策也;其用四十有九者,六十卦一岁之策也。归奇挂一,犹一岁之闰也。卦直去四者,何也? 天变而地效之,是以蓍去一则卦去四也。

体数八,用数六。故八八之卦反覆视之,六六而已。蓍用七者,并其余分象天度之赢,去其余分则老阳之策不过乎三十六也。_{大数先去一,六七又每七去一,共去十三,余三十六,造之为三百六十,即当六十卦之爻数。}大衍之数五十,天之全数也。其用四十有九,天之用数也。天数二十五,合之而五十,故为数之全。真一不见而用七七,故为数之用。蓍圆而神,天数也。卦方以智,地数也。以蓍求卦,卦自蓍起。因天生地,地随天变,故曰"天变而地效之"。所以闰岁之策应乎五十之全,一岁之策应乎去一之用也。夫五十者蓍之全,六十四亦卦之全。四十九者蓍之用,六十亦卦之用也。天以气为质,以神为神。地以体为质,以气为神。天之一不可见者,神也。地之一可见者,气也。是故天数又以归奇挂一之数代贞一而象一岁之闰,地数即以乾坤坎离之爻存四正而为闰岁之策也。先生既曰"五十者闰岁之策",又曰"归奇挂一犹一岁之闰"者,盖以此也。天下之理,用必存本。用而丧本,其用必穷。五十以一为本,四十九为用。六十四以四为本,六十为用。蓍之一者,太极之体,四十九之未动者也。卦之四者,乾坤坎离,常存以起用者也。天起于一,地成于四,故蓍去一而卦去四也。

圆者径一围三,重之则六;方者径一围四,重之则八也。

《易》始三画,圆者之用,径一围三也。重之则六,故有六爻。《易》始四象,方者之体,径一围四也。重之则八,故有八卦。天地万物,体皆有四,用皆有三。圣人作《易》,以自然之理而示诸人尔。

裁方而为圆,天所以运行。分大而为小,地所以生化。故天用六变,地用四变也。

天裁方为圆者,裁四为三也。重地则六,天得兼地,故用六变。地分大为小者,析一为四也。偶天则八。地不得兼天,故用四变。一变六十,六变而三百六十,此天之六变也。一变而四,二变而十六,三变而六十四,四变而二百五十六,此地之四变也。是故八卦用六爻,乾坤主之者,运行之数也。六爻用四位,坎离主之者,生物之数也。运行者天也,生物者地也。故天六地四,天有六气,地有四维也。

一八为九,裁为七,八裁为六,十六裁为十二,二十四裁为十八,三十二裁为二十四,四十裁为三十,四十八裁为三十六,五十六裁为四十二,六十四裁为四十八也。一分为四,八分为三十二,十六分为六十四,以至九十六分为三百八十四也。

天裁方为圆,故用数皆四分去一。八裁为六者,言一卦本应八爻,裁而用六。故天地各四位,用者三,不用者一也。十六裁为十二者,言二卦用十二爻。故一时四月,四四而十六,时去一月则十二也。二十四裁为十八者,言三卦用十八爻。故未重之卦其爻二十四,巽震与艮兑互用三爻则十八也。三十二裁为二十四者,言四卦用二十四爻。故天地各三十二卦,一位不用则二十四也。四十裁为三十者,言五卦用三十爻。故一年四时,一时四月,一月四十日,去十日则三十也。四十八裁为三十六者,言六卦用三十六爻。故已重之卦其爻四十八,震巽与艮兑互用六爻则三十六也。五十六裁为四十二者,言七卦用四十二爻。故天地各四位位去一正不用,天去乾、离、中孚、颐,地去坤、坎、大、小过,余五十六变每位用七,二位不用则四十二也。六十四裁为四十八者,言八卦用四十八爻。故天地各四位,位有八卦,二位不用则四十八也。此皆圆者之形,裁四为三,运行之用,三之用也。先云"一八为九,裁为七"者,言一位八卦共得九数。一卦变七卦,以一为本,以七为用。盖用虽从三,首必存一,以明并余分存太极,所谓"天变其体,不变其用"也。地分大为小,故体数皆析一为四。一分为四,四分为十六,十六分为六十四者,地之本体方圆之析数也。先曰"八分为三十二"者,乾兑离震坤艮坎巽八象各自交止成三十二,八象又相交乃成六十四,此自卦象而言也。九十六分为三百八十四者,十六卦九十六爻周历四方则三百八十四,此自爻画而言也。此皆方者之形析一为四,生物之用四之用也。

一生六,六生十二,十二生十八,十八生二十四,二十四生三十,三十生三十六,引而伸之,六十变而生三百六十矣,此运行之数也。四生十二,十二生二十,二十生二十八,二十八生三十六,此生物之数也。故乾之阳策三十六,兑离巽之阳策二十八,震坎艮之阳策二十,坤之阳策十二也。

运行之数以一为本,自六至三十六,天之六变也。阳主进,故引而伸之,六十变生三百六十也。生物之数以四为本,自十二至三十六,地之四变也。《先天圆图》阴自乾数而起于夬,阳自坤数而起于剥。乾自夬变一阴,二变大壮成四阴,三变至泰又得八阴,并之则十二。兑离巽各增八阴,并之则二十。震坎艮各增八阴,并之则二十八。坤又增八阴,并之则三十六。由坤数阳亦然,此地之四变也。若天之六变,则去四正卦之外,每卦而一变也。用数十二每变以六者,天以独运,无藉乎地也。地数本四,每变以八者,地偶而生,必资乎天也。阴阳共为八变,其曰"地用四变"者,地从乎天,物生乎阳,故独数阳策以应生物之数也。乾三十六,兑离巽共八十四,坤十二,震坎艮共六十,凡八位阳爻总一百九十二,并本生四数六十四为二百五十六,则生物之数也。盖坎离用四位以为生物之主,八八之卦去上下而存中爻,则二百五十六也。所以去上下者,地之南北不生物,天之昏晓不生物也。

　　圆者一变则生六,去一则五也。二变则生十二,去二则十也。三变则生十八,去三则十五也。四变则二十四,去四则二十也。五变则三十,去五则二十五也。六变则三十六,去六则三十也。是以存之则六六,去之则五五也。五则四而存一也,四则三而存一也,三则二而存一也,二则一而存一也。故一生二,去一则一也。二生三,去一则二也。三生四,去一则三也。四生五,去一则四也。是故二以一为本,三以二为本,四以三为本,五以四为本,六以五为本。

　　"存之则六六,去之则五五"者,六变之中先去一六以为本,五变之中又各去一以为本。是故以十二支数则卦以六日一变,以十干数则候以五日一变。用数三百六十,而用数之用二百五十二。期之日三百六十,而生物之时自草木萌动至地始冻,凡二百五十日也。"五则四而存一"者,中虚为四方,实则有五行也。"四则三而存一"者,去一不用法三才,存之则有四象也。"三则二而存一"者,中虚为两仪,实则有三才也。"二则一而存一"者,元气一统为天,有地则有二也。"去一则一"者,言一天。"去一则二"者,言两仪。"去一则三"者,用止于三。"去一则四"者,体止于四。此明太一分布,以成天五也。"二以一为本"者,太极分二气。"三以二为本"者,阴阳交而生人。"四以三为本"者,三用具展圆为方则有四。"五以四为本"者,四体具虚中待用则有五。五者天也,六者地也。天者用也,地者体也。体由用生,故六以五为本也。《先天图》右行,各五变生三十二阳三十二阴,则第六变也是谓五生六也,此明天五递生以成地六也。皆奇偶相生,体用相待者也。

　　方者一变而为四。四生八,并四而为十二。八生十二,并八而为二十。十二生十六,并十二而为二十八。十六生二十,并十六而为三十六也。

此分《先天图》方数,论阴阳四变而成体也。方者一变而为四,四者地之一也。四生八者,一生二也,并为十二则三数也。八生十二者,二生三也,并为二十则五数也。十二生十六者,三生四也,并为二十八则七数也。十六生二十者,四生五也,并为三十六则九数也。地用四,变而极于九数,地之所以生物也。是故三十六,一也。六六而数之,则天之所以运行。四九而数之,则地之所以生物也。《先天图》天地八位,每位八卦,以前四卦之数生后四卦之数。数阳者,自坤右旋以至于姤,自复左旋以至于乾。数阴者,自乾而生巽离兑各二十阴。散一为三,生之始也。并而为三十二,阴阳各得八位之半。二十八生三十六者,七生九也,以巽离兑之二十八阳而生乾之三十六阳,以震坎艮之二十八阴而生坤之三十六阴。会三归一,生之极也。并而为六十四,阴阳各得八位之全。所以自立春至立秋,阳数并之皆六十四,阴数并之皆三十二。自立秋至于立春,阴数并之皆六十四,阳数并之皆三十二也。四八三十二者,四卦之全也。八八六十四者,八卦之全也。是故《图》左三十二阳、右三十二阴者,分阴分阳,天地之体也。并之皆至六十四者,阴极无阳,阳极无阴也。

《易》之大衍何数也?圣人之倚数也。天数二十五,合之为五十。地数三十,合之为六十。故曰"五位相得而各有合"也。五十者,蓍数也。六十者,卦数也。五者蓍之小衍,故五十为大衍也。八者卦之小成,则六十四为大成也。

一三五七九,奇数也。合之而五十,故蓍数应之。二四六八十,偶数也。合之而六十,故卦数应之。北方七宿,二十五星。西方七宿,五十星。东方七宿,三十星。南方七宿,六十星。是知天地之数,各有合数也。五为小衍者,一二三四五得十五数,则七八九六在其中也。八为小成者，十有八变成一重卦，八卦具则六十四卦在其中也。是故衍五五者，半之而十五位得九十数，合之则三十位得百八十数。衍五十者，半之而二十五位得百八十数，合之则五十位得三百六十数。八卦之变八而八之极于六十四卦，六十四卦之变六十四而六十四之极于四千九十六卦也。详解具《述衍》中。

蓍德圆以况天之数，故七七四十九也。五十者，存一而言之也。卦德方以况地之数，故八八六十四也。六十者，去四而言之也。蓍者，用数也。卦者，体数也。用以体为基，故存一也。体以用为本，故去四也。圆者本一，方者本四，故蓍存一而卦去四也。蓍之用数七，并其余分，亦存一之义也。挂其一，亦去一之义也。

天数五十，蓍用四十九，则本数之中去一。地数六十，卦分六十四，则本数之外存四。五十之中去一者，即七七之外存一也。六十之外存四者，即八八之中去四也。盖一者天圆之体，四十九者七也。七者并余分，天之赢也。四者地方之体，六十者六也。六者重其三，天之用也。五十之中去一者，一散为四十九。四十九之用，无非一之体也。六十之外存四者，四分为六十。六十之用，因乎四体而有者也。天主用言，故藏一于四十九之中。地主体言，故显四于六十之外。所谓用以体为基者，名曰"藏一"而五十实有一，故曰"存一"也。体以用为本者，名曰"显四"而六十实无四，故曰"去四"也。藏一而有一，则用无非体。显四而无四，则体无非用。体用不测，变化无穷。此其所以神智也。蓍又挂一，犹卦之去四，而卦无虚一之义也。

蓍之用数，挂一以象三，其余四十八则一卦之策也。四其十二为四十八也。十二去三而用九，四旧衍"八"字。三十二，所去之策也。四九三十六，所用之策也，以当乾之三十六阳爻也。十二去五而用七，四五二十，所去之策也。四七二十八，所用之策也，以当兑离之二十八阳爻也。十二去六而用六,四六二十四,所去之策也。四六二十四,所用之策也,以当坤之二十四阴爻也。十二去四而用八,四四十六,所去之策也。四八三十二,所用之策也,以当坎艮之二十四爻,并上卦之八阴为三十二旧本作"四"。爻也。是故七九为阳,六八为阴也。九者,阳之极数。六者,阴之极数。数极则反,故为卦之变也。震巽无策者,以当不用之数。天以刚为德,故柔者不见。地以柔为体,故刚者不生。是以震巽与策也。

后天去挂一之蓍与先天一位之卦,爻皆四十八。后天之蓍四象阴阳分于六七八九之策者,用之体分于两地也。先天之爻四象阴阳皆合乎七九之策者,体之用宗于一天也。盖天本一阳,分则为阴而已。故先天阴阳用事者,皆合乎七九之用策。其不用者,皆合乎七九之奇策也。邵雍之言以明后天之用,故取蓍策之用以当先天之爻也。先天乾兑离为阳,以阳为用,故后天以九之用策当乾之阳爻而以归奇当其阴爻,以七之用策当兑离之阳爻而以归奇当其阴爻。先天坤艮坎为阴,以阴为用,后天以六之策当坤本体之阴爻,而以归奇当其上体之爻,以八之策当艮坎本体之爻与上体之八阴爻,而以归奇当上体之阳爻与四阳卦之阴爻者,老阴随老阳而用,亦用三十六。若自用以为体则二十四,故六六数中去其二用,独用四六之体也。少阴随少阳而用,亦用二十八。若自用以为体则存其阳,故老阴数中余不尽之阳共成四八之体也。震巽无策者,揲蓍之变以三多三少、两多一少、两少一多之余而取六七八九之策。自策言之,三揲始成一爻;自变言之,三揲已成一象。乾坤之变各一,谓五与四四也,九与八八也。三男之变共二,谓九与四四也,五与四八也。三女之变亦共二,谓九与四八也,五与八八也。震与艮、巽与兑反覆各共一卦,而揲蓍之变蒙自上生则巽与离同,震与坎同,其全策则巽与乾同,震与坤同,故震巽无策也。以当不用之数者,震在天而阴多为天辰不见,巽在地而刚多为地石不生,故先天震巽不用也。此数以三十六策当乾,二十四策当坤,先后天同。四七反以当兑离,四八反以当艮坎,先后天不同,何也?纯阳者阳为体亦阳为用,纯阴者阴为体亦阴为用,故同也。阳多阴少者,阴为主而用在阳。阴多阳少者,阳为主而用在阴。卦主乎体,故以少者名卦。爻主乎用,故以多者当爻,所以不同也。文王之《易》,《易》之用也,先立乎体。伏羲之《易》,《易》之体也,先致乎用。离坎艮兑为阳中之阴、阴中之阳,皆可变,所以羲、文用之不同而《经世》阴阳刚柔之象亦错综而互用之也。邵雍曰"七九为阳、六八为阴"者,七九合之则二八,六八合之则二七,是故先天用离兑为阳、坎艮为阴也。

乾用九,故其策九也。四之者,以应四时,一时九十日也。坤用六,故其策亦六也。

乾用九,四之而三十六。阳主进,故进之为三百六十日。坤用六,四之而二十四。阴主虚,故二十四气交处虚得二十四日之名也。一三五者,三天也,故乾用九。二四者,两地也,故坤用六。乾之数九而天以六为用者,九自六而长也。坤之数六而地以九为用者,六自九而消也。是故天用地,地用天。《易》有六爻,故为天数。《玄》有九赞,故为地数。自六而长则一二三当生数,自九而消则四五当成数也。

奇数四:有一,有二,有三,有四。策数四:有六,有七,有八,有九。合而为八数,以应方数之八变也。归奇合挂之数有六:谓五与四四也,九与八八也,五与四八也,九与四八也,五与八八也,九与四四也,以应圆数之六变也。

一二三四五六七八九,本数也。以应方数者,体数也。归奇合挂,变数也。以应圆数者,用数也。五与四四,三少也。三少之余四九三十六,乾老阳之数也。九与八八,三多也。三多之余四六二十四,坤老阴之数也。五与四八、九与四四,两少一多也。两少一多之余四八三十二,巽离兑少阴之数也。九与四八、五与八八,两多一少也。两多一少之余四七二十八,震坎艮少阳之数也。老阳、老阴,变者也,各止于一数则是不变也。少阴、少阳,不变者也,各分于二数则是变也。盖乾坤者六子之体,六子者乾坤之用。乾坤所谓变者,运而为六子也。六子所谓不变者,合而成乾坤也。是故纯阴为坤,阴既老矣,一变而震,再变而兑,三变而乾,虽曰坤之变,实震兑之变也。纯阳为乾,阳既老矣,一变而巽,再变而艮,三变而坤,虽曰乾之变,实巽艮之变也。是故乾坤功成,无为而为,万物之祖,岂非不变而能出变,屡变而实不变乎?然则六子之变乃所谓不变也,其变也为人之用而已,岂我之能变耶?坎离不与四卦同变,何也?曰:乾坤者不变中之变也,坎离者变中之不变也。乾坤三变,坎离不动。坎离,生物之主。三变不动者,真精不摇,内心不起也。故曰"坎离者,天地之用"也,非应用之中所存之体者欤?

奇数极于四而五不用,策数极于九而十不用。五则一也,十则二也,故去五、十而用四、九也。[①] 奇不用五,策不用十,有无之极也,以况自然之数也。

奇数极于四者,著去挂一以四揲之,或奇一奇二奇三,其极不过乎四也。包四为五,太虚也。二五为十,大物也。去五用四,去用取体也。去十用九,去体取用也。五,天也,故去用取体。十,地也,故去体取用。先去五后去十,有体而后有用也。故策数有六者四六也,七者四七也,八者四八也,九者四九也,生乎四体而极乎九用也。是故奇数在五之前,生数也;策数在五之后,成数也。生数

---

① "四、九",原作"四十九",疑误,今改。

者,生气生物之本也,故积以象闰。成数者,阴阳已交物之成体也,故老阳、老阴、少阳、少阴,四象自此分焉。《经世》用一二三四之位,《周易》用六七八九之策。

卦有六十四而用止于六十者,何也? 六十卦者,三百六十爻也。故甲子止于六十也,六甲而天道穷矣。是以策数应之,三十六与二十四合之则六十也,三十二与二十八合之亦六十也。

六甲而天道穷,故甲子止于六十。所以老阳、老阴、少阳、少阴之策合之皆成六十。然著除挂一之数与夫八卦之爻皆止于四十八者,以十二为一则六十者五也。四十八者,四方立体,应乎四行;存十二者,中虚致用,应乎土五也。在甲子存十二,在著则挂一而已。夫八卦有二十四、二十八、三十二、三十六之数而无三十,何也? 七八九六混而适中,则太极也。日以三十为节,偶之而甲子有六十者,用中也。卦之有过不及,阴阳之性所不能免,而以时中者为用也。是故体以四变,用以六变。乾坤包乎体用,故三十六以四变则四九,以六变则六六也,二十四以四变则四六,以六变则六四也。若二十八与三十二,以四变而已,不能以六变也。自用言之,四六二十四,极阴也。进六为三十而阳中,又进六为三十六而阳极。六六三十六,极阳也。退六为三十而阴中,又退六为二十四而阴极。自体言之,六四二十四,极阴也。进四为二十八,又进四为三十二,又进四为三十六而阳老矣。九四三十六,极阳也。退四为三十二,又退四为二十八,又退四为二十四而阴老矣。惟乾坤进退独能会于七八九六之中,此所以为阴阳之老,而易加二用也。六子不能以六变,故不言用也。

乾四十八,坤十二。震二十,巽四十。离兑三十二,坎艮二十八。合之为六十。

乾四十八,则一位八卦之全策也。坤十二,则去其阴取其阳也。巽四十，则视乾之策去其始生之八阴也。震二十，则视坤之策增其始生之八阳也。离兑三十二，则本体二十四而用上体天之八阳也。艮坎二十八，则本体二十四而用上体地之四阳也。此以先天之爻比后天之策也。后天父母合者，阳三十六策，阴二十四策，阳九而阴六也。男女合者，阳二十八策，阴三十二策，阳七而阴八也。后天以老阴老阳为用，以少阴少阳为体。用中自分体用，则阳为用之用，阴为用之体。用数阳多，故九多于六也。体中自分体用，则阳为体之用，阴为体之体。体数阴多，故七少于八也。先天乾与坤、巽与震合者，阳四十八爻，阴十二爻，阳四而阴一也。坎与离、艮与兑合者，阳三十六爻，阴二十四爻，阳三而阴二也。先天以震巽从乾坤而主体，以艮兑从坎离而主用。天统乎体，体中有用，则一者为体，四者为用也。地分乎用，用中有体，则三者为用，二者为体也。先天用四象，二位之爻相合，体用通为一数者，阴宗乎阳也。后天用八卦，二象之策相合，体用各为一数者，阴匹乎阳也。阴阳互变，故体用无常。要之，阳必为用，阴必为体。自阳数言之，先天三十六而四十八，后天二十八而三十六。后天老阳用策，得先天本卦之阳而仅当坎离之用。总之后天一百二十阳、一百二十阴，先天一百六十八阳、七十二阴，后天之阳十得其半，先天之阳十得其七也。自阳数言之，先天用八止去挂一而尽四十八著者，五而用四也。后天用六并去乾奇而极三十六策者，五而用三也。是故先天为易之体，后天为易之用也。震巽无策，故从乾坤之数而不用本数。巽为阴生，比本数犹多八者，承乾之后也，故曰"积善之家，必有余庆"。震为阳生，比本数犹少八者，承坤之后也，故曰"积恶之家，必有余殃"。

　　著数全，故阳策三十六与二十八合之为六十四也。卦数去其四，故阴策二十四与三十二合之为五十六也。

著存一,在体之外,四十九皆为用,故曰全也。卦去四,在体之内,用者六十,故曰去四也。著圆象天,故以阳策应之。七七四十九,全数也。六十四,亦全卦之数也。卦方象地,故以阴策应之。六十四而去其四,用数也。五十六,亦用卦之数也。四阳卦之爻以阴阳乘之得三百八十四,四阴卦之爻以阴阳乘之得三百三十五,正合乎此。先天乾之阳合兑离之阳,皆得六十四,而坤之阴合艮坎之阴,亦得六十四者,用事之阴也。

九进之为三十六,皆阳数也,故为阳中之阳。七进之为二十八,先阳后阴也,故为阳中之阴。六进之为二十四,皆阴数也,故为阴中之阴。八进之为三十二,先阴后阳也,故为阴中之阳。

数之三九七为阳,二八六为阴。九阳也,四之而三十六。三亦阳也,故乾为阳中阳。六阴也,四之而二十四。二亦阴也,故坤为阴中阴。七阳也,四之而二十八。二则阴也,先阳后阴,故坎艮为阳中阴。八阴也,四之而三十二。三则阳也,先阴后阳,故兑离为阴中阳。坎艮坤,体也,阳来交之,宜为阴中阳也,而为阳中之阴。离兑乾,体也,阴来交之,宜为阳中阴也,而为阴中之阳者,乾之三男皆阳也。阳卦多阴,以阴为用,故乾自巽变坎艮以成坤,而为阳中之阴。坤之三女皆阴也。阴卦多阳,以阳为用,故坤自震变离兑以成乾,而为阴中之阳。先天主位而言,后天主爻而言。震巽不用,故为无策也。

著四,进之则百。卦四,进之则百二十。百则十也,百二十则十二也。

天数二十五,著数也,合之则五十,四之则百。地数三十,卦数也,合之则六十,四之则百二十。十者应乎日,十二者应乎辰。十则一也,十二则二也。

归奇合挂之数,得五与四四则策数四九也,得九与八八则策数四六也,得五与八八、得九与四八则策数皆四七也,得九与四四、得五与四八则策数皆四八也。为九者一变,以应乾也。为六者一变,以应坤也。为七者二变,以应兑与离也。为八者二变,以应艮与坎也。五与四四,去挂一之数则四旧衍"八"字。三十二也。九与八八,去挂一之数则四六二十四也。五与八八、九与四八,去挂一之数则四五二十也。九与四四、五与四八,去挂一之数则四四十六也。

四者,体之一也。四十八者,十二也。三十六者,去三用九,当自寅至戌,三用而一不用也。二十四者,去六用六,当自卯至申,用不用各半也。二十八者去五用七,三十二者去四用八,或当自寅中至戌中,或当自卯至酉,用者常多于不用,为乾坤进退之间也。夫五以上为生数者,地下之数天数也;六以下为成数者,天上之数地数也。一二三四者生数,在包胎之中四体具出乎天,五则人始生、物始出地之时,故六七八九策数必四者,备四体以为一之义也。以四为一者,四体备而后成人物也。以八为一者,合天地而成体也。以十二为一者,备地之用也。以十六为一者,备地之体也。以三十二为一者,太极全体之半也。六十四为一者,统太极之全也。

故去其三四五六之数,以成九八七六之策也。

揲蓍去其三四五六之数,以成九八七六之策者,用七也。六居七数之中,在去为终,在用为始。故秋自地而入,春自地而出也。地下三所去者,三四五以藏诸用。地上三所用者,七八九以显诸仁。三四五者,十二也。九八七者,二十四也。合三十六,皆为用。余三数者,一二与十也。二与十,均之即二六也。十二为地上祖数,空一不用,则余分不尽之数所以生此四十八者也。故四十九之中,一为奇分。四十八所起也,天之一也。十二为十二次之名,地上本数,地二之用所起也。三十六为老阳,地上之用二十四,地下之用一十二。二十四为老阴,天在地上则随而有用,天在地下则不用矣。大衍五十之虚一则包此四十九而为言,虚显一为六则天地之数五十有五也。

　天一地二,天三地四,天五地六,天七地八,天九地十,参伍以变,错综其数也。如天地之相衔,昼夜之相交也。一者,数之始而非数也。故二二为四,三三为九,四四为十六,五五为二十五,六六为三十六,七七为四十九,八八为六十四,九九为八十一,而一不可变也。百则十也,十则一也,亦不可变也。是故数去其一而极于九,皆用其变者也。五五二十五,天数也。六六三十六,乾之策数也。七七四十九,大衍之用数也。八八六十四,卦数也。九九八十一,《玄》、《范》之数也。

　天地之数五十有五,合之而一百十。天无十,地无一,故卦有八而阴阳刚柔之本数八十有八也。自变、不变言之,则不用一与十;自奇与策言之,则不用五与十;自卦数言之,则不用九与十。要之,皆十而用八也。二二为四者,四象数也。三三为九者,九畴、九天数也。四四为十六者,十六位数也。五五二十五则合乎一三五七九之奇数也。六六三十六则合乎一二三四五六七八之卦数也。天数二十五,合之而五十,著四十九,自然虚一于五十之中。地数三十,合之而六十,卦六十四,自然盈四于六十之外。是故著数去一而卦数去四也。《洪范》用九畴,《太玄》用九天,八十一者九之变,故为《玄》、《范》数也。天地本数五十五,是故《太玄》一六为水,二七为火,三八为木,四九为金,五五为土,并十于五,五则十而为九,细数止于五十。《洪范》五行、五事、八政、五纪、皇极、三德、稽疑卜筮七、庶徵休咎十、①五福六极,并六极于五福亦十而为九,细数不过五十五也。《太玄》九天,九之而八十一首,《洪范》九畴,

---

① "十",疑当为"八"。

无八十一之数,何也?玄者气之微妙也,分于三统。范者事之法则也,主于一王。玄分于三,故三玄均布,各尽三九之首,而五十之数用于九赞之中。范主于一,故《皇极》居中,以为二四之主,而五十四之数列于八畴之内。玄虽极八十一,然太积之要终于五十四者,三分用二,虚人之一也。极无定数,位居中五,在天为冲气,在地为中央,在人为心中,敛之则真一之体,散之则三九之用,亦如卦数八八,蓍数七七,挂一之蓍即当十六之策也。夫九畴实有十事,六极附于五福则十不见也。自五事至六极皆言用,五行不言用,则一不用也。是故天数九,地数九,地不言一,天不言十也。

大衍之数,其算法之源乎?是以算数之起,不过乎方圆曲直也。乘数,生数也。除数,消数也。算法虽多,不出乎此矣。

阴阳不过消长,故算法不出乘除。乘除者,二用也。方圆曲直者,四体也。大衍用四象,故为算法之源。阴阳升降于四象之中则六也。以先天数观之,天之变,圆数也;地之变,方数也。天而天,地而地,直数也。天而地,地而天,曲数也。

阴无一,阳无十。

一与一偶,一遂不见,一非地上之数,以其不用也。五与五偶,五遂不衍,十非天中之数,以其不变也。所以自一至九为九天,自二至十为九地,地不言一,天不言十也。

阳得阴而生,阴得阳而成。故蓍数四而九,卦数六旧本作“四”。而十也。犹干支之相错,干以六终而支以五终也。

生蓍者用也,立卦者体也。四者成体之初九者,致用之极。六者致用之初十者,成体之极。蓍四而九者,体而用也。卦六而十者,用而体也。蓍本于七,用数也。阳得阴而生,故用生于体。四而九者,明自体以起用也。卦本于八,体数也。阴得阳而成,故体成于用。六而十者,明自用以立体也。蓍七七者,四十九也。卦八八者,六十四也。而曰六十者,盖著本五十,去一则四十九,以为用也。卦本六十四,去四则六十,亦以为用也。文王之《易》,天地之用也,故先生之言如此。是故先天者,因用生体。伏羲之《易》,无非体也,天地之用,自此而生。后天者,因体生用。文王之《易》,无非用也。万物之体,自此而成。体用密庸畴觉之哉,故曰犹支干之相错也。夫生于五者终于六,生于六者终于五。凡以阴阳相资未尝相违,故体用相须未尝相离也。

三四十二也,二六亦十二也。二其十二二十四也,三八亦二十四也,四六亦二十四也。三其十二三十六也,四九亦三十六也,六六亦三十六也。四其十二四十八也,三其十六亦四十八也,六八亦四十八也。五其十二六十也,三其二十亦六十也,六其十亦六十也。皆自然之相符也。此盖阴数分其阳数耳,是以相因也。如月初一全作十二也。二十四气、七十二候之数,亦可因以明之。

地数起于十二,十二辰数,月数也。自子至巳为阳,自午至亥为阴,二六也,以生成而分也。自子至戌为阳,自丑至亥为阴,亦二六也,以奇偶而分也。二六十二者,阴阳各半、析一为二、分其十二也。四三十二者,四时各三、析二为四、又分其二六也。二十四者,气数析十二月者也。三八者,八节一节而三气也。四六者,四时一时而六气也。三十六者,旬数也。三其十二者,十二月一月而三旬也。四九者,四时一时而九旬也。六六者,天有六气三阴三阳,一气而六旬也。四十八者,著除挂一之数一卦一位之爻也。四其十二者,一奇一耦两卦而数也。三其十六者,一奇一耦两爻而数也。两卦而数者,从地也。两爻而数者,从天也。六八者,一卦而数也。六十者,甲子之数也。五其十二者,主支而言也。六其十者,主干而言也。地从天而用五,天从地而用六也。二其三十者,分阴阳也。三其二十者,分三才也。如卦以二体言,则阴阳各三,以六爻言,则三才各二也。所以自然相符者,以阴分阳小分大尔,非有二也。

四九三十六也,六六三十六也。阳六而又兼阴六之半,是以九也。故以二卦言之,阴阳各三也。以六爻言之,天地人各二也。阴阳之中各有天地人,天地人之中各有阴阳,故"参天两地而倚数"也。

四九者,九之体也。六六者,六之用也。阳之四体为阴之六用。九九八十一者,老阳之用也。六,以二数之则三偶而奇,故卦之二体阴阳各三;以三数之则二奇而偶,故卦之六爻三才各二。阴阳各三,各有三才也,两而三也。三才各二,各有阴阳也,三而两也。天必有地,故三而两。地必有天,故两而三。三无非天,两无非地,故"参天两地而倚数"。阳九阴六者,亦三天两地也,故曰阳六而又兼阴六之半也。八卦四十八爻,乾坤各用其半,坤用四六,乾用四九,非兼阴六之半乎? 六,阴也,两而能三。九,阳也,三不能两。是故坤之用六言"利永贞"者,戒也,勿使之战也。乾之用九言"无首吉"者,教也,勿使之亢也。

阳数一,衍之而十,十干之类是也。阴数二,衍之为十二,十二支,十二月之类是也。

天统其全,故阳数一衍之为十。地分乎用,故阴数二衍之为十二。十者,全数也。六者,用数也。二五为十,天之十者,一而二也。二三为六,地之十二者,二而四也。

一变而二,二变而四,三变而八卦成矣。四变而十有六,五变而三十有二,六变而六十四卦备矣。

一变而二者,得二卦也。二变而四者,得四卦也。故三变而八卦成。四变而十有六者,得十六卦也。五变而三十二者,得三十二卦也。故六变而六十四卦备。此《先天图》卦变也。重卦之变自乾变坤，自坤变乾，从本卦之一六变得三十二数而成六十四卦。一变得一数与本而成二卦，二变含三一变得二数而成四卦，三变含五六七之三变得四数而成八卦，四变含九至十五之七变得八数而成十六卦，五变含十七至三十一之十五变得十六数而成三十二卦，六变自然含五变之三十一变得三十二数而成六十四卦也。由坤至姤得八十阳，则自冬至迄雨水五气而加闰之日也。于是反生复，则七十六之已开物之初矣。自复至乾得一百十二阳，则自惊蛰迄芒种为七气，而加闰之日即生于七气之中也。由乾变坤得一百九十二阴，则夏至迄大雪为十二气，而加闰之日亦生于十二气之中矣。

《易》有真数，三而已矣。参天者，三三而九。两地者，倍三而六。

乾一画、坤二画为三，此真数也。三天者，阳得兼阴，乾之一包坤之二也。两地者，阴不得兼阳，坤自有其二也。乾之一所以包坤之二者，阴二而缺阳，全则三，自然之象也。伏羲初画三，用真数也。倍三而六者，坤之六画也。三三而九者，乾之三画又包坤之六画也。有九有六，而老阳老阴之数见矣。有九六则有七八，而少阴少阳之数见矣。合为十五，偶为三十，而一月之数见矣。四为六十而甲子之数见矣。六而六之则乾之策二百一十六、坤之策百四十四而三百有六旬之数见矣。自兹以往，引而伸之，孔子之言止于万一千五百二十，而《皇极》之数极于无极。然皆自一奇一偶而起，故真数应乎三才，其微则一二三，其著则十一百。是以《易》画始于三而坤数极于百，三十六为爻之虚用，六十四为卦之实体也。

"参天两地而倚数"，非天地之正数也。倚者拟也，拟天地正数而生也。

大衍之数五十者，一九二八三七四六五五也。天得其三，地得其二，所谓"参天两地而倚数"也。天地之数五十有五者，本数也。

大衍之数五十者，用数也。本数地多其五，用数天多其十。用数者，圣人倚本数而立之，所以"扶阳抑阴，辅相天地"者也。是故自一五言之则乾三坤二，自二五言之则乾六坤四，自三五言之则乾九坤六，皆参天两地也。阳得兼阴，阴不得兼阳，天多地少，君尊臣卑，变化有宗，作《易》者之数也。故曰"昔者圣人之作《易》也，参天两地而倚数"。倚者拟也，亦有所依而立也，盖依拟天地正数而立之者也。

《易》之生数一十二万九千六百，总为四千三百二十世，此消长之大数。衍三十年之辰数，即其数也。岁三百六十日得四千三百二十辰，以三十乘之，得其数矣。凡甲子、甲午为世首，此为《经世》之数，始于日甲，月子，星甲，辰子。又云：此《经世》日甲之数，月子、星甲、辰子从之也。

数有十，生成各半。元会运世年者，天之生数五也。月日时分秒者，地之成数五也。故《经世》之数止于年而大小运之数极于秒也。一十二万九千六百之数，以秒言之则一月，以分言之则一年，以辰言之则一世，以日言之则一运，以月言之则一会，以年言之则一元。曰"总为四千三百二十世"者，主年而言此天而地之数，故为消长大数也。《先天图》乾之一位八卦自元至辰，宗于天之一元者，天地之大数也；余七位每位八卦亦自元至辰，各有其元者，人物之小数也。天之八数同起甲子，造物之初也；日甲、月子、星甲、辰子从之者，《经世》日甲指一元之年数尔。其月星辰之数：月为会，一会得十二万九千六百月；星为运，一运得十二万九千六百日；辰为世，一世得十二万九千六百辰。总一元之辰得泰之五亿数，则尽乾一位八卦之数矣。又一变三十得兑之位，履卦百六十七亿之数，则一辰三十分之数也。引而伸之，至坤之无极皆可知矣。

一、十、百、千、万、亿为奇，天之数也。十二、百二十、千二百、万二千、亿二万为偶,地之数也。

天统乎体,故以十为一。地分乎用,故裁十为六。然地数常多二者,阳一阴二也。《易》之数天多于地者,圣人参天两地而立之也。阳得包阴,阴不得包阳,臣虽任事,归功则君;子虽劳力,享成则父。此其理也。是故天地奇偶,地数本多,《易》则三天而两地,九乾而六坤。阴阳消长,阴势本敌,《易》则贵泰而贱否,喜夬而忧剥,盖理之所存,圣人因之,立人之极以辅相天地。若任其自然而无所相焉,《易》无作可也。

五十分之则为十,若参天两之则为六,两地又两之则为四,此天地分太极之数也。

五十分之则为十者,一二三四五六七八九是也。三天两之则为六者,一三五五七九也。两地又两之则为四者,二四六八也。此天地分太极之数也。太极无十,未成体也。五必有配,故重五也。重五而十在其中矣。二篇之策积之,至于万有一千五百二十,则万物分乾坤之数也。

复至乾凡百有十二阳,姤至坤凡八十阳。姤至坤凡百有十二阴,[①]复至乾凡八十阴。

复至乾多三十二阳、姤至坤多三十二阴者,六十四卦之基本也,此之谓乾坤定矣。是故六十四卦皆不外乾坤者,以其本三十二阳三十二阴也。其上象一百六十阳一百六十阴,不同者,变化也。三百二十之变化皆出于六十四,故姤复五变,是乾坤六变之中一变之数而已。重卦之策一十四万七千四百五十六得三百八十四之三百八十四,动植之数十二万二千八百八十得三百二十之三百八十四者,理出乎此。

———————————

① "姤"原误作"垢",今改。

阳数于三百六十上盈,阴数于三百六十上缩。

天道六变,故极于三百六十。阴阳盈缩各六,物不齐也。不齐,所以为变化也。

卷四　观物外篇 中之上

人为万物之灵,寄类于走。走阴也,故百二十。

人寿百二十者,人地类,应地也。百岁者天也,百二十地也。天托乎地,地托乎天。百二十者,得天之数也,故天统乎体,八变而终于十六,地分乎用,六变而终于十二。

有一日之物,有一月之物,有一时之物,有一岁之物,有十岁之物,至于百千万皆有之。天地亦物也,亦有数焉。雀三年之物,马三十年之物,凡飞走之物,皆可以数推。人,百有二十年之物。

一日之物,藓华之类。一月之物,蓂荚之类。一时之物,瓜果之类。一岁之物,百谷之类。大而天地,小而蟣螰,莫不有类,故元会运世年月日时之卦,用数多少各不同。

卦之反对皆六阳六阴也。在《易》则六阳六阴者,十有二对也,去四正则八阳四阴、八阴四阳者,各六对也,十阳二阴、十阴二阳者,各三对也。

此李挺之所传《变卦图》,以三阴三阳为主而变者也。六阳六阴十二对者,否变泰、咸恒、丰旅、渐归妹、涣节、既未济六对,泰变否、损益、噬嗑贲、随蛊、困井、既未济六对。四正者,初经则乾坤坎离,重卦则颐中孚大小过。去之则八阳四阴、八阴四阳各六对者,遁变大壮、需讼、无妄大畜、睽家人、兑巽、革鼎六对,临变观、明夷晋、升萃、蹇解、艮震、蒙屯六对。十阳二阴、十阴二阳各三对者,姤变夬、同人大有、履小畜三对,复变剥、师比、谦豫三对。卦之反对凡五十六,而此有三十对者,否泰、既未济司启闭之节,当四隅之位,故重用一卦,所以《先天卦气图》每于寅申巳亥一气交处重用四爻。以图观之,否泰既未济正当天门地户人路鬼方,阴阳出入变化之道也。所谓四正者乾坤坎离,八正者兼颐中孚大小过,皆取其反复不变以为群变之宗。后天卦气所谓四正则坎离震兑,八风谓之八正之气则兼乾坤艮巽以其居四方四维之正也。先天易之体应天之气者,体先致用也,后天易之用应地之方者,用先立体也。是故先天取其卦之正,后天取其位之正。以卦而言则先天八正卦之象反复不变,以位而言则后天八正卦之数反复不变也。

圆者星也,历纪之数其肇于此乎?方者土也,画州井土之法其仿于此乎?

历用四分,圆而方也。州井皆九,方而圆也。圆者以方为体,无体不立。方者以圆为用,无用不行。星与土皆当运。运者,天地之用也。

盖圆者《河图》之数,方者《洛书》之文。故羲、文因之而造《易》,禹、箕叙之而作《范》也。

《河图》无十,散为九位。《洛书》有十,聚为五类。无十者,地未成形,造物之初,天之气数也,故圆以象天。有十者,地已成形,生物之后,地之形数也,故方以应地。《易》者道之变化,《范》者事之法则。圆者为用,非体不立,八卦数偶,用之体也。方者为体,非用不行,九畴数奇,体之用也。《河图》九而卦止于八,以五代九则八数方而奠位,然中虚天九以待八者之用,则体无非用矣。《洛书》十而畴止于九,去十用五则九数,圆而运行,然中建皇极以干八者之体,则用无非体矣。是故天下事物,虚之则体无非用,实之则用无非体,理之自然也。《先天图》外圆为天,内方为地。圆者《河图》之数也,方者《洛书》之文也。《系辞》曰"河出图,洛出书,圣人则之",画《易》之初,盖兼乎河洛之数,备乎方圆之理矣。惟变易之道以天为宗,所以大禹重衍《洪范》以地承天,正如扬雄作《玄》用赞《大易》也。夫天究于九,地尽于十。九十者,天地之终也。究则不中,尽则无变,圣人弗用也。是故《河图》之数四十五,八卦之数三十六,一八二七三六四五,交数皆九,非不用九也,藏九于八也。《洛书》之数五十五,九畴之数四十五,始于五行,终于六极,实有十事,非不用十也,藏十于九也。藏九于八,以体藏用则用不穷。藏十于九,以用藏体则体不穷。此天地变化之机,圣人用数之法也。

太极既分,两仪立矣。阳下交于阴,阴上交于阳,四象生矣。阳交于阴、阴交于阳而生天之四象。刚交于柔、柔交于刚而生地之四象,于是八卦成矣。八卦相错,然后万物生焉。是故一分为二,二分为四,四分为八,八分为十六,十六分为三十二,三十二分为六十四。故曰"分阴分阳,迭用柔刚,故《易》六位而成章"也。十分为百,百分为千,千分为万,犹根之有干,干之有枝,枝之有叶,愈大则愈少,愈细则愈繁,合之斯为一,衍之斯为万。是故乾以分之,坤以翕之,震以长之,巽以消之,长则分,分则消,消则翕也。

太极判而二气分。阳浮动趋上,天之仪也。阴沈静就下,地之仪也。静极生动,上交于阳,动之始也,是为少阳。动极生静,下交于阴,静之始也,是为少阴。始动静者,少也,极动静者,老也,阴阳老少四象生矣。四象,天地所同有也。天得其气,是名阴阳。地得其形,是名柔刚。太阴太阳少阴少阳,天之四象也。太柔太刚少柔少刚,地之四象也。两仪四象八卦生矣。四混于一则五也,八混于一则九也。四八者,其立体也。一者,其运用也。析大成小,转往成来,在天为生物之时,在地为生物之数。自一至万以至于不可数计,故曰"八卦相错,万物生焉"。自一分至六十四,凡六变,《先天图》阴阳之分数也。八八六十四,体数之极也。八者体也,六者用也。八八者，尽八变，主八卦也。六变者，明六位，象六爻也。故曰"分阴分阳，迭用柔刚，《易》六位而成章"。所以体有八，而用止于六也。阴阳刚柔，分则立体，迭则致用，阴阳气也，混而难别，分之者，卦之二体，上下分三而各立也。刚柔形也，异而难合，迭用者，爻之六位，奇偶隔一而递迁也。其在《先天图》，上卦皆十二阴十二阳，混而难别也，下卦八卦各一位，异而难合也。以地体天则阴阳分矣，以天用地则刚柔迭矣，是故分阴分阳为寒暑，迭用柔刚为昼夜也。一偶为二而六十四在其中矣，六十四而三百八十四在其中矣。三百八十四者，闰岁之策，天地体数之极，用在其中矣。散而为百千万亿之物则分天地之体而已，运而为百千万亿之岁则分天地之用而已。虽变化无穷，不过乾坤震巽分翕消长而已。七以长六至九则分，八以消九至六则翕，故《易》之策数止用乎七八九六也。夫震巽虽无策，复姤实自此生。天阳也，震之阳不见则在乎地下也。地阴也，巽之阴不见则在乎天上也。以其不见故无策，以其互处故为刚柔相交之始，此所以称男女之长而代乾坤为小父母也。

乾坤，定位也。震巽，一交也。兑离坎艮，再交也。故震阳少而阴尚多也，巽阴少而阳尚多也，兑离阳浸多也，坎艮阴浸多也，是以辰与火不见也。

乾坤定位于上下，以六子而相交。此言《先天图》卦也。震，坤体也，得乾之一阳，巽，乾体也，受坤之一阴，故曰"一交也"。离兑女也，而有二阳，艮坎男也，而有二阴，故曰"再交也"。震离兑居左，天之分也，故震为阴尚多，离兑为阳浸多。巽坎艮居右，地之分也，故巽为阳尚多，坎艮为阴浸多。在天而阴多阳少则阳不见，在地而阳多阴少则阴不见，故冬至之后木行天泓，养其阳四十五日立春，而后阳用事，夏至之后金行灵府，养其阴四十五日立秋，而后阴用事,所以天辰不见,地火常潜,而震巽无策也。

一气分而阴阳判,得阳之多者为天,得阴之多者为地。是故阴阳半而形质具焉,阴阳偏而性情分焉。形质又分,则多阳者为刚也,多阴者为柔也,性情又分,则多阳者阳之极也,多阴者阴之极也。

太极兼包动静,静则见虚,动则见气,气动为阳,静复为阴。故太极判为阴阳,二气相依以立而未当相无。天非独阳也,阳多而已,所以乾三十六阳而常存十二阴也。地非独阴也,阴多而已,所以坤三十六阴而常存十二阳也。二仪相配一体,乃成六十四卦三百八十四爻,阴阳各居其半,故曰阴阳半而形质具焉。此以天地言形质也。至于分阴分阳各致其用,乾巽兑离百二十阳七十二阴,坤震艮坎百二十阴七十二阳,天以多阳动而为变,地以多阴静而为常,故曰阴阳偏而性情分焉。此以天地言性情也。形质又分,多阳为刚者,火石也,多阴为柔者,水土也,此则以地言形质也。性情又分,多阳为阳极者,夏之极热也,多阴为阴极者,冬之极寒也,此则以天言性情也。大抵形质者,其立体也,性情者,其致用也。混于一则平,分于两则偏。不一则不合,合然后成体。不两则不变,变然后有用。合二气以为形质,形质具则阴阳半。虽体之多阳者为刚、多阴者为柔,不得而同,合之则均,两相待而立矣。若夫性情分于阴阳之偏,乃天地之妙用也。苟合而不偏,一而无变,天地之用息矣。惟其不能无偏,则多阳为阳之极,虽有阴而不见故也;多阴为阴之极,虽有阳而不用故也。阴阳虽偏,合之乃中,性情虽偏,节之则和,本自中和故也。天理必诚,人为则妄。天之性情阴阳交而中和者,常出于自然。人之性情刚柔节而中和者,必赖于教化。是故皇极之君,中正之学者,所以用八卦九畴也。

兑离巽,得阳之多者也,艮坎震,得阴之多者也,是以为天地用也。乾阳极,坤阴极,是以不用也。

　　兑离巽,乾体也,坤来交之,虽名三女而实多阳。震坎艮,坤体也,乾来交之,虽名三男而实多阴。此少阴少阳也,阴中有阳,阳中有阴,阴阳相交,故为天地之用,四时之所以冬夏,百物之所以盈虚也。阳之长也,自七历八至九而老,阴之消也,自八历七至六而老,故乾坤为阴阳之极而不用也,夫刚柔不可极也。兑离巽,阳虽多,刚虽过,有一柔以制之,震坎艮,阴虽多,柔虽过,有一刚以主之,所以为用也。是故"平康正直",中和也。"强弗友刚克",过刚也。"沉潜刚克",则用以柔也。"燮友柔克",过柔也。"高明柔克",则用以刚也。刚而无柔,或侮鳏寡,柔而无刚,或畏强御,不可用也。故曰南融而北结,万物之死地也。其不生物者,阴阳之极也,是以乾坤不用也。

　　乾四分取一以与坤,坤四分取一以奉乾。乾坤合而生六子,三男皆阳也,三女皆阴也。兑分旧脱"分"字。一阳以与艮,坎分一阴以奉离,震巽以二相易。合而言之,阴阳各半,是以水火相生而相克,然后既成万物也。

　　阳策四十八,乾得三十六,坤得十二,故曰乾四分取一以与坤也。阴策四十八,坤得三十六,乾得十二,故曰坤四分取一以奉乾也。阳以阴为基,乾得坤之十二而以六阳交之,是生三男。三男之卦皆四阴二阳者,以阴为基也。阴以阳为基,坤得乾之十二而以六阴交之,是生三女。三女之卦皆四阳二阴者,以阳为基也。父母既老,无为而立体。男女方少,相交而致用。震离兑居左,乾之用也。巽坎艮居右,坤之用也。多阳者附天,体本乾也,故离兑附乾。巽虽居右,亦附乾也。多阴者附地,体本坤也,故艮坎附坤。震虽居左,亦附坤也。乾坤合而生六子者,言乾坤之交也。兑以一阳与艮,坎以一阴奉离。震巽以二相易者,言六子之自相交也。一父三男,阴阳之爻各得十二,一母三女,阴阳之爻亦各得十二,体之半也。错而用之,乾兑离震十六阳而八阴,坤艮坎巽十六阴而八阳,用之变也。虽若不同,合而阴阳有体,所谓以不同同之,如咸酸相适而为味也。是故五行之气,方其不足也则相生,及其有余也则相克。相养相制,务适平均,而后既成万物。《河图》之数,纵横曲折,数之皆成十五,天之示人显矣,伏羲画卦,信其祖于此欤。著除挂一之外有四十八策,乾坤各以四分之一相与,故一爻极用之策不过三十六,其三十六之中又各以六相交。故一爻用策均之不过三十也。总二爻而策九十六,以三十六为六子之卦体,以六十为甲子运行之用。其挂一,二著则奇偶二画之体,乾坤之本也。

乾坤之名位不可易也,坎离名可易而位不可易也,震巽位可易而名不可易也,兑艮名与位皆可易也。

左右者,宾主也。上下者,君臣也。宾主无常,君臣有定。故左天而右地者,阴阳之名也,上天而下地者,阴阳之位也。乾居左而在上,坤居右而在下,故曰名位不可易也。坎居右而在上,离居左而在下,故曰名可易而位不可易也。巽居右而在上,震居左而在下,故曰位可易而名不可易也。兑居左而在上,艮居右而在下,故曰名与位皆可易也。名位者,体用也。上下为体,左右为用,故名虚而位实,名轻而位重也。乾坤阴阳之纯,故名位皆不易,坎离阴阳之中,故易名不易位。震巽男女之长,气之壮者也,故易位不易名。艮兑,男女之少,气之弱者也,故名位皆可易。不易者,所以立体,易者,所以致用。坎离比乾坤则已易其名,比四子则未丧其位,变而不失乎正,故为致用之主而能肖乎乾坤,此易所以贵中也。

离肖乾,坎肖坤,中孚肖乾,颐肖离,小过肖坤,大过肖坎。是以乾坤坎离中孚颐大小过,皆不可易者也。

乾坤阴阳之纯,坎离阴阳之中。纯者,有始有卒,初终如一。

中者，无过不及，上下皆通。故乾坤坎离，体皆不变也。震之一阳
在下，艮之一阳在上，巽之一阴在下，兑之一阴在上。视乾坤则不
纯，比离坎则不中，故震巽艮兑，体皆可变也。若夫合震艮为一，上
下相济而阴体几乎中纯矣，合巽兑为一，上下相济而阳体几乎中纯
矣。故坎离肖乾坤而不变，颐中孚大小过肖乾坤坎离而不变也。
夫乾坤坎离立体不变，交而为否泰既未济则变，此自诚而明，圣人
之分，达节者也。震巽艮兑立体则变，合而为颐中孚大小过则不
变，此自明而诚，贤人之分，守节者也。先常后变，从体起用，应世
之事也。先变后常，摄用归体，成德之事也。震巽艮兑之成德也，
仅能如乾坤坎离之初，故曰"可与立，未可与权"。

离在天而当夜，故阳中有阴也，坎在地而当昼，故阴中有阳也。
震始交阴而阳生，巽始消阳而阴生。兑，阳长也，艮，阴长也。震
兑，在天之阴也。巽艮，在地之阳也。故震兑上阴而下阳，巽艮上
阳而下阴。天以始生言之，故阴上而阳下，交泰之义也。地以既成
言之，故阳上而阴下，尊卑之位也。

此言《先天图》八卦也。以左右言之则乾兑离震为天，巽坎艮
坤为地。以上下言之则乾兑巽坎为昼，坤艮震离为夜。离当卯初，
夜方终而昼始，虽阳中有阴而阳见阴伏也。坎当酉初，昼将终而夜
始，虽阴中有阳而阴见阳伏也。乾坤当子午，定上下之位，是为南
北，为冬夏。坎离当卯酉，列左右之门，是为东西，为春秋。自复至
乾为阳长，本坤体也，阳来消之，故震之阳生、兑之阳长，皆为在天
之阴，阴尽阳纯而后乾体成矣。自姤至坤为阴长，本乾体也，阴来
消之，故巽之阴生，艮之阴长，皆为在地之阳，阳尽阴纯而后坤体成
矣。一定所以立体，相交所以致用。天以始生言之，阴上阳下交泰
之义者，天主用也。地以既成言之，阳上阴下尊卑之位者，地主体
也。是故自始生言之，则一二三之六为三天，四五之九为两地。自

既成言之,则一三五之九为三天,二四之六为两地也。先天八卦之位与后天不同,先天之位三女附乎乾三男附乎坤,后天之位三男附乎乾三女附乎坤。阴附阳阳附阴者,相交之初也。阴附阴阳附阳者,辨分之后也。相交者,致用也。辨分者,立体也。先天,易之体也,相交致用,体由此而成也。后天,易之用也,辨分立体,用由此而生也。

乾坤定上下之位,离坎列左右之门,天地之所阖辟,日月之所出入,是以春夏秋冬、晦朔弦望、昼夜长短、行度盈缩,莫不由乎此矣。

乾坤定上下之位,上为阳,下为阴,故上有一百十二阳八十阴,下有一百十二阴八十阳也。坎离列左右之门,左为阳,右为阴,故左有一百十二阳八十阴,右有一百十二阴八十阳也。先天以乾坤坎离当子午卯酉,为四正之卦运行之数,去而不用者,以存体也。老父老母定乎上下,万变出焉而我无为,体之体也。中男中女列乎左右,万变由焉而我不易,用之体也。乾坤当子午之中,坎离当卯酉之初者,乾坤正而坎离偏也。先天,造物之初也,伏羲八卦,天位也,兼天上地下而言,所以天地辟阖,日月出入,春夏秋冬,晦朔弦望,昼夜长短,行度盈缩,莫不由此。后天,生物之后也,文王八卦,地位也,独据地上言之,所以坎离震兑当二至二分之中,兑震位不偏者,以二分有定,非若昼夜之盈缩也。故《系辞》论文王八卦但言春秋冬夏南北东西,言坤不过曰地,言坎不过曰水而已,不及乎地下之事也。

自下而上谓之升,自上而下谓之降。升者生也,降者消也。故阳生于下,阴生于上,是以万物皆反生,阴生阳,阳生阴,阴复生阳,阳复生阴,是以循环而无穷也。

以天地为一气,主一阳而言之则自下而上谓之升。升者,生也。自上而下谓之降。降者,消也。以天地为二气,分阴阳而言之则自下而升者为阳生,故阳生于下,自上而降者为阴生,故阴生于上。以《先天图》观之,阳生于子,冬至之后天左旋,自颐至乾日右行,自剥至姤阳之变阴皆从下而上。阴生于午,夏至之后天左旋,自大过至坤日右行,自夬至复阴之变阳皆从上而下也。阳本上而生于下,阴本下而生于上,故万物反生,动物生于首,植物生于根,皆反生也。天之阴阳,自复至乾受之以姤,自姤至坤受之以复。日之阴阳,自剥至乾受之以夬,自夬至坤受之以剥,阴阳相生,如环无端,此天地之所以无穷也。夫自位观之,伏羲之卦阳生乎下之下,文王之卦阳生乎上之下,皆下生也。伏羲之卦阴生乎上之上,文王之卦阴生乎下之上,皆上生也。若自卦观之,伏羲之卦阴阳皆自上而生,文王之卦阴阳皆自下而生。自上生者,天之阴也,无物之气也。自下生者,地之阳也,有体之物也。盖伏羲之卦先天也,天之气也。文王之卦,后天也,地之物也。是故《先天图》阳自剥起,至姤变为复乃反生三十二阳,阴自夬起,至复变为姤乃反生三十二阴者,太极生天地之时也,夫日之变至坤而剥复相授,至乾而夬姤相授者,天地生万物之时也。生天地者,以乾坤为主卦,未有一大父母也。生万物者,以复姤为主卦,已有一小父母也。乾坤用六变,复姤用五变。天日错行,复姤主之。五变相交,其一不动。右旋者为生气以变时,左旋者为布气以生物。其卦逆顺之行亦如方圆之象,取名有上下不同。至于卦变则皆自上而下,若乃文王之《易》,虽两卦升降反对,言其爻位则皆自下而上也。

阴阳生而分两仪,二仪交而生四象,四象交而生八卦,八卦交而生万物。故二仪生天地之类,四象定天地之体。四象生日月"日月"旧误作"八卦"。之类,八卦定日月之体。八卦生万物之类,重卦定万物之体。类者,生之序也。体者,象之交也。推类者必本乎生,观体者必由乎象。生则未来而逆推,象则既成而顺观。是故日月一类也,同出而异处也,异处而同象也。推此以往,物焉逃哉?

造物之初,以气造形,故阴阳生天地。生物之后,以形寓气,故天地转阴阳。阴阳生而分二仪者,静极生动,动而生阳,动极复静,静而生阴,一阴一阳,二仪分矣。二仪交而生四象者,阴始交阳而生少阳,至老而止,阳始交阴而生少阴,至老而止,阴阳老少四象生矣。四象交而成八卦者,阳体为刚,阴体为柔,天得其气是名阴阳,地得其形是名刚柔,气形相依八卦生矣。八卦交而生万物者,一卦变八卦,重之为六十四卦三百八十四爻,引而伸之,无穷罔极,奇偶相交万物生矣。二仪者,太极之阴阳也。阳升而生天,阴降而生地,故生天地之类,一气分而生也。阳交阴,阴交阳。交左右,通上下。位以神运质,以质载神。天地之体定于四象者,二气交而成也。四象者,天之阴阳也。阳抱阴生日,阴抱阳生月,故生日月之类,一气分而生也。阳交阴,阴交阳。阴资于阳,阳托于阴。以魄拘魂,以魂制魄。日月之体定于八卦者,二气交而成也。八卦者,地之阴阳也。阳生动物,阴生植物,故生万物之类,亦一气分而生也。阴交阳,阳交阴。动中有静,静中有动。以气役形,以形贮气。万物之体定于重卦者,亦二气交而成也。凡自下而上进而生者为阳,凡自上而下退而生者为阴,故类者生之序也。生于阳者待阴而凝,生于阴者得阳而熙,故体者象之交也。推类者,未生之初也。以气造形自虚而出实,故未来而逆推,《易》所谓"知来者逆"。所以图违天右行而数者,皆未生之卦也。观体者,既形之后也。以形寓气由显以探隐,故既成而顺观,《易》所谓"数往者顺",所以图随天左旋而数者,皆已生之卦也。是故日月一类者,同乎天之一气也。同出而异处者,分而生也。异处而同象者,交而成也。人生乎太极之合一,物生乎天地之分两,故人与人同类,而物为异类也。

天变时而地应物,时则阴变而阳应,物则阳变而阴应。故时可逆知,物必顺成。是以阳迎而阴随,阴逆而阳顺。

日之右行,所以生气,生气所以变时。天之左行,所以布气,布气所以生物。天变时者,谓右行之卦也。地应物者,谓左行之卦也。右行者坤为变而乾为应,故曰阴变而阳应也。左行者复为变而姤为应,故曰阳变而阴应也。右行者未有一,皆未生之卦也。左行者已有一,皆已生之卦也。知来者逆,故时可逆知。数往者顺,故物必顺成。所以主时而言,则阳之消阴为迎,阴之消阳为逆,阴阳皆逆行。主物而言,则阳之长为顺,阴之长为随,阴阳皆顺行也。

语其体则天分而为地,地分而为万物,而道不可分也。其终则万物归地,地归天,天归道。是以君子贵道也。

天分为地,故蓍运而有卦。地分为物,故卦析而有爻。其在先天则一卦变而八卦,八卦变而六十四也。所谓道不可分者,岂非老氏之"无"耶? 所谓天归道者,岂非释氏之"空"耶? 夫太极者包阴阳动静之称,其始也虚在一元当物未开之前,虚非无也,其终也密在一元当物已闭之后,密非空也。实而显者,体之见也。虚而密者,用之藏也。太极函三为一,皇极居中用九,始中终上中下,无所偏滞。体虽分三,用常合一。密终虚始,无有间断。故曰"《易》之为书也,原始要终,以为质也",夫是之谓道。

有变则必有应也。故变于内者应于外,变于外者应于内,变于下者应于上,变于上者应于下也。天变而日应之,故变者从天而应者法日也。是以日纪乎星,月会于辰,水生于土,火潜于石,飞者栖木,走者依草,心肺之相联,肝胆之相属,无他,变应之道也。

乾兑巽坎为上,则离震艮坤为下。乾兑离震为内,则巽坎艮坤为外。阴阳消长每卦相效,未有变而不应者,故变者从天,谓天以左行而日移一度也,应者法日,谓日以右行而日应一度也。是故日纪于星,乾离也。月会于辰,兑泽也。水生于土,坤坎也。火潜于石,艮巽也。皆上下相应也。飞者栖木,离艮也。走者依草,震坤也。心肺相联,乾巽也。肝胆相属,兑坎也。皆内外相应也。是故变应之道阴阳之气以类相从,自然之理也。所以《易》之六爻亦以初应四,二应五,三应上也。

本乎天者亲上,本乎地者亲下,故变之与应常反对也。

自已生之卦言之,六变之中一不变者,物之命也。凡物皆反生,阴生乎上,在上之三十二卦其一皆下向者,命在下也,故植物之根附地也。阳生乎下,在下之三十二卦其一皆上向者,命在上也,故动物之首附天也。

阳交于阴而生蹄角之类也,刚交于柔而生根荄之类也,阴交于阳而生羽翼之类也,柔交于刚而生支干之类也。天交于地,地交于天,故有羽而走者,足而腾者,草中有木,木中有草也。各以类而推之,则生物之类不过是矣。走者便于下,飞者利于上,从其类也。

阳交于阴,以阴为用,故生动物之走。阴交于阳,以阳为用,故生动物之飞。动物属天,故以阴阳言之。刚交于柔,以柔为用,故生植物之草。柔交于刚,以刚为用,故生植物之木。植物属地,故以刚柔言之。动物属天,自分天地,则飞为天,走为地矣。植物属地,自分天地,则木为天,草为地矣。地交于天,故有足而腾、草而木者,本地类也,而得天之气焉。天交于地,故有羽而走、木而草者,本天类也,而得地之气焉。羽而走,鸡鹜之类是也。足而腾,龙马之类是也。草中木,枝干强巨者,芦荻甘草之类是也。木中草,枝干纤弱者,荼蘼郁李之类是也。万物虽多,不过六十四卦之变,尽之矣。走者便于下,本乎地者亲下之义也。飞者利于上,本乎天者亲上之义也。

陆中之物,水中必具者,犹影象也。陆多走、水多飞者,交也。

是故巨于陆者必细于水,巨于水者必细于陆也。

飞走动植之物,凡陆中有者水中亦有之,陆为阳而水为阴,阳犹象而阴犹影也。阳宜飞而陆多走,阴宜走而水多飞者,阴阳相交而互用,故阳卦多阴、阴卦多阳也。巨于陆者细于水,巨于水者细于陆,阴阳相反也。

虎豹之毛犹草也,鹰鹯之羽犹木也。

虎豹,天之阴,草,地之柔也。鹰鹯,天之阳,木,地之刚也。虎豹草伏,鹰鹯木栖,从其类也。

木者星之子,是以果实象之。

天之四象,日月星辰。地之四象,水火土石。火为日,水为月,土为辰,石为星。其在物则飞属火,走属水,草属土,木属石。故木者星之子也。果实象之,以类生也。

叶阴也,华实阳也,枝叶耎而根干坚也。

阴犕阳精,故叶为阴,华实为阳,阴中有阳则叶之光泽也,阳中有阴则华之蒂萼、实之皮壳也。枝叶耎,地之柔也。根干坚,地之刚也。枝老则坚,近干也,如草中之木;干少则柔,近枝也,如木中之草。有根干而后有枝叶,阳而阴也;有枝叶而后有华实,阴而阳也。是故阳以阴为基,阴以阳为基也。

人之骨巨而体繁,木之干巨而枝叶繁,应天地之数也。

阳奇阴偶,阳一阴二,故天一地二。天数起于一,地数起于十二,盖阳浑阴分,浑则大而少,分则小而多。自然之数,亦自然之理也。人之骨属阳,如木之干,人之体属阴,如木之叶,故应天地之数也。太极含三为一,真数也。含三者,中包一二三,之六用,故乾之数一而爻有六画。地起十二者,二六之用也,故坤有十二画。

动者体横,植者体纵,人宜横而反纵也。

圆者性动,方者性静。圆者体纵,方者体横。天圆地方,而天纵而动,地横而静。动物属天而体横象地者,阳以阴为基,故坎男外阴则类坤。植物属地而体纵象天者,阴以阳为基,故离女外阳则类乾。是故南北为纵一定不易,东西为横运转不居,纵者反静,横者反动也。动物能横不能纵,植物能纵不能横者,禀天地一偏之气也。人为万物之灵,得天地日月交之用,故能纵能横。曰"宜横而反纵者",谓其本动物也,应用则纵,圆动如天,反本则横,方静如地,是故昼则纵而夜则横,生则纵而死则横也。

飞者有翅,走者有趾。人之两手,翅也。两足,趾也。

动物皆天也。自分阴阳则飞为阳,走为阴,是故走者有趾,飞者有翅亦有趾,天兼地之义也。然能走即短于飞,能飞即短于走。惟人,手足皆应用便利。

飞者食木,走者食草,人皆兼之而又食飞走也,故最贵于万物也。

飞者食木,阳也。走者食草,阴也。飞亦食草实者,草之木也。走亦食木叶者,木之草也。人无不食而无不能,太极之气也。

体必交而后生,故阳与刚交而生心肺,阳与柔交而生肝胆,柔与阴交而生肾与膀胱,刚与阴交而生脾胃。心生目,胆生耳,脾生鼻,肾生口,肺生骨,肝生肉,胃生髓,膀胱生血。故乾为心,兑为脾,离为胆,震为肾,坤为血,艮为肉,坎为髓,巽为骨,泰为目,中孚为鼻,既济为耳,颐为口,大过为肺,未济为胃,小过为肝,否为膀胱。

天之阳日也,地之刚石也。天之阴月也,地之柔土也。天之柔辰也,地之阴水也。天之刚星也,地之阳火也。日月星辰,天之四象也。水火土石,地之四象也。天地交而生人,故天之四象在人为四藏,其见于外则为目耳鼻口者,首之四象也。地之四象在人为四府,其见于外则为血肉骨髓者,身之四象也。乾为心者,生物之主。

离为胆者,应物之用。兑为脾者,一阴悦乎重刚之上,受物而克之者也。震为肾者,一阳动乎至柔之下,滋气而生之者也。大过为肺阳多者,气也。小过为肝阴多者,血也。未济为胃者,坎离不交清浊之辨也。否为膀胱者,天地不交水谷之辨也。坤为血者,极阴也。坎为髓者,中阳也。艮为肉者,柔多而外刚也。巽为骨者,刚多而内柔也。泰为目者,阳中阳用事,故外明也。既济为耳者,阴中阳用事,故内明也。中孚为鼻者,外实而中虚也。颐为口者,上止而下动也。在天则纯卦为四藏而生八卦者,天之天生天之地也。在地则交卦为四府而生纯卦者,地之天生地之地也。地,皆体也,而血髓近乎用,故属坤坎。天,皆用也,而鼻口近乎体,故属兑震。详解在《通变图》中。

天地有八象,人有十六象,何也? 合天地而生人,合父母而生子,故有十六象也。

天有阴阳,地亦有阴阳。地有柔刚,天亦有柔刚。阴阳刚柔日月星辰,天之四象也。刚柔阴阳水火土石,地之四象也。人有十六象者,藏四首四,天也,府四身四,地也。

心居肺,胆居肝,何也? 言性者必归之天,言体者必归之地,地中有天,石中有火,是以心胆象之也。心胆之倒垂,何也? 草木者,地之体也,人与草木皆反生,是以倒垂也。

草木反生,下亲乎地。心胆倒垂,上亲乎天。居于肝肺,亦托乎地之意。天依地,地依天,故性依体,体依性也。人与物皆反生,动物生于首,植物生于根,反生也。心胆之倒垂,如枝叶之上向,反生则顺也。

口目横而鼻耳旧脱"耳"字。纵,何也? 体必交也。故动者宜纵而反横,植者宜横而反纵,皆交也。

天圆地方,故天体纵,地体横。动物属天,其体宜纵。植物属地,其体宜横。宜纵而横、宜横而纵者,交也,是以动者之形反横而类母,植者之形反纵而类父。人备天地阴阳,能屈能申,故宜横而反纵。至于耳目鼻口之象,则类乎动植之形也。

天有四时,地有四方,人有四支。是以指节可以观天,掌文可以察地。天地之理具指掌矣,可不贵之哉?

四指各三节,应十二辰,合之则二十四气。拇指三节,二为阴阳,隐者为太极。掌则大物也,合之而三十二则得乎天卦,并手足而六十四则兼乎地卦,故人之两手两足实应四方也。地之体数极于十六,四之而六十四,然衍十六者一一而起八八而终,实数十有五焉,则以地去一而起二故也。所以一手十六数而显见者十五,太极隐乎大物之间也。不惟此尔,自手至腕,自腕至肘,自肘至肩,自趾至胫,自胫至股,自股至胯,各三节,则人之手足又应十二次也。掌文可以察地者,后高前下,东南多水西北多山也,聚处为川泽,掌文则川之象也。手仰者,本乎天者亲上也。足俯者,本乎地者亲下也。手可翻覆足不可翻覆者,阳能兼阴阴不能兼阳也。

神统于心,气统于肾,形统于首。形气交而神主乎其中,三才之道也。

气统于肾,地下也,北方也。形统于首,天上也,顶连北而面当南。神统于心,南方也,太虚也,实用则人也。地,形也,而气统于肾。形者,气之所以生也。天,气也,而形统于首。气者,形之所以成也。神寓太虚,虚本无物,在天地为人,在人为心,则皆有物矣。是故二必有三,中虚致用,用实成体,体无非用,三才之道也。凡人之神托于气,而气托于形,以神对气,神虚气实。神者,用也。气者,体也。以气对形,气虚形实。气者,用也。形者,体也。人以形载气则用在体内,天以形包地则用在体外。用在体内故有方而小,用在体外故无方而大。天之用虽无方,然体之无有者,形亦不能生物,故天之用实在地也。其变化不测者,是神而已。神之妙用,非惟天有之,人亦有焉,能尽乎神则用与天等,此圣人所以践形而如天之无不覆也。形统于首,天也。日月星辰,天之用也。耳目鼻口,首之用也。天之日月星辰内照,人之耳目鼻口外役。人若能收视反听,则神游太虚,心不役物,扩而充之,与天为徒。

人之四肢各有脉也。一脉三部,一部三候,以应天数也。

四肢各一脉,四时也。一脉三部,一时三月也。一部三候,一月三旬也。四九三十六,乾之策天之极数也。《素问》曰十二节皆通乎天气。十二节者,十二节气应人之十二经脉,谓手足各三阴三阳也。三候者,亦浮沉中也,阴阳有太过不及也。

心藏神,肾藏精,脾藏魂,胆藏魄。

肾,北方之天一也,故藏精。心,南方之太虚也,故藏神。精气为魄,精始化也。神气为魂,魄生阳也。魄者精之所自出,为精气之佐使,故曰“并精出入之谓魄”。木,水之子也,故胆藏魄。魂者神之所自出,为神气之辅弼,故曰“随神往来之谓魂”。土,火之子也,故脾藏魂。积清为精。精则清灵之气专一凝聚而成此气之妙者,故惟诚能生精,惟精能生神也。精出于虚,生于诚。诚乃天德,其生精者,盖天真自然之气,非伪为也,故诚运乎虚,专一不二则生精,精见于有,变化自然则生神,此精神之本也。神之盛者为魂,精之盛者为魄,以有气为之使尔。精神者,主也。魂魄者,使也。人常存诚,则心能御气而精神为主,其死也为神为灵。人常逐妄,则气反役心而魂魄为主,其死也为鬼为物矣。

胃受物而化之,传气于肺,传血于肝,而传水谷于胕肠矣。

精神魂魄,性之用也,故心胆脾肾为藏。言性者必归之天,藏为天也。若夫胃受物而化之气味,以养气血,故传气于肺,传血于肝,皆用物之精英,以助吾之魂魄者也,其苴滓浊秽则入于胕肠矣。

气血水谷,形之用也,故肺肝胃肠为府。言形者必归之地,府为地也。心胆脾肾与胸中而五,皆性用也。肺肝胃肠与腹中而五,皆形体也。或曰人言五藏六府,康节独言四,何也?天地各以一变四者,先天也,若夫天有五干故言五藏,地有六支故言六府。生于五者穷于六,生于六者周于五。地有五行,天亦有五行。天有六气,地亦有六气。故又言府有五、藏有六,五偶而十,六偶而十二,相交共一则为十一,相别分两则为十二,故《素问》有言十一藏有言十二藏者,又如《黄庭》言六府则兼齐,《素问》言六府则指三焦,各随事生义,皆后天之末用,非先天之本体也。先天有四者,四象也。天五冲气寓于四者之间,不可名也。后天有五者,五行也,中虚致用,五亦自居其一数也。五不可名者,时中也。五自居于一者,执中无权,犹执一也。中央之土本以中和而养四藏,众人脾胃反多病,则子莫之执中也。

卷五　观物外篇中之中

天圆而地方,天南高而北下,是以望之如倚盖然。地东南下西北高,是以东南多水,西北多山也。天覆地,地载天,天地相函,故天上有地,地上有天。

古之言天有三家:曰宣夜,曰盖天,曰浑天。宣夜之学,人谓绝无师法。盖天之学惟唐一行知其与浑天不异,盖天之法如绘像止得其半,浑天之法如塑像能得其全。尧之历象日星,盖天法也。舜之璇玑玉衡,浑天法也。浑天密于盖天,创意者尚略,述作者愈详也。宣夜,人虽非之,窃谓作者不无所见,但论述者失其本旨尔。郄萌记曰:"日月众星自然浮生虚空之中,其行其止皆须气焉。"虞喜曰:"天确乎在上,有常安之形。"数语皆有意义,而恨不究乎终始。盖《河图》之数,戴九履一,一起于下,是为坎水,天象之始也;

九穷于上,是为乾金,天象之成也。故坎水柔动而乾金坚凝,动脉滋生而脑精安静。虞喜谓常安之形者,北极不动之义,天之顶也。郤萌谓日星浮之虚空,行必须气。此则东西运转,气即天,虚即气也。雍曰望之如倚盖。此兼取盖天之说也,其曰地东南下西北高者,天圆如虚毬,地斜隔其中,西北之高戴乎天顶,故北极出地才三十六度,愈降而及东南,履乎天末,故南极入地才三十六度,东南多水,西北多山,其高卑可见矣。地势本倾峻,以其体大,故人居其上而弗觉。西北附实,东南面虚,人倚北而向南,是以天潜乎北而显乎南,水发乎西而流于东也。天包地,地载天,天地相函,以立于太虚之中而能终古不坏,虽其理至妙不可测度,要之不过虚实相依动静相养,不即不离非一非二,故在天成象则在地成形,仰天有文则俯地有理,人能穷此,可以达性命之原,知死生之说矣。

天浑浑于上而不可测也,故观斗数以占天也。斗之所建,天之所行也。魁建子,杓建寅,星以寅为昼也。斗有七星,是以昼不过乎七分也。

日月五星皆从地道而右行。天道左行以辰为体。辰者无物之气,不可见也。观天之行以斗建而已。斗有七星,天之数也。昼不过乎七分者天数极乎九而盈于七也。一二三四五由五以前,生数十五也。五六七八九由五以后,成数三十五也。天数二十有五合之而五十者,天之全数,故大衍之数五十也。生数十五,其一为太极之体大衍不用,其十四者,七为天之本体,七为日月五星,所以著数七七而见于象者止有三十五。名四布四方为二十八舍,一居中央是为北斗,是故数足于十,天得其六地得其四,天兼余分盈于七而斗有七星也。北斗七星自一至四为魁,自五至七为杓,魁为璇玑,杓为玉衡。星以寅为昼者,中星以寅为旦,戌为昏也。日以卯酉为中则十二分而用七星,以寅戌为限则十分而用七矣。

天行所以为昼夜，日行所以为寒暑。夏浅冬深，天地之交也。左旋右行，天日之交也。

日丽乎天，日行一度为天所转，故天一日一周，日亦随之。夏则出寅入戌，冬则出辰入申。春秋出卯入酉，出为昼入为夜，昼夜虽系乎日之出入，而日之出入则系乎天之行，故曰天行所以为昼夜也。日在地下则寒，在天上则暑。冬行北陆为寒，夏行南陆为暑。春行西陆，秋行东陆，为寒暑之中，故曰日行所以为寒暑也。夏则日行地下浅，冬则日行地下深。天道向南则自深之浅，向北则自浅之深，此天地之交也。或者谓夏则南极仰，冬则南极俯，引人首为喻，以为夏浅冬深之说，此不知日有黄道者也。夏至日在午而正于午，冬至日在子而正于子，随天运而然，故以浅深为天地之交。冬至日起星纪，右行而日移一度，天道左旋，日一周而过一度，日巡六甲与斗相逢，此天日之交也。日行黄道，其图在《通变》中。

日朝在东，夕在西，随天之行也。夏在北，冬在南，随天之交也。天一周而超一星，应日之行也。春酉正，夏午正，秋卯正，冬子正，应日之交也。

冬至夜半子时，日起星纪，日右行一度，天亦左移一度，故夜半日常在子。所以朝必出于东，夕必入于西者，随天之行，非日之行也。夏则日行在北，冬则日行在南。日最北去极最近，故影短而日长；最南去极最远，故影长而日短。此随天之交也。日日行行一度，天日一周而过一度一星者，星之一度也，故为应日之行也。冬至日在子，夏至日在午，春分日在酉，秋分日在卯，天之移也。冬至子时日正在子，夏至午时日正在午，春秋二分日或正于酉或正于卯，东西迭纬，所以冬夏为阴阳之正，春秋为阴阳之交，故曰应日之交也。

日以迟为进，月以疾为退，日月一会而加半日减半日，是以为闰余也。日一大运而进六日，月一大运而退六日，是以为闰差也。

日一昼夜行天一度，月一昼夜行天十三度十九分度之七。天运左旋，日月右行。月一月一周天，皆为徒行，其及日者，在最后之二日半而常在日之后，故日迟而反为进，月疾而反为退也。日月三十日一会，实二十九日半，故一会而日加半日月减半日。加半日者，日一岁本多于月六日，而今又加六日。减半日者，月一岁本亏于日六日，今又减六日。以所加减积之，是为闰余也。日月一大运进退十二日，得三年一闰五岁再闰，是为闰差也。又云一会而月加半日，日减半日。盖月本得二十九日半，日本得三十日半，而时以为三十日故也。

日行阳度则盈，行阴度则缩，宾主之道也。月去日则明生而迟，近日则魄生而疾，君臣之义也。

日自冬至以后行阳度而渐长，夏至以后行阴度而渐短。虽以阳临阴为客之礼，亦不敢自肆，此君所以礼臣，夫所以礼妇也。诸历家说，月一日至四日行最疾，日夜行十四度余；五日至八日行次疾，日夜行十三度余；自九日至十九日其行迟，日夜行十二度余；二十日至二十三日行又小疾，日夜行十三度余；二十四至晦行又大疾，日夜行十四度余。以一月均之，则日得十三度十九分度之七也。远日则明生而行迟，近日则魄生而行疾，有君臣之义焉。故《易》"二多誉，四多惧"，《诗》曰"被之僮僮，夙夜在公。被之祁祁，薄言还归"，夫妇之礼，君臣之义，一也。

阳消则生阴，故日下而月西出也。阴盛则敌阳，故月望而东出也。天为父，日为子，故天左旋，日右行。日为夫，月为妇，故日东出月西生也。

初三日，日初入时，月在庚上，哉生明，见西方。八日为上弦，日初入时，月在丁上。十五日为望，日初入时，月在甲上，盛于东方。十六日将出时,月在辛上,戴死魄,①见平旦。二十三下弦,日将出时,月在丙上。三十日为晦,月与日合在乙上。月本无光,借日以为光,及其盛也,遂与阳敌,为人君者,可不慎哉? 天左旋,日右行。日东出,月西生。父子夫妇之道,阴阳之义也。月望亦东出者,敌阳也,非常道也。

日月之相食,数之交也。日望月则月食,月掩日则日食,犹水火之相克也。是以君子用智,小人用力。

日月相对谓之望,日月相会谓之晦。日常食于朔,月常食于望,正如水火之相克。水之克火掩而克之,小人用力也。火之克水必隔物焉,君子用智也。月近日无光为晦,月敌日而光盛为望,然日食于朔,月食于望,乃知小人在外虽盛必自危,而其柔弱狎比之时多能危君。此则虑与不虑之间,所以《易》戒履霜而不惧扬庭也。日月一年十二会十二望而有食有不食者,交则食不交则不食也。所以有交与不交者,日行黄道,月行九道也。亦有交而不食者,同道而相避也。月行九道,详见《唐·历志》。

日随天而转,月随日而行,星随月而见,故星法月,月法日,日法天。天半明半晦,日半赢半缩,月半盈半亏,星半动半静,阴阳之义也。

日虽右行,然随天左转。月虽行疾,然及日而会常在其后。星随月者,见于夜也。一阴一阳之谓道。天法道,故半明半晦。日法天,故半盈半缩。月法日,故半盈半亏。星法月,故半动半静。有一必有二,独阴独阳不能自立也。半盈半缩者,在阳度则盈,在阴度则缩。半动半静者,纬星动,经星静也。

天昼夜常见,日见于昼,月见于夜而半不见,星半见于夜,贵贱

---

① "戴",疑当为"哉"字,或"载"字。

之等也。

天虽半晦半明而昼夜常见；日当昼时必在天上；月当夜时有在地下，故半不见；星又不及乎月。贵贱之分，上能兼下，大能包小也。星半见者，五纬二十八宿，皆迭见故也。

月，昼可见也，故为阳中之阴。星，夜可见也，故为阴中之阳。

先天以日月星辰配乾兑离震。日为阳中阳，月为阳中阴，星为阴中阳，辰为阴中阴。月，昼可见，故为阳中阴。先生所谓以其阳之类，故能见于昼是也。星，夜可见，故为阴中阳。星亦随月，故与月错综而互用也。辰，不可见，故为阴中阴也。辰者，天壤也，日月星托焉。辰虽不可见而天昼夜常见，故不用之一者，用之所宗也。

天奇而地耦，是以占天文者，观星而已，察地理者，观山水而已。观星而天体见矣，观山水而地体见矣。天体容物，地体负物，是故体几于道也。

二十八宿以别分野。其余列星，在朝象官，在野象物，故观星可以知天文。山起西北，水聚东南，两戒三条，五岳四渎，如肢体脉络，各有伦叙，故观山水可以知地理。天奇地偶，故星一而山水二也。辰者，天之体也。土者，地之体也。辰者无物之气，不可见，以星观焉知其廓然太虚，能容物也。土者有形之物，可见，以山水观焉益知其不辞重大，能负物也。辰为太虚，土为大物，星与山水有量而二者无穷，故曰体几于道也。体几于道，用通于神。

极南大暑，极北大寒，故南融而北结，万物之死地也。夏则日随斗而北，冬则日随斗而南，故天地交而寒暑和，寒暑和而物乃生焉。

天之阳在南，阴在北。地之阳在北，阴在南。天之南阳在上，故极南大暑见乎地者，融而为水，地虽有阴不能伏阳故也。天之北阴在上，故极北大寒见乎地者，结而为山，地虽有阳为阴所伏故也。

盖阳性熙,其极则融,阴性凝,其极则结也。地之南宜寒而下者气热,北宜热而高者气寒,则从乎天也。地北之阳、南之阴皆伏乎内,故寒暑止从天。若夫水之柔也,以阴不胜阳,随阳而为阳用,故属阴;山之刚也,以阳不胜阴,随阴而为阴用,故属阳。形则从乎地,刚柔也。气则从乎天,寒暑也。极阴极阳非中和之气,万物不生,故为死地。夏至热极,日自此随斗而北。冬至寒极,日自此随斗而南。天地交然后寒暑和,物乃生,故曰"致中和,天地位焉,万物育焉",此太极自然之理,皇极中庸之道也。

天以刚为德,故柔者不见。地以柔为体,故刚者不生。是以震天之阴也,巽地之阳也。旧脱误作"震巽天之阳也"。地阴也,有阳而阴效之,故至阴者辰也,至阳者日也,皆在乎天,而地则水火而已,是以地上皆有质之物。阴伏阳而形质生,阳伏阴而性情生,是以阳生阴,阴生阳,阳克阴,阴克阳。阳之不可伏者,不见于地。阴之不可克者,不见于天。伏阳之少者其体必柔,是以畏阳而为阳所用。伏阳之多者其体必刚,是以御阳而为阴所用。故水火动而随阳,土石静而随阴也。

乾兑离震天之分,震阴多阳少,故为天之阴。巽坎艮坤地之分,巽阳多阴少,故为地之阳。辰不见者,天以刚为德,柔者不见也。石不生者,地以柔为体,刚者不生也。震为辰,巽为石。震巽无策者,自乾兑离震配坤艮坎巽而言也。若自乾兑离震巽坎艮坤为序,则乾与巽偶,乾为日巽当为火,巽之无策又应地火常潜矣。是故巽为石者,坤艮坎巽,水火土石,一二三四,从地之序也。巽为火者,巽坎艮坤,火水石土,五六七八,从天之序也。有一则有二,有阳则有阴。天一也,阳也。地二也,阴也。故在天成象,在地成形。形者,效象而法之耳。天之至阴,辰也,地效之则有水。天之至阳,日也,地效之则有火。地上皆有质之物,地有是形,天必有是象,如形影之相随也。阴伏阳而形质生,精之所化,刚包于柔,坎之象也。阳伏阴而性情生,神之所化,虚寓于实,离之象也。故形质可见,阳也,而体魄则是阴也;性情不可见,阴也,而神用则是阳也。阳极生阴,阴盛则还克阳。阴极生阳,阳盛则还克阴。大抵阴阳相为生成,相为利害,不两不致用也。所以分天分地者,以其偏胜而已。是故阳之不可伏者不见于地而地火常潜,阴之不可克者不见于天而天辰不见也。若夫土上有质之物,皆阴伏阳而生。伏阳之少者体必柔,阴不胜阳,故畏阳而为阳所用。伏阳之多者体必刚,阴能胜阳,故御阳而为阴所用。水火体柔,伏阳之少者也,故动而随阳。土石体刚,伏阳之多者也,故静而随阴也。是故春夏果实体多柔,伏阳之少也,秋冬果实体多刚,伏阳之多也。四月果熟而易烂,阴不胜阳而阳为所用也。十月花开而不实,阳不胜阴而阳不为用也。

阳生阴,故水先成。阴生阳,故火后成。阴阳相生也,体性相须也。是以阳去则阴竭,阴尽则阳灭。

天一生水,阳生阴也。地二生火,阴生阳也。论太极既判之后则阳分阴,若太极未判之前则阴含阳。故《易》先乾者如夏正建寅,《归藏》首坤者如周正建子,此先后天之说也。人生之初精藏血中,始化曰魄,阳生阴也。既生阳曰魂,阴生阳也。大抵阴阳相生,故体性相须。精魄者,体质也。神魂者,性用也。虚实相依,动静相养,所以阴尽则阳灭,阳去则阴竭。单豹养内而虎食其外,体既亡,性何以自存?张毅养外而病攻其内,性既亡,体何以自立?故曰"有地,然后有二",地上之数必起于二也。

金火相守则流,火木相得则然,从其类也。

火克金,故相守则金流。木生火,故相得则木然。金流则夫刚而妇顺,木然则子盛而母衰。阴性趋下,故金流则就湿,阳性趋上,故木然则就燥,各从其类也。金木火,三方之用也。水土,中北之本也。水主初,土主中,水土相资,玄黄相遇,物乃生焉,故一月唯分初中二气也。

水遇寒则结,遇火则竭,从其所胜也。

水之气融而体柔。融为阳,遇寒则结,阴强而胜也。柔为阴,遇火则竭,阳强而胜也。泉水不渐,阳之生也。海水为盐,阴之成也。水能克火而灭之,力不胜则反竭。天下之理虽有常,然强弱多寡而变焉者,势也。势虽不常,亦理之所有也。

阳得阴而为雨,阴得阳而为风。刚得柔而为云,柔得刚而为雷。无阴则不能为雨,无阳则不能为雷。雨柔也而属阴,阴不能独立,故待阳而后兴。雷刚也而属体,体不能自用,必待阳而后发也。

阳唱而阴从则流而为雨,阴格而阳薄则散而为风。刚唱而柔从则烝而成云,柔蓄而刚动则激而成雷。客主后先,阴阳逆顺不同也。风雨自天而降,故言阴阳。云雷自地而升,故言柔刚。天阳也,阳必资阴,故无阴则不能为雨,阳得阴然后聚而成体也。地阴也,阴必资阳,故无阳则不能为雷,阴得阳然后发而成声也。此言阴阳之相资也。雨之形柔也,属阴者本乎天之气也。阴不能独立,待阳而后兴者,天之阴资乎天之阳也。雷之声刚也,属体者,出乎地之形也。体不能自用,必待阳而后发者,地之阴资乎地之阳也。此言阴之资乎阳也,大抵阴阳匹敌,虽曰相资,然阴无能为,必待阳而后有为,君臣父子夫妇之义也。阳来则生,阳去则死,天地间所主者一阳而已矣。故阳一而阴二,阳尊而阴卑也。别而言之则天为阳,地为阴,合而言之则天有阴阳,地亦有阴阳。阴阳,气也。刚柔,形也。既以阴阳言天则必以刚柔言地,然地有柔刚,天亦有柔刚,所以先生之言错综而用之也。风气也,丽乎阳。雨形也,丽乎阴。云象也,近乎形。雷声也,近乎气。气皆可以言天,形皆可以言地。自其始而言，则风雨为阴阳，云雷为柔刚。要其终而言，则云雷亦得言阴阳，风雨亦得言柔刚。或由天而地，或由地而天，盖以天地相交，上下同用也。

至哉，文王之作《易》也，其得天地之用乎？故乾坤交而为泰，坎离交而为既济也。乾生于子，坤生于午，坎终于寅，离终于申，以应天之时也。置乾于西北，退坤于西南，长子用事而长女代母，坎离得位，兑震为耦，以应地之方也。王者之法，其尽于是矣。

乾坤坎离者，天地日月也。分则立体，交则致用，故乾坤交为泰，不交则为否，坎离交为既济，不交则为未济也。乾位乎巳，而为天生于子者，复也。坤位乎亥，而为地生于午者，姤也。坎位乎酉而终于寅，月没则日出，既济也，故先天若无极而有极也。离位乎卯而终于申，日没则月出，未济也，故后天若有极而无极也。既未济，上下之观不同，反对卦也。是故既济或以为未，未济或以为既，亦各从其所见也。乾坤定上下之位，天地冬夏之时也。坎离列左右之门，日月昼夜之时也。故日以应天之时，此伏羲之八卦也。若夫文王八卦，变易之体为易之用，为人用者，地上之易也。置乾于西北以知大始，退坤于西南以作成物，老阴老阳居无事之地，长子代父震居东方，主生物之功，长女代母巽居地户，包水土之气，坎离得位，火南水北也，兑震为偶，女少男长也。此不通上下，独以地上八方言之，故日应地之方也。尧之前先天也，尧以来后天也。后天者效法而已，故地上之易为王者之法也。夫震巽并居者，阴阳相从同为一用也。震兑为偶，末乃不乱矣。此人易之用，防微谨始之深意也。先天，继坤之后以震，阳自此生，以至于乾，即长子代父之义也；继乾之后以巽，阴自此生，以至于坤，即长女代母之义也。代父者，复之刚也，代母者，姤之柔也，复姤所以为小父母也。乾坤为大父母者，生八卦也。复姤为小父母者，生六十四卦也。先天之变，左之三十二阳,归妹也,右之三十二阴,渐也。后天用震兑者,归妹也。巽艮居用中之偏位者,渐也。大抵体必有用,用必有体。天地一理,圣人一心。是故先天者,后天之所自出也。

乾坤,天地之本;坎离,天地之用。是以《易》始于乾坤,中于坎离,终于既未济。而否泰为上经之中,咸恒当下经之首,皆言乎其用也。

乾坤者,阴阳之纯,分而立体。坎离者,阴阳之中,交而致用。阴阳本以坎离而造天地,天地复以坎离而生万物。文王作后天之《易》据人所见,自有天地而言,故曰"天尊地卑,乾坤定矣"。上经天道,言造物也,下经人道,言生物也。上经终于坎离,物生自此而始,以后天生物观焉,先天造物从可知矣。故中于坎离者,天道之既济,物之所以生也。终于未济者,人道之循环,生之所以不穷也。既济未济者,坎离之交不交也。否泰者,乾坤之交不交也。男女少则为感,长则为常,皆以别者为立体,交者为致用。不易者体也,变易者用也,用而亡体则体弊而用竭,用而存体则体安而用利,二者皆用也,故易主用而言也。

坤统三女于西南,乾统三男于东北。上经起于三,下经终于四,皆交泰之义也。故易者,用也。乾用九,坤用六,大衍用四十九,而潜龙"勿用"也。大哉用乎,吾于此见圣人之心矣。

阳气生于东北,阴气成于西南。乾统东北,坤统西南,阳先而下阴也。三者天之用数,四者地之体数。上经起于三,下经终于四,天先而下地也,故曰皆交泰之义也。交者,用也。易以用为贵,若无用焉,天地徒设矣。乾九坤六,大衍四十九,皆用也。潜龙勿用,复之一也,已见乎用,圣人于此养其用焉,故曰"勿用"也。《易》曰:"寂然不动,感而遂通天下之故。"寂然不动,其纯坤之时乎? 一阳动乎下已见于感矣,此易之始也。妙哉一乎,包四十九而未动者一也。动乎六之下者,亦一也。包四十九者寂然不动之一,一之一也。动乎六之下者潜龙勿用之一,二之一也。冬夏至之后各养阴阳四十五日,而震巽不用者,潜龙勿用之义也。是故一之一者乾坤之太极也,二之一者方州部家之玄也,先生所谓无体之一与不用之一是也。

乾坤交而为泰,变而为杂卦也。

交者顺也,变者逆也。交为泰则变为否,变为杂则交为序也。序卦者,六十四卦循行无碍,流通也。杂卦者,两两相从,旁行不流,止塞也。初虽止塞,犹各以类相从,未至于杂乱也。及大过之下而杂乱矣。大过本末俱弱,世既颠矣。柔之遇刚,女之待男,强者为胜,宁复其类,方是时也,惟养正焉,则能定矣。女终男穷,丧乱之极,天地不终,否也。有刚决者出焉,君子道长,小人道忧,吾知天地之心终不为小人计也。杂卦始乾终夬,故说者以为伏羲之《易》。

乾坤坎离为上篇之用,兑艮震巽为下篇之用也。颐中孚大小过,为二篇之正也。

乾坤坎离不变者也,天之质也。震巽艮兑变者也,人之质也。上经天道,故不变者为之用。下经人道,故变者为之用。颐中孚大小过,变中之变者,故为二篇之正也。颐大过肖乾坤,故为上篇之正,中孚小过肖坎离,故为下篇之正,此后天《易》也。

《易》者,一阴一阳之谓也。震兑,始交者也,故当朝夕之位。离坎,交之极者也,故当子午之位。巽艮,虽不交而阴阳犹杂也,故当用中之偏位。乾坤,纯阴阳也,故当不用之位。

少男少女为感,感或伤于正。长男长女为常,常或短于情。是故三十而娶,二十而嫁,为男女之时。而文王八卦以兑震居东西之中,为生成之要也。震居卯朝之位,兑居酉夕之位。离居午日中之

位,坎居子夜中之位。卯酉阴阳初出,震兑少长相遇。子午阴阳正
中,坎离中心相与。长女少男非正偶也,然阴阳犹杂,或能致用。
居东南之偏位者,犹有用也。乾坤纯阳纯阴,功成无为,故居西北
之偏,不用之位也。震阳动而兑阴见,故为始交。巽阴伏而艮阳
正,故为不交。此一节论文王后天变先天八卦之位也。

乾坤纵而六子横,《易》之本也。震兑横而六卦纵,《易》之
用也。

乾坤纵而六子横,伏羲先天之卦也,故曰"《易》之本"。震兑
横而六卦纵,文王后天之卦也,故曰"《易》之用"。经纵而纬横,经
以立体,纬以致用,经常而纬变也。六子横者,用六子也。震兑横
者,用震兑也。天地定位,体也。山泽通气,雷风相薄,水火不相
射,皆用也。后天独用震兑者,地上之《易》也。盖南北定位东西
通气有地之后,天东西运转昼夜以生寒暑以成,万物由此出入死
生,震兑居之,是为致用之要,故曰"归妹,天地之大义也"。是故
雷风山泽水火之在天地,犹十三卦制作之器,用之在人也。先天之
时,体皆为用。后天以来,用已成体。故在天地者止用震兑,而在
帝王者止言变通也。

天之阳在南而阴在北,地之阴在南而阳在北。人之阳在上而
阴在下,既交则阳下而阴上。

天南高北下,阳在南而阴在北,故《先天圆图》位乾于南,位坤
于北也。地北高南下,阳在北而阴在南,故《先天方图》位乾于北,
位坤于南也。人之首与心肺居上,故阳在上,足与肝肾居下,故阴
在下,立体然也。心在上而包血,阴实存焉。肾在下而藏精,阳实
居焉。故既交则阴上阳下者,致用然也。伏羲八卦乾上坤下者,
《易》之体,身首之象也。文王八卦杂南坎北者,《易》之用,心肾之
象也。体显于明,用藏于幽。《易》以乾坤交为泰不交为否,坎离

交为既济不交为未济者,体用之中又皆取其用也,故《易》者用也。

辰数十二,日月交会谓之辰。辰,天之体也。天之体,无物之气也。

辰有十二,从地数也。无物之气不可见,因日月之会而见。以不可见,故为阴中之阴。天之阴者天之体,天之所以立也。从地数者,天之地也。

天之阳在南,故日处之。地之刚在北,故山处之。所以地高西北,天高东南也。

日在南则中,在北则潜。西北多山,东南多水。

天之神栖乎日,人之神发乎目。人之神,寤则栖心,寐则栖肾,所以象天,此昼夜之道也。

寤则神栖于心,故目用事。寐则神栖于肾,故耳用事。寐无所见,闻声则觉,乃知耳用事也。昼能兼用耳目,夜不能于目。耳能兼用寤寐,目不能于寐。昼夜寤寐,境也,用所行也。耳目视听,神也,用所生也。目神外显,外境也。耳神内藏,内境也。外境有蔽,故夜则无见,寐则不用。内境无蔽,故兼乎昼夜,通乎寤寐也。夫鼻耳纵而目口横,纵者通用于昼夜,天能兼地也。

云行雨施,电发雷震,亦各从其类也。

阴阳,和则气烝为云泽流为雨,激则光发为电声震为雷。和者阳先而阴从之,激者阳盛而阴制之也。

吹喷吁呵呼,风雨云雾雷,言相类也。

吹为风,喷为雨,吁为云,呵为雾,呼为雷,此人与天地相类者也。而人有言而天地无言,人有心而天地无心,此又更相为优劣者也。取其裁成辅相则天不若人,及其机巧诈辩则人不若天矣。

万物各有太极两仪四象八卦之次,亦有古今之象。

太极两仪四象八卦,体之四变也。大而天地,小而万物,皆以四变成体,通古今为二用,则六变也。古则已过,今则见存。由虚入实,自实返虚,皆古今也。四者,地之体数也。六者,天之用数也。四变而十五之数足矣。六变六十三则不尽六十四之一,故物之太极为二之一。在《先天图》则剥当阳一,夬当阴一,而祖于乾坤也。

云有水火土石之异,他类亦然。

水火土石者,地之体也。凡物皆具地之体。先生曰:"水雨霖,火雨露,土雨濛,石雨雹。水风凉,火风热,土风和,石风冽。水云黑,火云赤,土云黄,石云白。水雷雯,火雷虩,土雷连,石雷霹。"故一物必通四象也。髓为火,血为水,肉为土,骨为石,此动物有四象也。液为水,华为火,枝为土,根为石,此植物有四象也。先天论四象而后天论五行者,中虚亦见也。金有五方之金,谷有五方之谷,皆备五行也。果实无辛,不受克也。始淡中酸,苦终甘既。不受辛,自无咸矣。人之身,液淡血咸,水也;胆苦,火也;肉甘,土也;骨坚,石也。无辛酸者,乃知金木为用,非正体也。

二至相去,东西之度凡一百八十,南北之度凡六十。

日,春分在西方奎十四度少强,秋分在东方角五度少弱。当黄赤二道之交中,相去一百八十二度半。夏至日在井二十五度,去极六十七度少强,冬至日在斗二十一度,去极一百十五度少强。去北极一百十五度,则去南极亦六十七度少强矣。二至之日东西度相去亦等,则大行本无差,惟是冬至日去南极六十七度,夏至日去北极六十七度,行天之高下、行地之浅深不同,故日夜有短长也。曰"百八十、六十"云者,举大凡也。

冬至之月所行如夏至之日,夏至之月所行如冬至之日。

冬至之夜如夏至之日,夏至之夜如冬至之日,故日月之行相似。然冬至之夜仅如春秋分之昼者,昼常侵夜五刻故也。日出入之时本有常。所以然者，未出二刻半而明，已入二刻半而后昏尔。

四正者，乾坤坎离也。观其象无反复之变，所以为正也。

先天以乾坤坎离颐中孚大小过为八正卦者，为其爻不变，主天而言也。后天以乾坎艮震巽离坤兑为八正卦者，为其数不变，主地而言也。卦犹人然，有德有位。以数为位，以爻为德。乾坤坎离德与位皆不变者，常也。其变则在乎交卦，否泰既未济是也。若乃震巽艮兑德变而位不变，其交之用则在乎咸恒损益矣。颐中孚大小过位变而德不变，其交之用则在渐归妹随蛊矣。乾坤坎离体一，而德与位兼得二用，所谓天一而二也。震巽艮兑体二，而德与位各得一用，所谓地二而一也。

阳在阴中阳逆行，阴在阳中阴逆行，阳在阳中、阴在阴中则皆顺行。此真至之理，按图可见之矣。

《先天图》左为阳，右为阴。凡阳在阴中、阴在阳中者，五变之数皆逆行而生。凡阳在阳中，阴在阴中者，五变之数皆顺行而生。右行为逆，知来者逆也，皆未生之卦也。左行为顺，数往者顺也，皆已生之卦也。逆，迎也。逆行则为相感。顺，从也。顺行则为守常。此君臣夫妇之义，相求之初与定分之后，实阴阳真至之理也。

草类之细入于坤。

草类之细不能自名于物，如人身之毧毛止系于皮肤。故凡物不可名者皆入乎坤，所谓无极之数也。黄帝正名百物，盖未尽也。其他有可供药饵者，后世智识之士，时或取之，以登于名籍。

五行之木，万物之类也。五行之金，出乎石也。故水火土石不及金木，金木生其间也。

数生乎五，故天有五星，地有五行，人有五藏。邵雍之数止言四者，先天也。盖气以一而变四，至于形用，然后五者皆见，中亦自名于一。先天所论者，气数之本原，故合日月星辰而为天，合水火土石而为地,合耳目鼻口而为首,合骨肉血髓而为身,皆四也。若夫后天贵用,于体之中取致用多者为言,故天言五星,地言五行。然天之五行,是星中一端而已。自体言之,五行在天并于星之一名,则金木并于土石之间,亦何疑哉? 是故先天之数大,后天之数小者,体兼用与不用也。东南水也,西北石也,中央土也,其气则火,此水火土石所以共为地也。五行取其日用,故去石而言金木,金能从革,木能曲直,而石则无变故也。若六府又言谷,则草类之养人者,亦得自名于一用矣。

卷六　观物外篇中之下

得天气者动,得地气者静。

动物得天气,植物得地气。在人则血脉为天,形骸为地。性有好动好静者亦然。此则动之中又自有动静也。动物有时而静,植物不能自动,阳能兼阴,阴不能兼阳,奇数能变而入偶,偶数不能变而入奇也。以理推之,植物以春夏为动,秋冬为静。

阳之类圆,成形则方。阴之类方,成形则圆。

类者生之序也,体者象之交也。体必交而后成,故阳之类圆,天类也。成形则方,交于地而成也。阴之类方,地类也。成形则圆,交于天而成也。故胎卵圆而形体方,根荄方而枝叶圆。人多似舅,盖母类也。

木之枝干,土石之所成也,所以不易。叶花,水火之所成,故变而易也。

木之枝干者,人之骨肉也。土石所成体,生体也,体则一定。花叶者,人之精神也。水火所成用,生用也,用则屡变。水火者,阴阳之证兆,在物为滋润,其发于外则为华叶,在人则为气血,其发于外则为容彩。

东赤,南白,西黄,北黑,此正色也。验之于晓午暮夜之时,可见之矣。

东方木,木色青,故胆青。南方火,火色赤,故心赤。西方金,金色白,故肺白。北方水,水色黑,故肾黑。中央土,土色黄,故胃黄。此五行之气色,色之分辨也。东赤南白西黄北黑者,一阳之气色,色之递变也。故婴儿始生而赤,稍变而白,人病则黄,老死而黑;物生地下而赤,稍长而白,菶葘则黄,枯槁而黑也。物皆资一阳以生,此四变者无物不然。若乃禀乎五气之不同则各有本体之色,不可变也。递变者天之四象,不变者地之五行也。

冬至之子中,阴之极。春分之卯中,阳之中。夏至之午中,阳之极。秋分之酉中,阴之中。凡三百六十中,分之则一百八十,此二至二分相去之数也。

天度相去各一百八十二有半。在天为度,在人为日,故二至二分之日相去常一百八十有余。此云一百八十者,天变本三百六十也。气之多者为阳之盈,年之少者为阴之缩,此天之变化所以不测而闰之所以生也。

阳中有阴,阴中有阳,天之道也。阳中之阳,日也,暑之道也。阳中之阴,月也,以其阳之类,故能见于昼。阴中之阳,星也,所以见于夜。阴中之阴,辰也,天壤也。

日者,天之精魂。月者,天之精魄。星者,天之余精。辰者,无物之气天之体,故曰天壤也。

辰之于天,犹天地之体也。地有五行,天有五纬。地止有水火,天复有日月者,月为真水,日为真火。阴阳真精,是生五行,所以天地之数各五。阳数独盈于七也,是故五藏之外,又有心包络、命门而七者,真心离火,命门坎水,五藏生焉。精神之主,性命之根也。

天之七曜水火各二,金木土各一。文王八卦,震巽为木,乾兑为金,坤艮为土,坎为水,离为火。金木土各二,水火各一,何也?巽者,生火之木,居地四君火之位。乾者,生水之金,居天六命门之位。真火不见,托言乎巽木。真水不见,托言乎乾金。君火居离之前,命门在坎之右,可以见阴阳生出之本矣。艮居东北,出土之时。坤居西南,入土之时。举天地之一体也。辰戌丑未为土之寄,王四季亦若是矣。七曜之与乾坤其数为九,通大物则十。乾上坤下,大物居中,真数三也。其七者用也。

干者干之义,阳也。支者枝之义,阴也。干十而支十二,是阳数中有阴,阴数中有阳也。

凡物皆反生,既生而复正,故动物生于首,首居上而命在首;植物生于根,根居下而命在根。十干,天气阳也,故有干之义。十二支,地气阴也,故有枝之义。甲子谓之支干,而干居上支居下者,天地定位,动物之类也。十干者,一十、二五也。十二支者,二六、四三也。以五配六,天地相函,日月相交,阴阳相恋,乃能运行不穷。若阴阳离,则变化息矣。天虽得一,用必有二,故孔子"一以贯之",而曾子曰"夫子之道,忠恕而已"。

鱼者水之族也,虫者风之族也。

在水者以水为生,在陆者以风而化。水者精也,风者气也,行乎二者之间者神也。大地者体也。鱼之制在水,故蹈水若虚。禽之制在气,故乘空如实。自人观之,非神矣乎?

目口谓舌也。凸而耳鼻窍。窍者,受声嗅气,物或不能闭之。凸者,视色别味,物则能闭之也。四者虽象于一,而各备其四矣。

目口凸而耳鼻窍。凸者外境,用实也。色味,亦实者也,故物能闭之。窍者内境,用虚也。声气,亦虚者也,故物不能闭之。虚近乎神,故用之虚者无不入,体之虚者无不受。目口本窍,诘其用则凸。耳鼻本凸,诘其用则窍。禀乎阴阳者同,故凸者必窍,窍者必凸。分乎阴阳者异,故或窍而凸,或凸而窍,此之谓变化。日各备其四者,口鼻耳目皆有奇偶窍凸,用必相关。地之体析一为四,极于十六,故一象必兼四象也。

水者火之地,火者水之气。黑者白之地,寒者暑之地。

虚以实为基,阳以阴为地。凡物之生必先有阴而后阳托焉,故阴为道体。水气生阳则为火,寒气生阳则为暑,黑气生阳则为白,犹魄气生阳则为魂也。或曰:"黑安能变白乎?"曰"夜之变昼,铅之变粉,非黑而白乎?"黑者玄也,玄之变白者,天一之水也。一黑而不复白者,利而不贞,不能返玄者也。"不曰白乎,涅而不缁。"涅而缁者,非真白也,一黑而不复白者也。

草伏之兽,毛如草之茎。林栖之鸟,羽如林之叶。类使之然也。

气禀同者,自然相类,故虱处头而黑,处身而白。所以兽毛如草之茎,鸟羽如林之叶也。神不歆非类,岂非气不合耶?

石之花,盐消之类也。

物皆有八卦气象。花者离之气,文明之象也。木生火,本体也,故草木之花最多。石之花盐消之类,石中有火也。石,金类也。火克金,金之中亦有火之气象,故煅金而花飞也。世人言井花水,水亦有花者,取其气之新嫩则兑之悦泽也。

水之物无异乎陆之物,各有寒热之性。大较则陆为阳中之阴,而水为阴中之阳。

水阴也,物性宜寒,亦有热者,阴中之阳也。陆阳也,物性宜热,亦有寒者,阳中之阴也。大抵阴阳不相离,其所为主不同,故天阳也而有阴阳,地柔也而有柔刚。在天成象,在地成形。地有水与陆者,天一而地二也。水土合而成地,故水土同包,一五同用,中北同方也。

日月星辰共为天,水火土石共为地。耳目鼻口共为首,髓血骨肉共为身。此乃五之数也。

数之生成各五,皆以一而变四。除四无一,除春夏秋冬则无年,除东南西北则无中也。日月星辰之与天,水火土石之与地,耳目鼻口之与首,血肉骨髓之与身,析之则四,合之则一,即一与四是名为五。太极之数即一即五者,一能包五也。观人物之在胎卵与其既生,天地之在混沦与其既判,则一五之理可知矣。虽然,数既有五,各致其用,则一岂容虚设,是故言四时必有闰余,时无体,故独于闰见五数。言四旁必有中央也。大抵一为四之大体,及中虚致用之处。虚者,无之极也。大体,有之极也,故在地又为六。

火生于无,水生于有。

火生于无,神也,当为一。水生于有,精也,当为二。以神生精,先天之学也。以精集神,后天之学也。精一而神二者,谓火托于木而木生于水,神乘于气而气生于精也。

辰至日为生,日至辰为用。盖顺为生而逆为用也。

辰者,天之体也。辰至日者,言天之左行也。日至辰者,言日之右行也。左行为顺,右行为逆。顺者布气,故为生。逆者变气,故为用。布气而生者,物也。变气而用者,时也。故时可逆推,物必顺成。子云曰"巡乘六甲,与斗相逢",言天日之相应也。

《易》有三百八十四爻,真天文也。

物相杂,故曰文。《先天图》六十四卦三百八十四爻,一奇一偶,经纬相错,自然成文,粲然可观,真天文也。观图之消长,可以察时变矣。

鹰雕之类食生,而鸡凫之类不专食生。虎豹之类食生,而猫犬之类食生,又食谷。以类推之,从可知矣。

神歆气而鬼享血。禀肃杀之气者食生,禀中和之气者食滋味,故畜之近人者亦食滋味,无非类,亦是习。类系地,习系人。

马牛皆阴类,细分之,则马为阳而牛为阴。

天为阳则地为阴,陆为阳则水为阴,人为阳则物为阴,飞为阳则走为阴,马为阳则牛为阴,角为阳则尾为阴。自一分而为万,阴阳无相离者,有一必有二也。

飞之类喜风而敏于飞上,走之类喜土而利于走下。

阴阳之气使然也。

禽虫之卵,果谷之类也。谷之类多子,虫之类亦然。

禽卵类果,虫卵类谷。动植不同,气数相似。大者数少,小者数多。愈大则愈寡,愈细则愈繁。理之自然,数生于理也。

蚕之类,今岁蛾而子,来岁则子而蚕。芜菁之类,今岁根而苗,来岁则苗而子。此皆一岁之物也。

蚕者虫之类而可以为衣,芜菁者草木之类而可以为食。物之为人日用者,必备足阴阳之气。其生成也,亦不偶然。蚕既茧矣,不煮则复蛾。阳气未尽,故能变化。此可明"后世圣人易之以棺椁"之理也。

天地之气运,北而南则治,南而北则乱,乱久则复北而南矣。天道人事皆然,推之历代,可见消长之理也。

天道之运,自子至卯为阴中之阳,自卯至午为阳中之阳,自午至酉为阳中之阴,自酉至子为阴中之阴。阴中之阳,君子之道已长而小人犹盛,乱而将治也。阳中之阴,小人之道已长而君子犹盛,治而将乱也。阳中之阳,极治之运也。阴中之阴,极乱之运也。元会运世之数一运当三百六十年,故可以消长之理推历代之治乱。《先天图》自泰历蛊而至否,自否历随而至泰,即南北之运数也。

在水者不瞑,在风者瞑。走之类上睫接下,飞之类下睫接上。

类使之然也。

陆有昼夜，水无昼夜。在水者不瞑，类使然也。鱼目为鲲，言不瞑也。人睡有露睛者，水族之气也。走地类，上睫接下，阴有余也。飞天类，下睫接上，阳有余也。走者宜俯，飞者宜仰。故鸟迎风而立，顺其毛也。鱼沂流而行，顺其鳞也。皆自然之理也。

在水而鳞鬣，飞之类也。龟獭之类，走之类也。

陆中之物水无不具，阴阳相应也。陆有飞走，水亦有飞走。陆多走、水多飞者，交也。

夫四象，若错综而用之，日月天之阴阳，水火地之阴阳，星辰天之刚柔，土石地之刚柔。

天有四象，地有四象。立天之道曰阴与阳，故日为阳中阳，月为阳中阴，星为阴中阳，辰为阴中阴。立地之道曰柔与刚，故水为柔中柔，火为柔中刚，土为刚中柔，石为刚中刚。此本象也。若错综而用之，则天亦有柔刚，地亦有阴阳。日为阳，月为阴，星为刚，辰为柔，天有地也。水为阴，火为阳，土为柔，石为刚，地有天也。先天八卦乾为日、兑为月，离为星、震为辰、巽为石、坎为土、艮为火、坤为水者，本象也。又以乾为日、兑为星、离为月、震为辰、巽为石、坎为火、艮为土、坤为水者，变象也。取星之阳为刚以应兑，则震之辰为柔矣。取火之刚为阳以应坎，则坤之水为阴矣。本象者，天地之用，一而二也。错综者，人物之用，二而四也。天地交而生人物故也。

飞之走，鸡凫之类是也。走之飞，龙马之属是也。

气之轻疾者，阳也。飞之走者，阳之阴也。气之重迟者，阴也。走之飞者，阴之阳也。皆交而生变化也。

阳主舒长，阴主惨急。日入盈度，阴从于阳。日入缩度，阳从于阴。

日，一日行一度。积在过半周天以上者为缩，未及半周天以下者为盈。盖日一岁一周天，冬至日起斗之十三度，谓近时也。尧时起虚，汉时起牛。故行度尚少则为盈，行度已多则为缩。盈度，冬至已后也，日行在右而随天入左，故阴从于阳。缩度，夏至已后也，日行在左而随天入右，故阳从于阴。阴从于阳则舒缓，故日渐长。阳从阴则惨急，故日渐短。

神者，人之主。将寐在脾，熟寐在肾。将寤在肝，又言在胆。正寤在心。

神者阳气之精魂，人之主也。人之有神，如天之有日。将寐在脾，日入地之初也。熟寐在肾，日潜渊之时也。将寤在胆，日出东之初也。正寤在心，日当午之时也。邵子以心胆脾肾为四藏。胆视肝为有神，故《太玄》以胆为甲，《素问》以胆为清明之府。古人亦以胆为肝之神。

天地之大寤在夏，人之神则存于心。

午则日随天在南，子则日随天在北，一日之寤寐也。夏则日正在午，冬则日正在子，一年之寤寐也。故夏日昊天，而离为万物相见之卦。日者，天之神也。人之神昼在心，夏也，夜在肾，冬也。昼则应用，夜则藏密。扬子云曰："藏心于渊，神不外也。"谓栖心气府而不外役于物，所以存神也。

水之族以阴为主，阳次之。陆之类以阳为主，阴次之。故水类出水则死，风类入水则死。然有出入之类，龟蟹鹅凫之类是也。

凡物皆具阴阳，而所主不同。故水之物阴为主，出水则死，畏阳也。陆之物阳为主，入水则死，畏阴也。水陆之物相畏，如人鬼之相畏。人畏于暗，亦如鬼畏于明。人鬼之畏以神，故止于畏。水陆之畏以气，故至于死。龟蟹鹅凫，阴之能阳、阳之能阴者也。然龟蟹能久游，鹅凫不能久伏。水以见阴之趋阳者易安，阳之趋阴者难安,是故治则小人易从君子,乱则君子难从小人也。

天地之交十之三。

自日言之,夏之昼在天上者七分,冬之夜在地下者七分。自天言之,在地上十之七,在地下十之三。故阳数盈于七也。日与天不同者,日行有南北道故也。

天火,无体之火也。地火,有体之火也。火无体,因物以为体。金石之火烈于草木之火者,因物而然也。

天火者太阳之真火,无体之火也。地火潜于石,发于木,有体之火也。火本无体,因物为体。金石之火烈于草木之火者,随物而然也。在人之身,心之真阳为君火者,天火也。心包络之血为相火者,地火也。神龙有火者,亦真阳之气也。萤火,磷火,皆精华之余,死火也,如死者之称魂魄也。

气形盛则魂魄盛,气形衰则魂魄亦从而衰矣。

水火者,阴阳之证兆。金木者,生成之始终。水火在人则精神,金木在人则魂魄也。人生始化曰魄,精气之物也。既生阳曰魂,游魂之变也。魄者精之所生,在人则形也。魂者神之所生,在人则气也。故形为阴魄之所寓,气为阳魂之所托,所以形气盛则魂魄盛,衰则亦从而衰也。

魂随气而变,魄随形而止。故形在则魄存,形化则魄散。

魂随气变,阳也。魄随形止,阴也。形在魄存,形化魄散,故圣人于死者卜其宅兆而安厝之,而先王以灰灭为极刑也。

星为日余,辰为月余。

阳精之宗为日,天之神魂也。阴精之宗为月,天之气魄也。星为日余者,阳之余精也。辰为月余者,阴之余气也。故星为天之神,辰为天之体也。日月在天,如人之真心命门,阴阳之本也。星为阳之余,五星如人之五藏,诸星如人之四支,百骸之精血也。辰之于天,则人之体魄是也。

星之至微如沙尘者,陨而为堆阜。

星陨为堆阜者,精败气散,如人之有死也。星者,天之精神也。天之精神有陨之时,则人之精神有升之理。惟圣罔念作狂,惟狂克念作圣,此之谓也。

藏者,天行也。府者,地行也。天地并行,则配为八卦。

乾为心,兑为脾,离为胆,震为肾,四藏应乎天者也。巽为肺,坎为胃,艮为肝,坤为膀胱,四府应乎地者也。此邵雍之论,与《素问》诸书皆不同。诸书论五行,邵雍论八卦。八卦者天地数也,先天之体也。五行者人物数也,后天之用也。

八卦相错者,相交错而成六十四卦也。

八卦相错者,其象相交杂而成文。八卦相荡者,其气相推变而生化。

夫《易》根于乾坤而生于姤复。盖刚交柔而为复,柔交刚而为姤,自兹而无穷矣。

《易》者变易也,必有不易者焉,乃能万变无极,生生不穷,是故乾坤为《易》之根也。乾坤大父母也,统六子而无为。①复姤小父母也,载二气而生物。乾坤者天之阴阳,其数逆行,未有一之卦也。复姤者地之柔刚,其数顺行,已有一之卦也。盖有地之后,元气随天左行,复姤相生,乾坤不动。左之三十二阳,复之一刚也。右之三十二阴,姤之一柔也。乾坤存一,复姤主之,复姤得乾坤之一。地之二,二也。故《先天图》左行之卦止于五变,其一常存,为大物之根也。

龙能大能小,然亦有制之者,受制于阴阳之气,得时则能变化,

━━━━━━━━━━

① "而"下,原衍"而"字,今删。

变变则不能也。

龙虽神,犹是物,故受制于阴阳之气比人为甚。能变化,故以象乾。受制于阴阳,故乾不为龙而震为龙。震又为玄黄,则坤上六所谓龙战于野,其血玄黄。玄黄之杂,阴阳之交也。变化者变其形,变变者变其气也。

一岁之闰,六阴六阳。三年三十六日,故三年一闰。五年六十日,故五岁再闰。

三年三十六日,三天也,乾之策也。又二年二十四日,两地也,坤之策也。十九年二百一十日七闰无余分,则归奇象闰之数,闰之本法也。是故老阴老阳少阴少阳归奇之数两卦皆得二百二十八者,闰法所起也。历法十九年为一章者,以七闰无余分也。置闰之法起于日月之行不齐。日一日行天一度,月一日行天十三度十九分度之七,其十三度为一年十三周天之数,余七分则为闰,故闰法以七与十九相取,以十二乘七得八十四,以十二乘十九得二百二十八,以年中取月,日中取时,则又以八十四为七分,以二百二十八而为十九分也。今自一时而积之,一日余七分,以一月三十日之数乘之计二百一十分,十二月则二千五百二十分也。满十九分为一时,年得一百三十二时余十二不尽,若以十九年之数乘之得四万七千八百八十分,如法除折每年得一十一日余十二不尽,十九年共得二百九日余二百二十八分,则一日十二时之分数也。通为二百十日,故十九年而七闰无余分也。今欲求年,年置闰七分,满十九而为闰,则知当闰之年矣。复以十二月之数乘一年之数,年得八十四分,满二百二十八而为闰,则知置闰之月矣。欲求日,日置闰七分,满十九而得闰一时,则知闰朔之日矣。复以十二时之数乘一日之数,日得八十四分,满二百二十八分而得闰一时,则知合朔之时矣。大抵以七与十九相取者,闰法之粗也。以八十四与二百二十八而取者,闰法之密也。盖闰本奇数,积于七满于十九。故七与十九自相乘除,皆得一百三十三。月与时法既衍十二以乘,当衍十二以除,故得二百二十八。其一月之分一章之日,皆二百一十。所以《系辞》言"归奇于扐以象闰",而先天日数用一百三十三,星数用一百五也。闰本天之奇数而以月求之,故知阳以阴为节而阴阳相为体用也。二百二十八而十之又偶之,则四千五百六十,乃四分历一元之数也。

《先天图》中,环中也。

《先天图》圆者为天,方者为地。人在地上,即环中也。

月体本黑,受日之光而白。

月体本黑者,阴也,受日之光而白。其甚则光者,得阳之气也。凡声色臭味之美处,皆属乎阳。

水在人之身为血,土在人之身为肉。

水为血,土为肉,则石为骨、火为气明矣。康节又曰:"火为髓,阳也。"

胆与肾同阴,心与脾同阳。心主目,脾主鼻。

胆肾在下,同为阴。心脾在上,同为阳。心为阳中阳,脾为阳中阴,胆为阴中阳,肾为阴中阴。心主目,脾主鼻,胆主耳,肾主口。

阳中阳,日也。阳中阴,月也。阴中阳,星也。阴中阴,辰也。柔中柔,水也。柔中刚,火也。刚中柔,土也。刚中刚,石也。

日月星辰,乾兑离震也。水火土石,坤艮坎巽也。若错综用之,则星为天之刚,辰为天之柔,水为地之阴,火为地之阳。又在藏府,则月为胆应乎离,星为脾应乎兑,土为肝应乎艮,火为胃应乎坎。与元会运世之序不同,由乎阴中之阳、阳中之阴、刚中之柔、柔中之刚可以互变故也。

鼻之气目见之,口之言耳闻之,以类应也。

目与鼻同阳,故见鼻之气。耳与口同阴,故闻口之言。

倚盖之说,昆仑四垂而为海,推之理则不然。夫地直方而静,岂得如圆动之天乎?

尧之历象,倚盖之说也。舜之璿衡,浑天之说也。二说本同,惟唐一行知之。而倚盖之末流,谓昆仑四垂为海。遂有四神州之论,则失其本原而入于诞妄矣。《隋志》载晋刘智云:"昔圣王作圆盖,以图列宿,极在其中,回之以观天象。"此亦知盖天之本者也。

动物自首生,植物自根生。自首生命在首,自根生命在根。

本乎天者亲上,本乎地者亲下。故动物之首即如植物之根,断之则死,命所在也。动物之中飞者亲上,走者亲下,则又自别阴阳也。

海潮者,地之喘息也。所以应月者,从其类也。

地有喘息,于海潮见之,本阴气也,故应月而盛衰。今水入海处皆有潮。河之决,亦潮之类也。岷江来也远,其势缓,故潮比浙江不显。闽越间,海时有笑者,①亦气息之吹喷也。河据地势最高,其来湍悍,又北方沙地无山,所以至于决也。凡水会入处有山,禹必留之,以杀其势,滟滪、君山、孤山、三山、金山之类是也。河无山,则为九河以疏利之,九河既废,故河决尤甚。江虽有山犹未免于潮,洞庭、彭蠡又为湖,则夏秋水盛客主交争之时不免。如此,湖不可废,则九河之类也。人气短则喘促,气长则舒缓,可以想二江之潮与河决之理矣。海潮正在东南者,巽为地户也,说者谓海口,当已。

震为龙。一阳动于二阴之下,震也。重渊之下有动物者,岂非龙乎?

---

① "笑",疑当作"啸"。

震以一阳动于重阴之下,在物则龙,在气则雷。

风类,水类,大小相反。

风类,水类,大小相反,阴阳不同也。故虫在陆者小,而鱼龙之类极大;草木在陆者大,而琼枝、珊瑚之类极小。

天之阳在东南,日月居之。地之阴在西北,火石处之。

日月居东南者,乾兑也。石火居西北者,巽坎也。观先天方圆二图,可以见矣。圆图天也,乾兑比离震则在东南。方图地也,巽坎比坤艮则在西北。

"起震终艮"一节,明文王八卦也。"天地定位"一节,明伏羲八卦也。八卦相错者,明交错而成六十四也。数往者顺,若顺天而行,是左旋也,皆已生之卦也,故云数往也。知来者逆,若逆天而行,是右旋也,皆未生之卦也,故云知来也。夫《易》之数由逆而成矣。此一节直解图意,逆若逆知四时之谓也。

天地定位者,乾与坤对。山泽通气者,兑与艮对。雷风相薄者,震与巽对。水火不相射者,坎与离对。此《先天图》八卦之次,即伏羲八卦也。先曰"天地定位",乾上坤下也。次曰"山泽通气",坤一变为艮,乾一变为兑,举逆行之变也。又曰"雷风相薄",坤一变为震,乾一变为巽,举顺行之变也。末曰"水火不相射",逆顺之变,坎离皆居中也。纳甲之法,盖本诸此。山先泽、雷先风者,冬至之初日右行自艮始,天左行自震始也。水先火,则右行为生气、左行为布气故也。八卦相错者,往来交错而成六十四卦。乾坤震巽上下也,坎离艮兑左右也,皆相错而对也。数往、知来之逆顺,观图中六变之数则可知矣。《说卦》凡八卦相对者,皆从伏羲卦中有一节以坎艮离兑相从,所以邵雍谓兑阳中阴、离阴中阳、艮柔中刚、坎刚中柔而互用也。若谓阳逆数也,山泽雷风水火皆以逆数之,故无不通。

《尧典》:"期三百六旬有六日。"夫日之余盈也六,则月之余缩也亦六。若去日月之余十二,则有三百五十四,乃日行之数,以十二除之,则得二十九日。

周天三百六十五度四分度之一,故三百六旬有六日为一期。日月盈缩各六,则实得三百五十四,以十二月除之月得二十九日半,故日得二十九日也。大小月者,以所得半日之多少而分之也。

《素问》,肺主皮毛,心脉,脾肉,肝筋,肾骨,上而下,外而内也。心血,肾骨,交法也。交即用也。

肺心脾肝肾,上而下也。皮毛脉肉筋骨,外而内也。南见而北藏,上显而下隐,故上者主外,下者主内也。心阳也,主血则阴也。肾阴也,主骨则阳也。坎离之象,交法也。交者用也。

乾为天之类,本象也,为金之类,别旧本作"列"。象也。

八卦以八物象之,本象也。其余别象,则《说卦》所言者犹其大凡,实未尽也。

天地并行,则藏府配。四藏天也,四府地也。

四藏四府,八卦之象也。天以神化气,地以气化形。府藏别居,荣卫并行。此乾坤坎离天地阴阳之至理也。

乾,奇也,阳也,健也,故天下之健莫如天。坤,耦也,阴也,顺也,故天下之顺莫如地,所以顺天也。震,起也,一阳起也。起,动也。故天下之动莫如雷。坎,陷也,一阳陷于二阴。陷,下也。故天下之下莫如水。艮,止也,一阳于是而止也,故天下之止莫如山。巽,入也,一阴入二阳之下,故天下之入莫如风。离,丽也,一阴离于二阳,其卦错然成文而华丽也,故天下之丽莫如火,又如附丽之丽。兑,说也,一阴出于外而说于物,故天下之说莫如泽。

以八物拟八卦,其象皆显然者,圣人教人不示以所疑,至其委曲纤悉,则俟穷理者深造而自得之。《说卦》所言,犹是其大凡而未尽也。

火内暗而外明,故离阳在外。火之用,用外也。水外暗而内明,故坎阳在内。水之用,用内也。

火用外,目之象也。水用内,耳之象也。火以内为体,外为用。水以外为体,内为用。阳者,用也。

人寓形于走类者,何也? 走类者,地之长子也。

八卦若错综用之,以上为天,下为地,则乾为日,兑为月,坎为辰,巽为星,离为飞,震为走,艮为木,坤为草。故曰:"走类者,地之长子也。"

自泰至否,其间则有蛊矣。自否至泰,其间则有随矣。

阴方用事,阳止而阴巽入,事之所以蛊也,蛊则否矣。阳方用事,阳动而阴悦从,民之所以随也,随则泰矣。此阴阳变易之渐,亦人事治乱之渐也。以人事论之,理尽于言也,而有数在其间,亦犹《系辞》叙七爻、叙十一爻,三陈九卦大过之下无伦次,与夫巽"究为躁"之类也。以《先天图》观之,天道左行,由泰至井存乾,大过不变则十二卦。由蛊至谦存坎,小过不变则十六卦。由否至噬嗑存坤,颐不变则十二卦。由随至履存离,中孚不变则十六卦。十二与十六合二十八,偶之则五十六,用卦之数也。地用六变者,分乎用也。天用八变者,统乎体也。日月为易,两卦一变,则十二卦者六变也,十六卦者八变也。二六而用数尽,二八而体数终,盖阴阳之变、气数之节也。是故否泰循环,至十二而变,又十六而极也。《先天图》右行者,反生乾坤各六十四卦,由一至极大数,九十七之变有虚数。自乾为一而起者,四十九数而至蛊。自坤为一而起者,四十九数而至随。若自一至万,又加天之细数三十二为一百二十九数,而用者无虚数,自乾坤而起每卦用一数,随蛊各当三十九得需卦百万之月数。盖四十九者著数七七之全,天用之终当变而相交,地三十九者律数二六之半,地用之中当变而相交。需卦数虽当七位实当六,故物之分数之极与一元月数之极,会于此,析为细,用而随盡当之,必有变也。夫理无不通,数无不行。《先天图》之作,非天地自然之数之理,安能如此之妙乎?故先生曰:"吾终日言而未尝违于图,天地万物之理尽在其中也。"一百二十九变与九十七变之数,具述在《通变》中与极数中。

天有五辰,日月星辰与天为五。地有五行,金木水火与土为五。

辰者天体。辰之于天,犹土之于地。天主用,有神焉。辰不可以尽天,非若土即可以尽地。故日月星辰与天而五,水火金木与土而五。辰之外别名天,土即以为地也。

有温泉而无寒火,阴能从阳而阳不能从阴也。

水受火则温,火受水有灭而已,不能从阴也。所以泰则小人皆为泰,否则君子有死而已,不能从小人而为否也。火温水,益之也。水灭火,害之也。故泰则君子养小人,否则小人伤君子也。

有雷则有电,有电则有风。雨生于水,露生于土,雷生于石,电生于火。电与风同,为阳之极,故有电必有风。

雷者震之气也,电者离之气也,风者巽之气也。后天之象,非先天之数也。阳为重阴所制,怒气发而为雷。怒而极激而为电,阴已不能制矣。散而为风,则又反制于阴也。故风与电皆为阳之极。雨者水之气,烝则为云,凝则为雪。露者土之气,升则为雾,结而为霜。雷出于石,电生于火,有雷则有电,火出于石也。

木之坚非雷不能震,草之柔非露不能润。

木者地之刚,雷亦地之刚。草者地之柔,露亦地之柔。刚能相制,柔能相益。

卷七　观物外篇下之上

阳尊而神，尊故役物，神故藏用，是以道生天地万物而不自见也。天地万物亦取法乎道矣。

天地万物包于虚而生于气。虚者，阴也。气者，阳也。虚以待用，气以致用也。气出于虚，役物藏用，生天地万物而不自见，是为神也。所谓神者，自然而然，不知所以然。盖诚性实理，中孚无妄，能生变化者也。雍谓天地万物取法于道者，神之自然也，谓阴几于道故以况道者，虚之容静也。

阳者道之用，阴者道之体。阳用阴，阴用阳，以阳为用则尊阴，以阴为用则尊阳也。

道体常尽变。阳动而变，故为道之用，阴静而常，故为道之体。阳动阴静，阳尊阴卑。至于随时变通，则阳中有阴，阴中有阳。迭相为用，故阴用阳，阳用阴，以阳为用则尊阴，以阴为用则尊阳也。阳尽阴纯，坤为主矣。阴为主则阳为使，故震之一阳复于冬至，帅万物以出而居二阴之下也；寅卯之间离阳虽已包阴而阴犹得位；兑当辰巳阳长寖极，阴势既微行将去矣，尚以余气据二阳之上者，力未尽也。故曰："积恶之家，必有余殃。"阳用既广，事业大成，而后乾体足焉。阴尽阳纯，乾为主矣。阳为主则阴为使，故巽之一阴遇于夏至，帅万物以入而居二阳之下也；申酉之间坎阴虽已包阳而阳犹得位；艮当戌亥阴长寖极，阳势既微行将去矣，尚以余气据二阴之上者，力未尽也。故曰："积善之家，必有余庆。"阴用既广，事业大成，而后坤体备焉。此伏羲八卦阴阳迭用尊卑迭主之义也。若以文王八卦言之，坎以代坤居乎冬至，一阳在中为物之主，阳即用事矣；离以代乾居乎夏至，一阴在中为物之主，阴即用事矣。伏羲八卦，《易》之体也。成体要终，故乾上坤下，著阴阳之已定。文王八卦,《易》之用也。致用自初,故离南坎北,取阴阳之始交。阳为阴用,如文王率诸侯以事商也。阴为阳用,如曹操伐群雄以安汉也。以成体言则纣当坤而献当乾,以致用言则操当离而文当坎。周之成位虽在武王,而翦商之迹实肇乎居岐之初。魏之成位虽在曹丕,而代汉之迹已基乎迁许之际。以理求之断可识矣。是故巽离兑本阳体也而阴来交之,震坎艮本阴体也而阳来交之。天下之理,论贵贱之分则少者贵,论强弱之势则众者强。文王之卦,得一阴者为三女,得一阳者为三男,其为尊卑多少贵贱之理也。伏羲之卦,得阳多者属乎阳,得阴多者属乎阴,其为尊卑众寡强弱之理也。自地二言之,阴阳相为用者如此。若夫自天一言之,阳上阴下,阳尊阴卑,盖有不易之理。少者不必贵,多者不必贱。众者不必强,寡者不必弱。兹乃致一之论,故康节先曰"阳尊而神"也。

阴几于道,故以况道也。六变而成三十六矣,八变而成六十四矣,十二变而成三百八十四矣。六六而变之,八八六十四变而成三百八十四矣。八八而变之,七七四十九变而成三百八十四矣。

既曰"阳者道之用,阴者道之体"矣,又曰"阴几于道,故以况道",何也?太极见乎阴阳未动之初,至静而虚,当以阴名,静为体而动为用,体近本而用近末,故阴几于道也。且太极在一年则纯坤用事一阳将复之时,在圣人之心则退藏于密寂然不动之际,自始终而言,退藏于密者为万动之终,自终始而言,寂然不动者为万动之始。盖寂然不动众体具全,感而遂通群用俱应,正如六阴方纯一阳已复,一静一动间不容发,是故有冥有罔,北乃为玄,冬虽收藏之终,实是施生之始。有体则用随之,若无用焉,是弃物尔。天地圣人,岂弃物乎?是故孔子、孟轲处乱世汲汲行道者,急于致用也。虽然,其徒颜、闵、冉耕不仕,后世如严君平、庞德翁、孙登之徒亦多不仕,岂为己而绝人,立体而无用乎?《易》曰:"元亨利贞。"《记》

曰:"喜怒哀乐之未发谓之中,发而皆中节谓之和。"元而亨利必归于贞,贞然后能返于元。未发而中,发乃能和,和然后不丧其中。盖体成而用,用斯为利,用既善而体复全。未成而用,用反为害,用未终而体已丧。高士居乱世,虽有济物之心而无应世之迹者,方求成体,未暇致用,与圣人成器而动者自当不同尔。夫岂中心空然如死灰槁木,诚绝于物乎? 故康节之论,虽曰"阴几于道",又先曰"阳尊而神"。所以六八之变,咸自道而生也。一变三,重之则六。六者,天之用数。一变四,重之则八。八者,天地之体数。六耦为十二。十二者,地之用数。六一为七。七者,天之赢数。六变而三十六者,重卦六,正卦之交而三十六,正之卦数也。八变而六十四者,重卦之全数也。十二变而三百八十四者,复姤相交各得三十二,《先天图》十二变成六十四卦之爻数也。六六而变之者,主爻之用而变也。用生乎体,则八八六十四卦成三百八十四爻也。八八而变之者,主卦之体而变也。体成乎用,七七四十九变而成三百八十四爻也。四八三百二十,八八六十四,以八而变凡四十八变而成三百八十四。言四十九变者,论揲蓍存挂一之数也。四十九变得三百九十二,每卦虚存挂一之数是为八卦本体,余则三百八十四爻也。六八爻卦之变,天地之体用,变化不穷,而皆始乎一,出乎虚,散乎物。故以阴况道者,虚也。谓天地变化,尽生乎其间也。以阳为尊而神者一也,谓以变化役物而善藏其用也,虚不得一无以起用也。

　无极之前,阴含阳也。有象之后,阳分阴也。阴为阳之母,阳为阴之父。故母孕长男而为复,父生长女而为姤。是以阳起于复,而阴起于姤也。

　坤当无极之数,乾为有象之祖。阴为阳母,自然而生男,故后天以中孚生复也。阳为阴父,相感而生女,故后天以咸生姤也。此

明《先天图》复姤生于乾坤而为小父母也。尝试论之,极至也,中
也,理以中为至。太极者,大中之谓也。谓太极为无,偏系于无,非
中也。谓太极为有,偏系于有,非中也。知虚即气,然后知太极。
太极一也,指一为虚,气实存焉。太虚之外,宁复有气,指一为气,
气犹潜焉。太虚之中,初未见气,即气即虚,非一非二。故太极者,
兼包有无,不倚动静,其元之元软?静则见虚,动则见气。气动为
阳,静复为阴。气静为阴,动复为阳。动静密庸,间不容发。偏而
各倚,一则为二。中而相通,二乃为一。有偏有中,象则三矣。有
二有一,数则三矣。是故太极元气,函三为一也。天下之理,有一
必有二,有二必有三,故三为一之真数。一然后能三,三然后能一,
故三为一之用数。有上有下乃有上下之中,有内有外乃有内外之
中。若各执一偏,不相为用,是不知二也,何自而能一乎?万古之
日,一岁之日是也。万古之物,一岁之物是也。今以万古为一岁,
而以一岁观太极,则至理昭然矣。无极之前,阴含阳也,坤则主之,
其冬至之时乎?静极而动,动而生阳。自复至乾,动极而静始,在
天正中阴又生焉。有象之后,阳分阴也,乾则主之,其夏至之时乎?
动极而静,静而生阴。自姤至坤,静极而动始,在地正中阳又生焉。
由静之动以阴役阳,自复至同人而中,阴阳适半,物乃滋焉。由动
之静,以阳役阴。自姤至师而中,阳阴适半,物乃成焉。南北,阴阳
之偏也。在天地为中者,天地之所合也。东西,天地之偏也。在阴
阳为中者,阴阳之所合也。天地不合则不一,不一则二气不生。阴
阳不合则不一,不一则万物不遂。故冬至为子中,夏至为午中,子
午不同而中同。春分为卯中,秋分为酉中,卯酉不同而中同。乃知
二之未尝无三,中之未尝非一也。惟是因象立数,各有指义。始若
不同,终归一致。《归藏》首坤,以阴为一也。《周易》先乾,以阳为
一也。阴一阳二,阴为阳母也,故母孕长男而为复。阳一阴二,阳

为阴父也，故父生长女而为姤。二者不同，孔子通之。《系辞》曰：
"阖户之谓坤，辟户之谓乾。"坤先于乾，《归藏》义也。"天尊地卑，
乾坤定矣。"乾先于坤，《周易》义也。至于《序卦》："剥受之以复，
夬受之以姤。"阴阳迭用，混而为一也。由是言之，中无常然，当时
为是。是谓时中，曾非执一。明此者无适不当，昧此者无适而当。
伊尹躬耕有莘，终相汤而伐桀。仲尼历聘列国，及返鲁而著书。非
不一也，以由中也。比干谏纣剖心，微子去之。太公相周伐纣，伯
夷非焉。非执一也，以求中也。若夫杨氏为我，其极无君。墨氏兼
爱，其极无父。执一而偏者，若一而二。兼两而中者，若二而一。
故曰无三则无中，无中则无一也。道家者流有三一之说，心一，肾
一，脾一，三也。三者合而为用，一也。惜其立教乃不然尔。老子
之得一，孔子之致一，释氏之不二，皆一也。老子以无为一，释氏以
空为一，孔子以中为一。知始终各倚一偏，而中央通于上下也，则
吾道其优乎！

性非体不成，体非性不生，阳以阴为体，阴以阳为体。动者性
也，静者体也。在天则阳动而阴静，在地则阳静而阴动。性得体而
静，体随性而动，是以阳舒而阴疾也。

别而言之，天为阳，为动，为性。性者，用也。地为阴，为静，为
体。体者，质也。合而言之，天有阳亦有阴，有动亦有静，有性用亦
有体质。地有阴亦有阳，有静亦有动，有体质亦有性用。性非体不
成者，阳得阴而凝，虚赖实以立也。体非性不生者，阴待阳而发，实
从虚以出也。阴至坤而成体，乾之十二阳实托焉，故阳以阴为体。
复自坤出三十一变而夬，为春为夏，则阴以阳为用也。阳至乾而成
体，坤之十二阴实托焉，故阴以阳为体。姤自乾出三十一变而剥，
为秋为冬，则阳以阴为用也。以阴为体，以阳为用，在天则阳动而
阴静者，阳动而消阴也。以阳为体，以阴为用，在地则阳静而阴动

者,阴动而消阳也。此则阴阳各有体性也。性得体而静者,阳恋阴
也。阳主性而以阴为性之体,阴体静,故阳行舒迟也。体得性而动
者,阴恋阳也。阴主体而以阳为体之性,阳性动,故阴行疾速也。
此则阴为体阳为性也。是故阴阳不相离,虽交相为用而各有所
主也。

  阳不能独立,必得阴而后立,故阳以阴为基。阴不能自见,必
待阳而后见,故阴以阳为唱。阳知其始而享其成,阴效其法而终
其劳。

  动不得静而不止,故阳不能自立,阴为基而后立。隐不托显而
不彰,故阴不能自见,阳为唱而后见。阴阳虽相待,然见于天地间
者,无非一阳。阴则分之而已。阳一阴二,阳先阴后。一如形而二
如影,影则效形。先为父而后为子,子则代父。故阳知其始,阴效
其法,阴终其劳,阳享其成也。且阳生于子,一也。伏羲之复,文王
之坎,无非一也。阴生于午,二也。伏羲之姤,文王之离,无非二
也。阳中于卯,生也。伏羲之离,文王之震,无非生也。阴中于酉,
成也。伏羲之坎,文王之兑,无非成也。文王之八卦,坤居离兑之
间位乎未申,乾居兑坎之间位乎戌亥。居坎之前者有一未形,知大
始也。居离之后者应乎坎二,效其法也。居兑之前者作成万物,终
其劳也。居兑之后者据坤之位,享其成也。坤居西南,阴土也。艮
居东北,阳土也。坤为土,而物之作成正在未申者,阳将入地之时
也。艮亦为土,而物之滋生乃在寅卯者,阳已出地之时也。阳虽生
于子,实兆于亥,故十月荠麦生,西北为天门而乾居之。阴虽生于
午,实兆于巳,故四月靡草死,东南为地户而巽居之。以坤居未申
则乾宜居寅卯,乾不居震居之者,君不自为,长子代父也。以乾居
西北则坤宜居东南,坤不居巽居之者,臣不造始,长女代母也。以
天地之理推君臣父子夫妇之义,不亦昭然矣乎?

阳能知而阴不能知，阳能见而阴不能见也。能知能见者为有，故阳性有而阴性无也。阳有所不遍，而阴无所不遍也。阳有去，而阴常居也。无不遍而常居者为实，故阳体虚而阴体实也。

阳以神为性，阴以气为性。神者灵也，气者质也，故阳有知见而阴无知见。剖心于地，血在而知亡。抉眼于槃，睛存而见灭。是以月无光，假日以为光。魄无识，资魂以为识。所谓阳性有而阴性无者，非无也，可以谓之无也。阳以气为体，阴以形为体。气者虚也，形者实也。自用而言，实有不遍，虚无不周。实有消亡，虚无去住。若自体言，则气先尽而形常余，气内聚而形外包。所以光焰冷而灰炭存，华叶乾而根荄在，米粒小而秕粏大，果液少而苴滓多，故曰阳体虚而阴体实也。天地合而生人，兼乎阴阳之理。灵性者，天之神也。质性者，地之气也。灵性乃有知识见闻，质性仅分刚柔清浊。若见于气体之间，则气已散而骨不腐，形有具而气不周也。夫阴阳异用，体性殊科。滞有者偏于实，溺无者执于空。窃尝论之，阴阳之分有虚实明暗，在人则为动静语默。自夜言之，以照为明，明有限而暗无穷。自昼言之，以蔽为暗，暗有极而明无际。自虚言之，垒土为山，架木为室，实少而虚多。自实言之，凿户为牖，穴土为空，虚小而实大，或者曰："动有迹遁，静无边际。语可穷究，默难测窥。"我将曰："动无不之，静有所止。语行万世，默在一身。"盖天下之理，必有体用。体用之际，必有其中。所谓中者，当而已矣。执一非道，贯三为道，故曰一阴一阳之谓道，有阴有阳乃有中矣。惟是两端既立，势必相形。形而上之器则为道，形而下之道则为器。亦如阴阳本自不二，去人情之妄，循天理之诚，一以贯之，无非至当矣。夫人之所为学道者，最切莫若身。男女之爱，至情也。死生之别，至恨也。败棺破露，或见死者之形，则厌然而恶。然则平日之爱，非爱其形也，爱其使形者也。高堂阒寂，似闻死者之声，则惕然而惊。然则平日之爱，非爱其使形者也，爱其形也。谅以爱出妄，情非由诚性，随性变迁，初无定是。若乃窥窠之见如平生者，想也。想且然，况诚乎？故曰诚者，物之终始也，不诚无物。诚者，天下之实理。穷是理焉，可以学矣。

天地之本其起于中乎？是以乾坤屡变而不离乎中。

太极者，大中之气也。判为两仪，阳生地中，自子至巳而乾纯，阴生天中，自午至亥而坤纯。阴复生阳，阳复生阴，阴阳循环，万变无极，而常本乎中。盖阴者阳之基也，阳者阴之基也。由子而午，阳之时极矣，天方中焉，时虽极而道未极，故生阴以基阳，基成则阳复行也。由午而子，阴之时极矣，地方中焉，时虽极而道未极，故生阳以基阴，基成则阴复行也。天下之理，事不过则不济，物不过则不盛。圣人立事，仁义不能不偏，乾坤成物，阴阳不能不胜者，将以求其至也。惟合两为一，道本常中，所以变而能通，其用不穷。乾初至上六，阳已亢，用九而阴。姤则自八之七，自七之六，未有尽也。坤初至上六，阴已疑，用六而阳。复则自七之八，自八之九，未有尽也。是故极既训尽，亦又训中。物偏乎一，其极则尽，以其方而不还也。道通乎两，其极则中，以其圆而还也。所以阴阳各分十二，乾坤止用六爻，进六退六，六乃居中，在进为终，在退为始，昼之终者夜方始，夜之终者昼方始也。依乎中庸之人，不倚一偏。通乎昼夜之道而知一死生而不累，处吉凶而皆安。心之所存以正为胜者，知其无尽也。是故国移者未尝不戮，人死者不可复生；唐、虞虽禅而不灭，颜、冉虽夭而不亡也。

人居天地之中，心居人之中，日中则盛，月中则盈，故君子贵中也。

太极分为天地。在天地则为人，钟而生人，在人则为心。人者，天地之太极，故居天地之中，天地待之以为主，亦赖之以为用。

心者,人之太极,故居人之中,人待之以为主,亦赖之以为用。日中则盛,月中则盈,君子贵中,不亦宜乎? 天以午为中,地以子为中。阳以卯为中,阴以酉为中。日以正昼为中,月以望日为中。五行以土为中,六合以虚为中。其为中则同,其所以中则不同。故君子之中庸也,君子而时中,执中无权,犹执一也。

本一气也,生则为阳,消则为阴。故二者一而已矣,四者二而已矣,六者三而已矣,八者四而已矣。是以言天不言地,言君不言臣,言父不言子,言夫不言妇也。然天得地而万物生,君得臣而万化行,父得子、夫得妇而家道成,故有一则有二,有二则有四,有三则有六,有四则有八。

太极一气也,气生则进而为阳,消则退而为阴。故有一则有二也。有气必有形,亦有一则有二也。故有阴阳则有天地。阴阳者,气之二也。天地者,形之二也。气自子至午为升,自午至子为降,二而已矣。有地以限之。自子至寅地中升于地上者为阴中之阳,自卯至巳地上升于天中者为阳中之阳,自午至申天中降于地上者为阳中之阴,自酉至亥地上降于地中者为阴中之阴,故有二则有四也。三者,天之用也。阳之生也,自少至中,自中至老。阴之生也,亦自少至中,自中至老。所以天用三画,地用三画,有三则有六也。四者,地之体也。形有四方,气有四时,所以天有四卦,地有四卦,有四则有八也。二者一而已者,二气本一元也。四者二而已者,四象本二气也。六者三而已者,阴无用,托阳以为用,阴阳同一用也。八者四而已者,天无体,托地以为体,天地同一体也。一不分两则不立,故偶数为体。两不合一则不通,故奇数为用。体分乎两,用合乎一,故曰:"两不立则一不形,一不见则两之用息。"

有意必有言,有言必有象,有象必有数。数立则象生,象生则言著彰,言著彰则意显。象数,则筌蹄也。言意,则鱼兔也。得鱼兔而忘筌蹄可也，舍筌蹄而求鱼兔则未见其得也。

因有意以至有数，谓作《易》之初也。因数立以至意显，谓成书之后也。发于心者为意，发于口者为言。健顺动止陷丽说入，凡可言者，皆象也。既有其象，则一二三四五六七八，其数可数矣，是故《易》起于数也。太极肇分，十数斯具。天五地五各以一而变四，其二无体，所存者八。有天而地效之，所谓八者四而已。故卦止于八而象止于四也。由四象八卦衍而推之至于千万亿兆，当此数者，必具此象，有此象者，必应此数，大而天地，小而鳞介，毫厘不差，吐于口者可得而言扬，得于心者可得而意会，此《易》之所以画也。昔伏羲作十言之训，曰乾坤坎离艮震巽兑消息，更三圣人无出乎此者，以象数有定不可增亏故也。由言而得意焉，鱼兔既获筌蹄可忘，故雍谓先天之学为心法也。

天变而人效之，故元亨利贞，《易》之变也。人行而天应之，故吉凶悔吝，《易》之应也。以元亨为变，则利贞为应。以吉凶为应，则悔吝为变。元则吉，吉则利应之。亨则凶，凶则应之以贞。悔则吉，吝则凶，是以变中有应，应中有变也。变中之应，天道也，故元为变则亨应之，利为变则应之以贞。应中之变，人事也，故变则凶应则吉，变则吝应则悔也。悔者吉之先，而吝者凶之本，是以君子从天，不从人。

《观物》之书衍四象，四象即四德，故此二节可以推《内篇》述作之大体。元亨利贞在天为春夏秋冬，气之四变也，在人为仁义礼智，德之四变也。天变而人效之，故为《易》之变也。吉凶悔吝因人事之是非天报之以祸福，人行而天应之，故为《易》之应也。合而言之如此，若别而言之，则变中自有变应，故以元亨为变则利贞为应，天之变应也；应中亦自有变应，故以吉凶为应则悔吝为变，人之变应也。元有吉之道，不成不已，故秋则利应之。亨有凶之道，盛极则衰。虽天不免,惟归根复命,应之以贞而已。此变中有应,天之道也。既曰"元则吉,吉则利应之,亨则凶,凶则应之以贞",又曰"元为变则亨应之,利为变则应之以贞"者,或以元亨为变利贞为应,则生成之次也;或以元利为变亨贞为应,则奇偶之次也。盖元则吉,以亨为吉也,故利应之;亨则凶,以利为凶也,故应之以贞。自贞反元,衰而复盛也,故元为变则亨为应。由亨得利,盛而必衰也,故利为变则贞为应。以理求之,斯无碍矣。本凶也,能悔则变吉。宜悔也,致吝则变凶。因悔吝以生吉凶,此应中有变,人之事也。是故变则为凶,我能应之则吉,变则为吝,我能应之则悔。又以凶吝皆为变,吉悔皆为应者,教人以避凶趋吉之道也。悔者吉之先,吝者凶之本。人有悔吝异情,故吉凶殊应。不若天道无心,一切守贞,则无非吉也。故曰:"吉凶者,贞胜者也。"是以君子从天,不从人也。

　　元者,春也,仁也。春者时之始,仁者德之长。时则未盛而德足以长人,故言德不言时。亨者,夏也,礼也。夏者时之盛,礼者德之文。盛则必衰而文不足救之,故言时不言德,故曰大哉乾元而上九有悔也。利者,秋也,义也。秋者时之成,义者德之方。万物方成而获利,义者不通于利,故言时不言德也。贞者,冬也,智也。冬者时之末,智者德之衰。贞则吉,不贞则凶,故言德而不言时也,故曰利贞者性情也。

　　春冬,言德不言时。秋夏,言时不言德。春冬近本,故东北为山,藏用以崇德。夏秋近末,故西南为地,显仁以致用。乾元,春也,故曰大哉。上九,夏也,故曰有悔。利为情而贞为性,秋为利而冬为贞也。

　　道生天,天生地。

　　虚者,道之体。神者,道之用。神者诚也,诚则有精,精则神。

变化自然,莫知其然。故道生天者,太虚之中,自然氤氲而神生气也。天生地者,大象之中,类聚交感而气生质也。

及其功成而身退,故子继父禅,是以乾退一位也。

阳者一也,阴者二也。阳为天,阴为地。乾知太始,有一未形,故道生天。阳生阴,故天生地。道生天地,功成无为。长子代父用事于震,乾退一位而居亥者,有一未形无为之地也。天即是乾,乾即是道。子继父禅,即父之体非一非二也。故《易》言虚不言无,言密不言空。

象起于形,数起于质,名起于言,意起于用。天下之数出于理,违乎理则入于术。世人以数而入术,故失于理也。

象以拟天下之形,数以定天下之质,名以出天下之言,意以尽天下之用,谓《易》之象数名意也。理者,自然也。数出于理,道法自然也。如圆者围三径一,方者围四径一。天圆,故以一起以三为用。地方,故以一起以四成体。皆理之自然也。术者但明其数而已。不知其所以然者,理也。三连六断,中虚中满,仰盂覆碗,上缺下断,象也。天地日月雷风山泽,形也。一二三四五六七八,数也。健顺动止丽陷说入,质也。乾坎艮震巽离坤兑,名也。乘承应比悔吝进退,意也。言见乎文,用见于事也。气聚为象,凝则为形。道运为数,布则为质。形丽于实,质近乎虚也。

天下之事,皆以道致之则休戚不能至矣。

道者天理之公,休戚者人情之私也。天下之事,苟任天理之公,则吉凶以贞胜,动无非利,得丧以命处,居无非安,何休戚能累其心哉?故君子无入而不自得也。

天可以理尽而不可以形尽。浑天之术以形尽天,可乎?

理者太虚之实义,孔子所谓"诚",释氏所谓"实际",道家所谓"天真自然"。自然者,原其始。实际者,要其终。诚者,始终若一,举其中也。诚者实也,气数神用之所起也,在气数为命,在神用为性,而理行乎其间矣。神无尽,理亦无尽,气数疑若有尽,然大气大数合乎一。四旁上下,气不可尽也。沟涧正载,数不可尽也。天以辰为体,无物之一气也。与太虚相为无极,故天不可尽也。实者有限,虚者无穷。神理不可尽者,以虚而已。圣人曰穷神穷理云者,自我穷之得其极至则为可尽也。欲尽天者,亦当如穷神焉,以理索其至而已。康节曰:“天之大,阴阳尽之矣。”盖天虽无穷,而不过阴阳二端,此可以理尽者也。若邹衍之流,有九州之外自有九州之说,是欲以形尽天,比浑天之术尤为荒唐之论也。

精义入神,以致用也。不精义则不能入神,不能入神则不能致用。

惟至诚为能生精,惟至精为能生神。此生出之本,有至理在其间,然不过乎专一而已。精义入神,不知所以然而然,故能致用也。津人操舟,偻者承蜩,庖丁解牛,轮扁斫轮,皆入神致用之义。在孟子,则曰:“为仁在熟之而已。”精则熟,熟则妙。天下之事欲进乎神者,要在于熟。无他,巧也。

为治之道必通其变,不可以胶柱,犹春之时不可行冬之令也。

春夏秋冬,皇帝王伯,道德功力,体分乎四,用归于一。变而能通,《易》之义也。

自然而然不得而更者,内象、内数也,他皆外象、外数也。

先天阴阳二图,内象、内数也。先后有伦,变之则乱,盖自然而然不得而更也。其他象数,则变易无常。后天之易,孔子序之,惟以理为次者,内象、内数立体之经,外象、外数应用之变也。故三易屡更,先天不易。

天道之变,王道之权也。

天道有变,不失其常。王道有权,不乱其经。经常者,自然之理,简易之道也。天道不过乎阴阳,王道不过乎仁义。

卦各有性有体,然皆不离乾坤之门,如万物受性于天而各为其性也。其在人则为人之性,在禽兽则为禽兽之性,在草木则为草木之性。

太极之虚为乾坤之性,太极之气为乾坤之体。太极一也。有动有静,是为阴阳,是为柔刚。乾坤既分,性体斯辨。凡卦之性体虽各不同,然万变不过乎两端,两端同归于一致者,以诸卦生于乾坤,乾坤本于太极,犹人物之性不同而皆出乎天也。天为一,灵性也。地为二,气性也。人为三,种性也。数极于三,万类斯判,故论灵性则无不同,论气性则有不同,至于种性则物各一类,万万不同矣。人有人之性,禽兽有禽兽之性,草木有草木之性者,气性质性也。人之性人人各不同,禽兽草木之性物物各不同者,习性种性也。所谓天性则一而已。虎狼有父子之仁,蝼蚁有君臣之义。虽植物无知而性质顺成不异于人者,至理无二故也。

天以气为主,体为次。地以体为主,气为次。在天在地者亦如之。

天以体为次,故天辰不见。地以气为次,故地火常潜。凡在天者以用为本,故成象,在地者以体为本,故成形。动物属天,亦以气为主。植物属地,亦以体为主。

气则养性,性则乘气。故气存则性存,性动则气动也。

太极者,太虚也。太虚之神用,降而在人则为诚性。太极之中和,降而在人则为道气。人存其诚性以养其道气,则神御气,气载神,神气不离,当与太极并存,不随有物俱尽。此圣人之死曰神,死而不亡之寿也。常人运动皆由血气。血气者,金木从火水而生,魂魄假精神而生,客气也。客岂能久乎? 其生也,志为气役,主为客胜,性已失矣。客气既尽,性安得独存耶?

尧之前，先天也。尧之后，后天也。后天乃效法耳。

一阳生于子，至巳而成乾，天之象立矣。自午之后阴生消阳，至亥而成坤。凡阴所为，皆效阳而法之，观《先天图》即可见矣。故曰："成象之谓乾，效法之谓坤。"自有一以来，以元会运世推之，尧适当乎己未，尧之前每事皆先天而造之。三代之后，制作云为，无非效法之事。是故先天取四象者，虚中待用，用之在人，先天而天弗违也。后天取五行者，中亦实矣。虽人事，亦由乎天命，后天而奉天时也。故先天事业，非大圣人不能为也。子云曰"法始乎伏羲"，其开物之初乎？"成乎尧"，其先天之极乎？所以十三卦始于离而终于夬也。

卷八　观物外篇下之中

天之象数，则可得而推，如其神用，则不可得而测也。

实则有尽，虚则无穷。神用不可测者，太虚之变化也。是故象数推天有时不验，圣人不贵乎术独重乎理者，盖以此也。故雍谓天可以理尽不可以形尽，而后天之用以理为宗。

自然而然者天也，唯圣人能索之。效法者人也，若时行时止，虽人也亦天也。

自然者，理也。理之所至，混然自成，不知所以然而然者，天造也。欲知其所以然者，由穷理而始。唯圣人能索之者，穷理之至，所谓"穷神知化，德之盛也"。穷理者，犹在致知之域，我与理异。至于穷神知化，自非体之者有不能焉，与理一也。时行时止者，委身于理，私意无与焉。故行止虽人所为而实同乎天者，天行也。

生者性，天也。成者形，地也。

生者性天，真气灵性也。成者形地，血气体质也。真气灵性虽藉血气体质而行，亦因血气体质而乱。君子贵反本者，合二归一也。

日入地中,交精之象。

日入地中,有男女之象,无情欲之私。男女合,精血交而后生人,故天有八象,地有八象,人有十六象。惟人备天下之美。既有美焉,则近乎末流矣。声色臭味,味最为末者,阴之极也。是以人能天地之所不能,而亦不能天地之所能。裁成辅相虽由才智,而行变乱残贼亦自巧诈而始,故曰:"甚美必有甚恶。"识者寡嗜欲薄滋味,反本之道也。

体四而变六,兼神与气也。气变必六,故三百六十也。

体者,在天为四时,在地为四维,在人为四支。神则太虚,气则太和也。神者太虚之灵,其光为血气者,太和之发其液为精。四体者,神气所自成而复寓其间以致用,故六也。先生曰:"阳行一阴行二,一主天二主地,天行六地行四,四主形六主气。"是三百六十日者气变必六,运行之数也。二百五十六位者体变则四,生物之数也。

凡事为之极,几十之七则可止矣。盖夏至之日止于六十,兼之以晨昏分,可辨色矣,庶几乎十之七也。

天数五,地数五,合之而十,天包乎地得数之全体。四用二,合之而六,故气以六变而交画象之。余分侵地不过乎七,故岁有闰余,昼极七分而著数法之也。以一岁而言,冬三分不用,以一日而言,夜三分不用,皆以存本也。存本不用,用乃不穷,故人作事不可尽,常留十之三可也。若为之极,后来不可复措手矣。秦之虐,隋之奢,皆用之而尽者也。

《图》虽无文,吾终日言未尝离乎是,盖天地万物之理尽在其中矣。

先天八卦之图圆者为天,方者为地,体分乎两,用合乎一,天地万物之理尽在其中。仁者见之谓之仁,智者见之谓之智。见有限,理无穷,宜终身玩之而不厌也。

气一而已,主之者乾也。神亦一而已,乘气而变化,出入于有无死生之间,无方而不测者也。

乾者天德,一气之主也。分而禀之,有万不同,皆原于一而返于一。天德者,诚也。至诚不息,则不为死生间断。刚健粹精,有气之用,无气之累,故能载神而与之俱也。神者太虚之灵,在乎有物之先,当为一而应乎次。二者以虚,必寓实而显仁,神亦乘气而变化也。古之事神者,设木主,立尸祝,置巫觋,皆以托其虚也。惟其变化不测,出入于有无生死之间不为实之所碍,是之谓神。凡人皆有神而不能自神者,为实之所碍尔。惟至诚存心者,其心虚明,有心之用,无心之累,不累于物,乃能如神。

不知乾,无以知性命之理。

元亨利贞,循环无端。立本则一,应用则四,以至六爻旁通,有万不同,其实复归于一。此性命之理也,在释氏为圆,在老氏为真,在吾儒为诚,君子自强不息,所以体也。

时然后言,乃应变而言,言不在我也。

应变而言,言不在我,谓之无言可也。孔子与门弟子言皆随其人资质而应答,未尝有心也。不谓之天,可乎?

仁配天地谓之人。唯仁者,真可以谓之人矣。

数成于三,三者真数。应其数者,天地人是也,故人为天地之配。或问管仲,曰:"人也。"以其九合诸侯,一匡天下,有仁者之功,可以配天地也。若下管仲者,是物而已。或曰:"才力有分,遇合有数,安得人人为管仲之功乎?"曰:"仲尼之徒,羞称管晏。君子所以配天地或在此,不在彼也。"故曰:"富贵不能淫,贫贱不能移,威武不能屈,此之谓大丈夫。"

生而成,成而生,《易》之道也。

生而成,成而生者,生生不穷也。达人以死生为夜旦之常者,知此而已。《易》曰:"通乎昼夜之道而知。"此理人皆能言,实知者鲜。故曰"朝闻道,夕死可矣"为"闻而知之者"言也。

气者,神之宅也。体者,气之宅也。

地以体为体而宅气,天以气为体而宅神。太虚无体,神自生焉。故君子贵虚心。虚非无也。《易》所谓"天地氤氲",老子所谓"绵绵若存",子思所谓"喜怒哀乐之未发谓之中",孟子所谓"诚者天之道"。虚即气,气即虚。虚者气之未聚,有气之用无气之累者也。

天六地四。天以气为质而以神为神,地以质为质而以气为神,唯人兼乎万物而为万物之灵。如禽兽之声,以其类而各能其一。无所不能者人也,推之他事亦莫不然。唯人得天地日月交之用,他类则不能也。人之生,真可谓之贵矣,天地与其贵而不自贵,是悖天地之理,不祥莫大焉。

三天两地者,天地用数也。以十数之,天得六,地得四,天地分乎太极之数也。乾之策二百一十六者,三十六而六之也。坤之策百四十有四者,三十六而四之也。乾坤分乎一期之数,亦天六地四也。四者,四体也。六者,兼神与气也。先生曰"天行六,地行四,四主形,六主气",是也。天以气为质,以神为神,是天无质也,故能动不能静。地以质为质,以气为神,是地无神也,故能静不能动。惟人备乎神气质,故兼天下之能而为万物之灵也。太极之数一而包五,天有五星,地有五行,故声有五音。禽兽禀气之偏各得其一,如牛鸣中宫、雉鸣中角之类。惟人备五行,得天地日月交之用,故独异乎物而为至贵也。

灯之明暗之境,日月之象也。

灯之所照，前明则后暗，不能如烛之四照，若日月之代明也。或曰，灯所以照处明，不照处暗，如月之借明于日也。

月者日之影也，情者性之影也。心性而胆情，性神而情鬼。

影者形之阴，因形而有，不能免也。影必托明而见，阴不能自见也。日者天之阳魂，月阴魄也。性者人之阳魂，情亦阴魄也。月借日以明，过则食日。情因性而生，过则乱性。性情皆虚，寓之于形，则心为性，神灵之主也，胆为情，血气之使也。神本于虚，鬼近于物，故性神而情鬼。无心者为神，有情者为鬼。情一也，喜怒爱恶，又有邪正焉。正者犹为鬼之神，不正者斯为鬼之物矣。

心为太极，又曰道为太极。

蓍合一握四十九之未分，是谓《易》有太极。太极者，太一也。包含万有于其中，故曰道为太极。在人则心为太极。太极不动，应万变而常中乃能如天，故揲蓍必挂一也。

形可分，神不可分。

可分者不能分，不可分者能分，犹可变者不能变，不可变者能变也。神者形之用，形者神之体。神寓于形，形有殊而神则一，故一体动而四支应者，神本一故也。人能体神致一则万物应感，如同一形，故曰"至诚如神"，又曰"不疾而速，不行而至"。神为主则能一，形为主则不一。众人以形为主，物为之累，安能体神而致一乎？

阴事大半，盖阳一而阴二也。

阳一阴二者，阴分阳也。虽阳少阴多，而阴小阳大，阴之二不能敌阳之一，阴二则缺阳，全则三也。是故奇画少而致用多，偶画多而致用少。天地心肾与夫支干之理，可以见矣。昔关子明言"善人少，恶人多，暗主众，明主寡"，亦阴事大半之义，皆论体数者也。若用数则不然，是天地之数五十有五，地数本多于天。圣人作《易》三天两地倚正数而立之，以大包小以阳役阴，小人虽多不能以众而胜,至于黎民于变皆化乎阳,则复合于一矣。

冬至之后为呼,夏至之后为吸,此天地一岁之呼吸也。

冬至之后阳长阴消,舒万物以出,故为呼。夏至之后阴长阳消,敛万物以入,故为吸。若自日言,则子以后为呼,午以后为吸。天之一年、一日,仅如人之一息,是以一元之数十二万九千六百年,在大化中为一年而已。

以物喜物,以物悲物,此发而中节者也。

发而中节者无心,善应天之公理,非人之私情也。不诚者无物,至诚者无我,故曰万物皆备于我。反身而诚,乐莫大焉。人能无我,则七情应感而和,无入不自得,无适而非乐也。盖悲愁忧怒,不累其心。心之所存者,诚理真乐而已。

不我物,则能物物。

天之所以大者,以其体物而无私。人若有我,则我亦一物尔,安能物物?是故有我者不能我我,无我则我自我矣。故物者不能物物,体物则物自物矣。无我而体物则万物皆备于我,我大而物小矣。故曰:"惟天为大,惟尧则之。"

任我则情,情则蔽,蔽则昏矣。因物则性,性则神,神则明矣。潜天潜地,不行而至,不为阴阳所摄者,神也。

任我者一人之私意,因物者天下之公理。私者情也,情则血气之欲。公者性也,性者精神之灵。人心为政,血气不能乱之,则精神内守,反乎性原,其中虚明,神而灵矣。潜天潜地,不行而至,不为阴阳所摄者,御气而不恃于气故也。是故龙之变化,触石如虚,行空如实,亦可谓神矣。犹为阴阳所制者,以其恃于气也。知夔蜓蛇风心目相怜之理,则可以知神矣。

天之蘖,十之一犹可违;人之蘖,十之九不可逭。

天之蘖,数也;人之蘖,理也。理之所至,无可逃者。数亦由理而生,而有逆顺。循理之顺者,可以回数之逆,天人之分也。循理之顺可以回数之逆者,天地大数本顺,其逆乃细数之纷纭错乱者尔。观先天与卦气二图可以见矣。如人脉息,初本有常,至于错乱,或自为之增损也。十之一、十之九者,十尊之中由天者一、由人者九,言自取者众也。

先天之学,心也;后天之学,迹也;出入有无死生者,道也。

先天造物之初,由心出迹之学也。后天生物之后,因迹求心之学也。心虚而神,道亦虚而神。能出入于有无死生、在先天之初不为无、在后天之后不为有者,迹不能碍本,无间断故也。

神无所在,无所不在。至人与他心通者,以其本于一也。

形可分,神不可分。以其不可分,故未尝不一。天下无二心者,亦以本一而已。本一而不能一者,形为之累,物或碍之也。至人与他心通者,其心虚明,形不能碍,尽诚之极,体物之至也。《记》曰:"天降时雨,山川出云。着欲将至,有开必先。"凡人吉凶祸福或得之梦寐,或见之证兆,有知先觉焉者,神之灵也。人心皆有神灵,多为血气外物所昏,如鉴之蒙垢,己则先暗,何以照人?

道与一,神之强名也。以神为神者,至言也。

鬼者死之名也,神者通乎生死之称。圣人曰:神人之学至于神者,不死之学也。神者,道与一之妙用也。

身,地也,本静。所以能动者,血气使之然也。

血气者,阳气也,神气也。所谓既生阳为魂者,魂气归天,虽有死魄,无能为矣。此地之质也。故植物亦有气而不能动者,阴之气、地之类也。

生生长类,天地成功。别生分类,圣人成能。

太极生两仪,两仪生四象,四象生八卦,生生也。一卦分八卦以至于六十四卦,一卦分六爻以至于三百八十四爻,衍而长之,以至万有一千五百二十策,长类也。由一气之变化,天地之所以生也,故曰天地成功。若夫别其生,分其类,使贵贱履位,贤不肖袭情,禽兽草木虫鱼各安其生,魑魅魍魉鬼神不出其灵怪者,由一理之经纶,圣人之所以治也,故曰圣人成能。

以物观物,性也;以我观物,情也。性公而明,情偏而暗。

性情,本一类也。性得于有生之初,近乎天理之诚,情见于有欲之后,杂乎人为之伪,本末之异也。返乎一则用无非善,杂于二则有善有恶。若没于下流,则无非恶矣。

阳主辟而出,阴主翕而入。

阳之辟而出也,震以长之,乾以分之,观春夏而可见矣。阴之翕而入也,巽以消之,坤以翕之,观秋冬而可见矣。

日在于水则生,离则死,交与不交之谓也。

日在子以后为升则向生,午以后为降则向死。故人当保精,精全乃神王。坎离不交则天地之道否,而阴阳之功息矣。

阴对阳为二,然阳来则生,阳去则死,天地万物生死主于阳则归之于一也。

阴者道之体,阳者道之用。体常存以待用,故阳来则有用而生,阳去则无用而死。天下之物归乎用,故以阳为主也。阳对阴为二,如君之有臣,夫之有妇,天之有地,名虽并立,势不相亢,所以乾九坤六,阳能兼阴,阴不得兼阳。圣人三天两地而倚数,盖因自然之理而反二归一也。

神无方而性有质。

神依于气,性依于质。故气清则神清,昏则神昏。质明则性明,暗则性暗。曰神无方者,主神而言也。性有质者,主受性者言之也。谓性为万物之一原者,以性为神,在命之先也。谓性为有质者,以质为性,在命之后也。性正如精神,有精而后有神,有命而后有性。此世人所共知,后天之学也。

发于性则见于情,发于情则见于色,以类而应也。

发乎性者,内心起也。内心起则血气应之,故见于情。血气动于中,颜色见于面,不得而隐也。惟大奸大圣,颜色不能尽其心。

以天地生万物,则以万物为万物,以道生天地,则天地亦万物也。

道生天地者,太极生两仪也。天地者,大物也。万物皆为天地之体,合天地之间一物而已。人能体物,则如天地也。

人之贵兼乎万物,自重而得其贵,所以能用万类。

天一地二人三,合一与二为三,故人当虚位,天地之用也,能兼天地之能而为天地之用也。凡万物之类有肖乎天者,有肖乎地者,人而兼之,不亦贵乎? 不知自重,终同一物。

凡人之善恶形于言,发于行,人始得而知之。但萌诸心,发于虑,鬼神已得而知之矣。此君子所以慎独也。

天奥西北,地奥黄泉,人奥思虑,皆幽隐难知之处。而太始之初有一未形,乾已知之,况萌于象数乎? 惟未发于言行者未见于形,非得一而虚明者不能知焉,故惟鬼神知之。神者先觉,彼不得而遁藏也。圣人亦如神,然废心任诚、不逆诈、不亿、不信,所以尧试鲧而周公用管、蔡也。

气变而形化。

气变于天则形化于地,观四时之运可知之矣。人之少壮老死,形亦随气而变。圣人以仁义礼乐养人之精神血气,而容止进退至于可观者,亦气变而形化也。

人之类,备乎万物之性。

人备万物之性,故备万物之能,以其禀太极中气、灵于万物故也。

　　人之神则天地之神，人之自欺，所以欺天地，可不戒哉？

　　神一而已，人之神即天地之神也。人为外物所蔽，不能得一，是以彼此之间不相知。天地虚明，不用耳目而无不见闻。人自欺即是欺天地，天地已知之矣。

　　人之畏鬼亦犹鬼之畏人，人积善而阳多，鬼亦畏之矣；积恶而阴多，鬼不畏之矣。大人者与鬼神合其吉凶，夫何畏之有？

　　人与鬼幽明之分不同，理一而已。故曰"未能事人，焉能事鬼"。

　　至理之学，非至诚则不至。物理之学，或有所不通，不可以强通，强通则有我，有我则失理而下入于术矣。

　　穷神知化，非口耳之学所能，当由至诚不息，躬造其境，然后实有所见。至诚者，心学也。强通者非造理而窜，有我者非循天之理。术者外学也，理者内学也。

　　心一而不分，则能应万物。此君子所以虚心而不动也。

　　心之神其体本虚，不可分也。随物而起，泥物而著，心始实而分矣。今人心专一于事物者，邪正各有所至，惟不能致虚，故不能应万变也。一于实者是精，一于虚者是神。用志不分，乃凝于神。

　　圣人利物而无我。

　　圣人利物而无我，众人有我而害物。公私一判，末如霄壤。

　　明则有日月，幽则有鬼神。

　　日月照其面目，不愧于人，可乎？鬼神伺其心意，不畏于天，可乎？

　　夫圣人六经，浑然无迹，如天道焉。《春秋》录实事，而善恶形于其中矣。

　　《春秋》书实事而善恶自见，此之谓天理之自然而非一人之私意也。后世之史善恶不明者以文而失实，不然则有私意存乎其间，如马迁、班固，皆随所好恶发愤而生褒贬，况其他乎？

中庸之法，自中者天也，自外者人也。

自中者天，诚也。自外者人，思诚也。

韵法，辟翕者律天，清浊者吕地。先闭后开者，春也。纯开者，夏也。先开后闭者，秋也。冬则闭而无声。东为春声，阳为夏声，此见作韵者亦有所至也。衔凡，冬声也。

声色臭味皆物之精英，发乎外者也。声为阳，色为阴。臭为阳，味为阴。而各具四时之四变，则十六之数也。物有声而不通变，惟人之灵则通之。康节以声音各十六等推万物之数。元会运世者气之数，故以推天地。律吕者声之数，故以推万物。二者一理而已。声音律吕，其别何也？单出为声，一之倡也，故为律而属天；杂比为音，二之和也，故为吕而属地。声以字为主，字有平上去入四声，有轻有重则清浊也。音以响为主，响有开发收闭四音，有抑有扬则辟翕也。声者体也，音者用也。天统乎体，地分乎用。以律唱吕，因平上去入之声而见辟翕之音者，因体生用也，故辟翕为律天。以吕和律，因开发收闭之音而见清浊之声者，因用生体也，故清浊为吕地也。东为春声，阳为夏声，衔凡为冬声，则揪收者秋声也。东附于冬，不为冬声，何也？经世有二元，起于冬至者天之元也，行于春分者物之元也。是故四序之冬、五音之宫、六律之黄钟，方皆属北者，冬至之元、体之所起也；声皆附东者，春分之元、用之所行也。故知作韵者，亦有所见也。

寂然不动，反本复静，坤之时也。感而遂通天下之故，阳动于中，间不容发，复之义也。

此明《先天图》以复次坤之义也。坤反本复静在一年则十月，在一元则太极未动之际。阳动于中而为复，在一日则子中，在一年则冬至，在一元则太极生阳之始。欲观万古者，一年是也。夫太极不动有一未形,其在先天坤之时也。文王置乾于西北,而曰"乾知大始"者,以乾为宗,明后天之用也。是故太极虽虚,其中有信,应感而动,间不容发,若指坤为空与无,恐失之矣。所以文王既以乾知大始,又以坎居北方,而卦气起于中孚。《太玄》始于中首者,皆以更相发明,虑后世之溺于空而蔽于无也。

不见动而动,妄也,动乎否之时是也。见动而动则为无妄。然所以有灾者,阳微而无应也。有应而动,则为益矣。

无妄震体,见动而动也,故为无妄。震体之动者,初九也。无应则为无妄,四未变也;有应则为益,四之变也。武王观兵孟津,诸侯不期而会者八百,可谓有应矣,犹还师焉。圣人之动,其谨如此。《杂卦》曰:"无妄,灾也。"

精气为物,形也;游魂为变,神也。又曰,精气为物体也,游魂为变用也。

形者体也,神者用也。言精气则知游魂为神气,言为物则知为变者性也。言游魂则知精气为沈魄,言为变则知为物者常也。

君子之学,以润身为本。其治人应物,皆余事也。

人之学当从根本中来。润身者,根本也。

划割者,才力也。明辨者,智识也。宽洪者,德器也。三者不可阙一。

三者,亦知仁勇也。

无德者责人怨人,易满,满则止也。

责人以严,待己以恕,贫贱则怨,富贵则骄,皆易满也。

能循天理动者,造化在我也。

尧舜之为政,孔子之行己,所谓循天理而动也。造化安得不在我乎,故天能使唐虞之亡,尧舜能使世之不乱;天能使周之不兴,孔子能使道之不丧。天自行其天,人自行其人,此之谓造化在我。

学不际天人，不足谓之学。

近世之学，以高明、中庸为两端，故天人间断而不一。

人必有德器，然后喜怒皆不妄。为卿相，为匹夫，以至学问高天下，亦若无有也。

坎为险，可以见城府，则坤为腹可以想德器矣。养气者所以长德器也，无德器则喜怒轻，轻则多妄。

得天理者，不独润身，亦能润心。不独润心，至于性命亦润。

天理者学之正位，得正位则有真乐。真乐不间于生死，故性命亦润。

历不能无差。今之学历者，但知历法，不知历理。能布算者，落下闳也。能推步者，甘公、石公也。落下闳但知历法，扬雄知历法，又知历理。

历理者，依天地日月变化自然之数之用以置法，如颛帝《四分历》以立体，《太初》八十一分以求闰，是也。古人有三百年改宪之说，盖历不能无差也。

颜子"不迁怒，不贰过"皆情也，非性也。不至于性命，不足谓之好学。

怒与过，情也。不迁怒，不贰过，制情也。制情，亦情也，制情求以复性也。"陋巷、箪瓢、不改其乐"，非有得于性命则不能也。故康节又言"学不至于乐，不可谓之学"，孟子曰"礼义之悦我心犹刍豢之悦我口"，此暂悦而已。深造自得，而后至于乐。

扬雄作《玄》，可谓"见天地之心"者也。

《易》于复言"见天地之心"，于大壮言"见天地之情"。一阳动于坤下者，复也，其萌于思虑之初乎？一阳动于乾上者大壮也，其发于颜色之际乎？然则天地之性何所见？一阳初动，为心则万虑俱寂，为性当系坤之时矣。盖坤者寂然不动，性也；复者感而遂通，心也；大壮则万物相见，情也。所谓性者，乃真心不动之处。逐物者心包络之血气，妄心也。真心者君火，性之神用也。妄心者相火，血气之役使也。子云《太玄》始于中首，可谓知真心矣。冬至之卦复也，起于中孚，七日而复应焉。真心非空然无物，老氏所谓"其中有信"，吾儒之"诚"也。是故真心者，性之正觉也。以为有而常虚，以为无而善应。复则初念，去本为未远，可以推见真心者也。

《易》无体也，曰"既有典常"，则是有体也。恐遂以为有体，故曰"不可为典要"。既有典常，常也。不可为典要，变也。

谓之《易》者，本取其变也。惟有常乃能变，无常则纷乱，何能变乎？盖《易》本于地上之数，地上之数起于二，一阴一阳往来错综，以至千万亿兆而未尝纷乱，故不穷也。《易》者二也，必有不易之者则一也。会二归一，其太极乎？故天运四时，北极不转，圣应万变，中心不摇。

庄周雄辩，数千年一人而已。如庖丁解牛曰"踟蹰"、"四顾"，孔子观吕梁之水，曰"蹈水之道无私"，皆至理之言也。

蹈水之论，有是理而世无其人，则形为之碍也。鸟翔空如实，鱼泳水若虚，故知蹈水有此理。

夫《易》者，圣人长君子消小人之具也。及其长也，辟之于未然。及其消也，阖之于未然。一消一长，一辟一阖，浑浑然无迹。非天下之至神，其孰能与于此？

天不能无阴阳，人不能无小人君子。阴阳顺而相济则物成，君子小人顺而相养则世治。是故无性非善，无事非利，无动非吉，无适非乐，此致一之论也。惟阴阳有攻取之性，逆顺不能相无，而两不能合一，故阴常病阳，小人常害君子。圣人作《易》，有长君子消小人之道存焉，所以裁成辅相也。辟阖皆于未然，消长必防其渐。

长阳消阴,浑然无迹。至于黎民于变,比屋可封,则至一之极也。古之用《易》者,非尧舜孰能当之?

　　大过,本末弱也。必有大德大位,然后可救。常分有可过者,有不可过者。大德大位,可过者也,伊周其人也,不可惧也。有大德无大位,不可过者也,孔孟其人也,不可闷也。其位不胜德耶?

　　遁之六二升而极于上六则为大过,以此安于下,固志不夺,遁世无闷也。以此升于上,灭顶不悔,独立不惧也。惟固志不夺之人乃能灭顶不悔,孟子所谓大丈夫者也。彼苟进者随时趋利,安能过涉灭顶乎?是故大过自遁六二来,而象因初、上二阴爻以发明之也。在遁则初、二皆为遁世无闷,在大过则上为独立不惧。夫以德言之其心则同,以位言之其分则异,故有可过者,有不可过者也。孔子似周公,孟子似伊尹。孔孟非不及伊周,位不胜德也。

　　大哉,位乎,待时用之宅也。

　　《易》之六爻,人也。爻之所在无间君子小人,即位也。位者待时用之宅,故六爻即六位也。爻来位见,乃有上下内外得失之别。

　　复次剥,明治生于乱乎?姤次夬,明乱生于治乎?时哉,时哉,未有剥而不复,未有夬而不姤者。防乎其防,邦家其长,子孙其昌。是以圣人贵未然之防,是谓《易》之大纲。

　　治乱循环如阴阳消长,必不能免。贵未然之防,圣人所以立人极也。后天之《易》所重在此。

　　先天学,心法也,故图皆自中起,万化万事生乎心也。

　　《先天图》自坤而生者始于复,自乾而生者始于姤,皆在天地之中。中者心也,故先天之学为心法而主乎诚。盖万法出乎理,理之所至,自然而成。然理者天下之公,非我所得有。诚者,所以体公理而在我者也,是谓天德。太极之根,可以成己,可以成物。若不诚焉,妄心生而公理灭,既自丧我,安得有物? 何由入道?

所行之路不可不宽,宽则少碍。

天道惟用七,物数必去本。不惟存本,亦居之以宽,为变化之地。

知《易》者,不必引用讲解,始为知《易》。孟子著书未尝及《易》,其间《易》道存焉,但人见之者鲜耳。人能用《易》,是为知《易》。如孟子,可谓善用《易》者也。

孟子达道之权而不执滞,是知《易》也。其言"子莫执中,犹执一",益见其知《易》矣。性善之论,则天之一,《易》之用数也。

所谓皇帝王伯者,非独三皇五帝三王五伯而已。但用无为则皇也,用恩信则帝也,用公正则王也,用知力则伯也。

《易》起于皇,《书》起于帝,《诗》起于王,《春秋》起于五伯。凡用无为者皆皇,如高惠之世是也。用恩信者皆帝,如孝文之世是也。用公正者皆王,如孝宣之世是也。用智力者皆伯,如孝武之世是也。孝宣伯之王,孝武王之伯也。譬之春夏秋冬、东西南北,此四者之数也。

鬼神无形而有用。其情状可得而知也,于用则可见之矣。若人之耳目鼻口手足,草木之枝叶华实颜色,皆鬼神之所为也。福善祸淫,主之者谁耶? 聪明正直,有之者谁耶? 不疾而速,不行而至,任之者谁耶? 皆鬼神之情状也。

管子曰:"流行于天地之间者谓之鬼神。"鬼神者,太极之英气、正理行乎两间为天地之用者也。气,其状也。理,其情也。人之耳目鼻口手足之运用,草木之枝叶华实颜色之精光,皆英气之外发,鬼神之状可得而知矣。福善祸淫,谁其主之,聪明正直,谁其有之,不疾而速,不行而至,谁其任之,皆至理之相感,自然而然而不知其所以然,鬼神之情可得而知矣。

《易》有意象,立意皆所以明象,统下三者:有言象,不拟物而直言以明事;有像象,拟一物以明意;有数象,七日、八月、三年、十年之类是也。

《易》有意言象数。意萌于心,言出于口,有气则有象,有名则有数,此世之所知也。而不知一萌于心即有象数,况已出于言乎?是故健顺动止陷丽说入皆系象数,不必至于天地日月雷风山泽之形而后有一二三四五六七八之数也。所以雍皆谓之"象"。若无象可见,天地鬼神安得而知之耶?

《易》之数,穷天地始终。或曰:"天地亦有始终乎?"曰:"既有消长,岂无终始? 天地虽大,是亦形器,乃二物也。"

天地消长之运,一年是也。始必有终,终则复始,是故元会运世之数开物于寅,闭物于戌。夫法始乎伏羲,当为寅开物之初,则戌闭物之后可想而知矣。既极于亥,当复生于子也。

《易》有内象,理致是也。有外象,指定一物而不变者是也。

理致者,健而说、巽而动之类是也。指定一物者,地中生水、火在天上之类是也。雍又曰:"自然而然不得而更者,内象、内数。他皆外象、外数。"何也? 内象无实象,内数无实数,存乎太虚,若可更也。而不可更者,理有必至,自然而成,虽有智巧,不能变其象而逃其数也。若外象、外数,体若一定,然爻有飞伏,卦有消长,六位八物不能自定。是故惟适变者不变,而不变者终变也。先天卦数二图皆有序而不乱者,以天地本象、本数循自然之序而成也。后天卦气图及雍卦气图皆杂错无定者,人情物态非伪即妄,所以孔子序《易》以理为次而象数自从之也。

在人则乾道成男,坤道成女。在物则乾道成阳,坤道成阴。

阴阳分太极。在道则为乾坤,在气则为天地。钟于人则为男女,散于物则为动植。于其中又细分之,至于不可数计。无非两也,合一则致用。

神无方则《易》无体。滞于一方则不能变化,非神也。有定体则不能变通,非《易》也。《易》虽有体,体者象也,假象以见体而本无体也。

《易》以六十四卦为体,故曰体者象也。变于三百八十四爻之中不可指一而名,故本无体。若求于不变之时则又退藏于密矣。一阴一阳之谓道。《易》虽无体,犹有方也。阴阳不测之谓神,则无方矣。故阴阳变化、显诸仁者《易》也,阴阳不测、藏诸用者神也。《易》犹有二,神则合一。二无定体,一无殊方。

事无大小,皆有道在其间。能安分则谓之道,不能安分谓之非道。

分者理所当然,故谓之道。人能安分则知常,久而自有变化。知常则明,明则神矣。

正音律数,行至于七而止者,以夏至之日出于寅而入于戌。亥子丑三时,则日入于地而目无所见,此三数不行者,所以比于三时也。故生物之数亦然,非数之不行也,有数而不见也。

天三地二,天地分太极之数也。天倍三而六,地倍二而四。天兼余分,不过乎七。日有十,辰有十二。在日为十用七,在辰为十二用九。是故夏至之日最长,出于寅入于戌,亥子丑三时日入地而不见,乃知阳之盈数不过乎七。曰,雍以声音律吕之数穷动植之数。正声十,错综之得一百六十,下三声有数而无声者凡四十八,所用者一百十二而已。正音十二,错综之得一百九十二,水石二音有数而无音者,大数通四十,所用者一百五十二而已。合一百十二与一百五十二共得二百六十四,为实用之数。声音相唱和而分布于二百五十六位,每位得二百六十六,盖以见乎用者三、不用者一之数也。凡象之在天上,形之潜地下,鬼神居幽冥之间,无不丽乎数，特人不见之尔。故曰："非数之不行也，有数而不见也。"

六虚者，六位也。虚以待变动之事也。

《易》有六爻，即为六位。爻来则位见，爻去则位亡。可以明实即是虚虚即是实，变者不变不变者终变之理矣。六位为六虚，言待人而实也。高祖、太宗以匹夫而升九五，夏桀、商纣以万乘而为独夫，以位为虚，不亦信乎？

有形则有体，有性则有情。

有形则有体，体者析乎形而已。有性则有情，情者分乎性而已。形性兼该，体情偏系。拱手则足不驰、驻目则耳不听者，体也。头目有伤、臂指自捍者，形也。爱之欲其生、恶之欲其死者，情也。喜怒哀乐未发谓之中、发而皆中节谓之和者，性也。所以不同者，偏系之与不偏系、公则大、私则小也。

天主用，地主体。圣人主用，百姓主体，故日用而不知。

天主用，四时行焉。地主体，百物生焉。圣人主用，教化系焉。百姓主体，衣食出焉。虽二者相资，阙一不可，然无体者为太虚，无用者为弃物，言体者未必有用，言用者则必有体也。

法始乎伏羲，成乎尧，革于三王，极于五伯，绝于秦。万世治乱之迹，无以逃此矣。

始乎伏羲，物开于寅也。成乎尧，阳纯乎巳也。革于三王，阴生于午也。极于五伯，阳道已穷。绝于秦，则限隔矣。邵雍所谓羲黄尧舜、汤武威文、皇帝王伯、父子君臣四者之道，理限于秦，是也。尧之前亦有如五伯者，大数之中自有小数，以细别之也。特世远无传，惟近者可见尔。是故雍子皇帝王伯之中，各分皇帝王伯也。

神者，《易》之主也，所以无方。《易》者，神之用也，所以无体。

无思无为，寂然不动，感而遂通天下之故，神也。变动不居，周流六虚，所以应天下之故，《易》也。故《易》为神之用。《易》者，阴阳也。神者,阴阳不测也。

循理则为常,理之外则为异矣。

不循自然之理者,在天为怪异之气,在人为乖戾之行。六气有淫,八风有邪,五行有沴。怪异之气,天地不能免。大数本顺,故卒反于正。

火以性为主,体次之。水以体为主,性次之。

天下之理,虚实相资,动静相养,不可偏无。以性为主者体为次,摄用归体也。以体为主者性为次,从体起用也。不惟水火,天地精神皆可以此理推之矣。

阳性而阴情,性神而情鬼。

精神者,性命之本原。血气者,精神之佐使。血气者,喜怒爱欲之所生,情之所起也。人端本则情复于性,逐末则性败于情。性阳类,故为神。情阴类,故为鬼。《书》称尧曰"乃圣乃神"。神者适乎死生之称,而鬼则非所以称人也。情静性复,阴消阳纯。学至于此,死而不亡矣。若肆情纵欲,丧精失灵,其死曰"物",岂惟鬼乎?

《易》之首于乾坤,中于坎离,终于水火之交不交,皆至理也。

自乾坤至坎离以言天道,自咸恒至既未济以明人道,此文王之《易》也。文王之《易》,天地之用也,用从体而起。上经首于乾坤者,有天地而天之用行,坎离则其用之不穷也。下经首于咸恒者,有夫妇而人之用行,既未济则其用之不穷也。坎离者阴阳互藏其宅,乾坤之交也。未济者水火各反其位,坎离之不交也。不交则穷,故曰:"未济,男之穷也。"穷则复生,变化见矣。是故天地亦有穷,则变化之本息;人物亦无穷,则变化之用息。人物之有穷,乃天地之所以无穷也。雍曰:"日在于水则生,离则死,交与不交之谓也。"未济为男之穷而下经终焉,诚至理也。

太极一也,不动。生二,二则神也。神生数,数生象,象生器。

太极者,一元。一元者,乾元、坤元之本,合而未离者也。寂然不动,虚则性也。感而遂通,发则神也。性者神之体,神者性之用。故太极为一,不动;生二,二即是神。夫太极动而生阳,阳为奇,一也。动极复静,静而生阴。阴为偶,二也。阳奇之一,有物之一,非太一也。太一者,太极之一,非虚非气,即气即虚。真至之理,自然生神,神应次二,有动有静,于是生数。奇偶者,数也。数生象,乾坤者,象也。象生器。天地者,器也。生而成器,神乃寓乎其中,以显诸仁,以藏诸用。故器之变,复归于神者,返乎本也。

太极不动,性也。发则神,神则数,数则象,象则器。器之变,复归于神也。

太极本静,故不动为性。发则神者,应感而通也。神则数者,动静变化,倏阴忽阳,一奇一偶,故有数也。有数之名则有数之实。象者,实也。气见则为象,凝则为形。器者,形也。形者,神之所为而以自托焉。如蚕作茧,本自我为,非外来也。

卷九　观物外篇下之下

诸卦不交于乾坤者,则生于否泰。否泰,乾坤之交也。乾坤起自奇偶,奇偶生自太极。

太极一也,真一含三而无对。动静则有奇偶,分太极而各半,乾坤自此生矣。诸卦不交于乾坤者则生于否泰,否泰乾坤之交也。此发明李挺之《变卦图》也。李挺之传康节《六十四卦图》,刚柔相易,周流变化,以乾坤二卦为《易》之门,万物之祖,功成无为。凡卦一阴一阳者由复姤而来,二阴二阳者由临遁而来,三阴三阳者由否泰而来。六十四卦不反对者八,反对者五十六,而反对之中否泰既未济四者重见,则亦六十卦也。以三阳三阴而变者,主六爻而言,用之升降也。《元包》以五世归魂游魂而变者,则主八卦而言,体之飞伏也。阴阳平均,选为宾主,则乾坤之体变为否泰之用,故三阴三阳之卦不交于乾坤而生于否泰也。《先天图》否泰,在天当天门地户,在地当人路鬼方,其为乾坤之用可知矣。

天使我有是之谓命,命之在我之谓性,性之在物之谓理。

天任理,理无不顺。人受天命而成性,万物皆备于我,我之与物同乎大顺。若谓性命为我有而横私之,不能体物则悖道而失理。理既失矣,性命何有哉? 是故无我者,任理而公,不惟有物,终亦存我;有我者,任情而私,不惟无物,终亦丧我矣。

朔易以阳气自北方而生,至北方而尽,谓变易循环也。

西北之交谓之朔,阳气至此而尽。正北复生子,子则变易矣。地有四方,又有朔,何也? 曰:日月者,阴阳之真精,是生水火。故七曜有日复有火,有月复有水。地之西北有朔方北方,天之东南有君火相火,人之五藏心有包络、肾有命门也。水火各有二,而君火真精实相通。真火有气无形,所以三焦无位,故心奇而肾偶,朱鸟一而龟蛇二也。夫心奇肾偶,阳一阴二,乾坤之画象之,一者致用多,二者致用少。故君子用智,小人用力,大智存神,小智存精。

春阳得权,故多旱。秋阴得权,故多雨。

春多旱,秋多雨,所以先天离居寅、坎居申也。

元有二,有生天地之始者,太极也;有万物之中各有始者,生之本也。

天地之元者,一之一也。万物各有元者,二之一也。《观物篇》以元经会、以会经运、以运经世者,天数也。一元包乎会运世,会运世见而元不见,年月日辰之喻也。一之一也,元会运世分为十六位者,地数也。元与会运世虽大小不同而分立并用,春夏秋冬之喻也。二之一也,一者以冬至为元,体也;二者以春分为元,用也。

天地之心者,生万物之本也。天地之情者,情状也,与鬼神之情状同也。

天地无心,缘感而生,故于坤则寂然不动,于复则感而遂通。复之一阳,天道之所以生物也。感之男女,人道之所以生民也。于复言见天地之心者,无心而为心也。变感为咸者,有心而欲其无心也。大壮见天地之情,天地亦有情乎? 曰,阳动于乾上,发于颜色,其情可见,故与鬼神之情状同也。

庄子与惠子游于濠梁之上,庄子曰:"儵鱼出游从容,是鱼乐也。"此尽己之性,能尽物之性也。非鱼则然,天下之物则然。若庄子者,可谓善通物矣。

庄子知鱼乐者,盖万物各有得意处即是真乐。圣人体物,苟居位行道焉,使天下物物自得。

老子,知《易》之体者也。

老子知阴而不知阳,得《易》之体而已,不如孟轲得《易》之用。老子言"知雄守雌"、"知白守黑"、"专气致柔",孟子"知言集义"、"养浩然之气",各以《易》而反于身者也。

无思无为者,神妙致一之地也。圣人以此洗心,退藏于密。

退藏于密者,事过念止之时。无思无为,非若土木偶人也。神妙致一,所谓一以贯之。雍以"时然后言、乐然后笑、义然后取"为无为,又言"顺理则无为,强则有为"。知此即天下何思何虑,但当委身于理一以贯之。退则藏密,感则遂通,亦岂尝偏于好静乎? 雍又曰:"时然后言,言不在我。"此尤见无为之理矣。

太极,道之极也;太玄,道之元也;太素,色之本也。太一,数之始也。太初,事之初也。其成功则一也。

太极者,大中也。浑然圆成,两仪之所生也。太玄者,北方深妙之地。北即天中也,故亦谓之北极,元气始生之处也。浑沦为

极,在先天之初,罔冥为玄,在有地之后,故极者道之父,玄者道之
母,所以易为天道,玄为地道也。以色言之则为太素,五色之本也。
以数言之则为太一。一,数之始也。以事言之则为太初,万事之初
也。其来一原,故散于天地万物而成功则一也。

太羹可和,玄酒可漓,则是造化亦可和、可漓也。

色始于素,味始于淡。大羹玄酒,味之本也。以比造化之初恬
淡自然,既不可和,亦不可漓。甚美必有甚恶,若可和则可漓矣。

易地而处,则无我也。

易地而处则无我,应物而动则无为。

诚者,主性之具,无端无方者也。

人能至诚不息、无间断处,则生死不能隔绝,鬼神不能测窥。
盖虚则无迹可碍,无象可观故也。

智哉留侯,善藏其用。

留侯用智,皆因其势而利导之,不见有为之迹。

《素问》《密语》之类,于术之理可谓至也。

《素问》注天元玉策截法《玄珠密语》,皆王砅所作。五运六
气,八司九室,律吕用十六,运气起甲子己卯,其数与先天合。

瞽瞍杀人,舜视弃天下犹弃敝屣也,窃负而逃,遵海滨而处,终
身诉然,乐而忘天下。圣人,虽天下之大,不能易天性之爱。

圣人反本而诚,众人逐末而妄。秦人借父犁锄,虑有德色,逐
末之极也。孟子此论如孔子"去食"之言,明天下可弃、父不可
弃也。

或问"显诸仁,藏诸用",曰:"若日月之照临,四时之成岁,是
显仁也。其度数之然,而不知其所以然,是藏用也。"

象以见数,显诸仁也。数以生象,藏诸用也。天下之数生于
理。用虽藏,以理推之,可以探赜索隐。

君子于《易》：玩象，玩数，玩辞，玩意。

此教人学《易》之法。

兑，说也。其他皆有所害，惟朋友讲习，无说于此，故言其极者也。

说于物者，有害，亦有厌。说于道者，无害，亦无厌。始也讲习而说，及深造自得，则乐矣。

中庸，非天降地出，揆物之理，度人之情，行其所安，是为得矣。

物理人情与吾心皆安处即是道。有一不安，非道也。有一言而可终身行之者，其惟恕乎？能近取譬，可谓仁之方也已。此最近中庸之道。

元亨利贞之德，各包吉凶悔吝之事。虽行乎德，若违于时，亦或凶矣。

此亦一变四之数也。古之人以仁义忠信被祸者多矣，可与立未可与权也。然吉凶以贞胜，则大过灭顶可称无咎。是故比干剖心，自世人言之则为祸，自君子言之则为仁也。

汤放桀、武王伐纣而不以为弑者，若孟子言"男女授受不亲，礼也；嫂溺则援之以手，权也"。故孔子既尊夷齐亦与汤武。夷齐仁也，汤武义也。然唯汤武则可，非汤武则是篡也。

一经一权，道并行而不相害。

阴者阳之影，鬼者人之影也。

雍曰："人谓死而有知，有诸？"曰："有之。"曰："何以知其然？"曰："以人知之。"曰："何者谓之人？"曰："耳目鼻口、心胆脾肾之气全谓之人。"心之灵曰神，胆之灵曰魄，脾之灵曰魂，肾之灵曰精。心之神发乎目则谓之视，肾之精发乎耳则谓之听，脾之魂发乎鼻则谓之臭，胆之魄发乎口则谓之言。八者具备，然后谓之人。夫人也者，天地万物之秀气也。然而亦有不中者，各求其类也。若全得，人类则谓之曰"全人之人"。夫全类者,天地万物之中气也,谓之曰"全德之人"也。全德之人者,人之人者也。夫人之人者,仁之谓也。唯全人,然后能当之。人之生也谓"其气行",人之死也谓"其形返"。气行则神魂交,形返则精魄存。神魂行于天,精魄返于地。行于天则谓之曰"阳行",返于地则谓之曰"阴返"。阳行则昼见而夜伏者也,阴返则夜见而昼伏者也。是故知日者月之形也,月者日之影也;阳者阴之形也,阴者阳之影也;人者鬼之形也,鬼者人之影也。人谓鬼无形而无知者,吾不信也。

秦缪公有功于周,能迁善改过,为伯者之最。晋文侯世世勤王,迁平王于洛,次之。齐威公九合诸侯,不以兵车,又次之。楚庄强大,又次之。宋襄公虽伯而力微,会诸侯而为楚所执,不足论也。治《春秋》者,不先定四国之功过,则事无统理,不得圣人之心矣。春秋之间,有功者未见大于四国,有过者亦未见大于四国也。故四者功之首,罪之魁也。人言"《春秋》非性命书",非也。至于书"郊牛之口伤,改卜牛,牛死,乃不郊,犹三望",此因鲁事而贬之也。圣人何容心哉? 无我故也,岂非由性命而发言也? 又云"《春秋》皆因事而褒贬",岂容人特立私意哉? 又曰"《春秋》圣人之笔削,为天下之至公",不知圣人之所以为公也。如因"牛伤"则知鲁之"僭郊",因"初献六羽"则知"旧僭八佾",因"新作雉门"则知"旧无雉门",皆非圣人有意于其间,故曰:"《春秋》尽性之书也。"

《易》之为书,将以顺性命之理者,循自然也。孔子绝四、从心、一以贯之,至命者也。颜子心斋屡空,好学者也。子贡多积以为学,亿度以求道,不能刳心灭见,委身于理,不受命者也。《春秋》循自然之理而不立私意,故为尽性之书也。

初与上同,然上亢不及初之进也。二与五同,然二之阴中不及五之阳中也。三与四同,然三处下卦之上不若四之近君也。

人之贵兼乎万类,自重而得其贵,所以能用万类。

至理之学,非至诚则不至。

《素问》《阴符》,七国时书也。

显诸仁,藏诸用,孔子善藏其用乎?

庄、荀之徒失之辩。

伯夷义不食周粟,至饿且死,止得为仁而已。

三人行必有师焉,至于友一乡之贤、天下之贤,以天下为未足,又至于尚论古人,无以加焉。

义重则内重,利重则外重。

能医人能医之疾,不得谓之良医。医人之所不能医者,天下之良医也。能处人所不能处之事,则能为人所不能为之事也。

人患乎自满,满则止也。故禹不自满假,所以为贤。虽学,亦当常若不足,不可临深以为高也。

人苟用心,必有所得,独有多寡之异,智识之有浅深也。理穷而后知性,性尽而后知命,命知而后知至。

凡处失在得之先,则得亦不喜。若处得在失之先,则失难处矣,必至于陨获。

人必内重,内重则外轻。苟内轻,必外重,好利,好名,无所不至。

天下言读书者不少,能读书者少。若得天理真乐,何书不可读? 何坚不可破? 何理不可精?

天时,地理,人事,三者知之不易。

资性得之天也,学问得之人也。资性由内出者也,学问由外入者也。自诚明,性也。自明诚,学也。

伯夷、柳下惠得圣人之一端,伯夷得圣人之清,柳下惠得圣人之和。孔子,时清时和,时行时止,故得圣人之时。

《太玄》九日当两卦,余一卦当四日半。

用兵之道,必待人民富、仓廪实、府库充、兵强、名正、天时顺、地利得,然后可举。

《老子》五千言,大抵皆明物理。

今有人登两台,两台皆等则不见其高,一台高,然后知其卑下者也。一国、一家、一身皆同,能处一身则能处一家,能处一家则能处一国,能处一国则能处天下。心为身本,家为国本,国为天下本。心能运身,苟心所不欲,身能行乎?

人之精神贵藏而用之,苟衒于外,则鲜有不败者。如利刃,物来则刲之,若恃刃之利而求割乎物,则刃与物俱伤矣。言发于真诚则心不劳而逸,人久而信之。作伪任数,一时或可以欺人,持久必败。

人贵有德。小人有才者,有之矣。故才不可恃,德不可无。

天地日月,悠久而已,故人当存乎远,不可见其迹。

君子处畎亩则行畎亩之事,居庙堂则行庙堂之事,故无入不自得。

智数或能施于一朝,盖有时而穷,惟至诚与天地同久。天地无则至诚可息,苟天地不能无,则至诚亦不息也。

室中造车,天下可行,轨辙合故也。苟顺义理,合人情,日月所照皆可行也。

敛天下之善则广矣,自用则小。

汉儒以反经合道为权,得一端者也。权所以平物之轻重,圣人行权,酌其轻重而行之,合其宜而已。故执中无权者,犹为偏也。王通言:“《春秋》王道之权。”非王通莫能及此,故权在一身则有一身之权,在一乡则有一乡之权,以至于天下则有天下之权。用虽不同,其权一也。

　　夫弓固有强弱，然一弓二人张之则有力者以为弓弱，无力者以为弓强。故有力者不以己之力有余而以为弓弱，无力者不以己之力不足而以为弓强。何不思之甚也？一弓非有强弱也，二人之力强弱不同也。今有食一杯在前，二人大馁而见之，若相逊则均得食也，相夺则争，非徒争之而已，或不得其食矣。此二者皆人之情也，知之者鲜。知此，则天下之事皆如是也。

　　先天学主乎诚，至诚可以通神明，不诚则不可以得道。

　　良药不可以离手，善言不可以离口。

　　事必量力，量力故能久。

　　学以人事为大，今之经典，古之人事也。

　　《春秋》三传之外，陆淳、啖助可以兼治。

　　季札之才近伯夷，叔向、子产、晏子之才相等埒。管仲用智数，晚识物理，大抵才力过人也。

　　五霸者，功之首、罪之魁也。《春秋》者，孔子之刑书也。功过不相掩，圣人先褒其功，后贬其罪，故罪人有功亦必录之，不可不恕也。新作两观。新者，贬之也，诛其旧无也。初献六羽。初者，褒之也，以其旧僭八佾也。

　　某人受《春秋》于尹师鲁，师鲁受于穆伯长，某人后复攻伯长，曰："《春秋》无褒，皆是贬也。"田述古曰："孙复亦云《春秋》有贬而无褒。"曰："春秋礼法废，君臣乱，其间有能为小善者，安得不进之也？况五霸实有功于天下，且五霸固不及于王，不犹愈于僭窃乎？安得不与之也？治《春秋》者，不辩名实，不定五霸之功过，则未可言治《春秋》。先定五霸之功过而治《春秋》则大意立，若事事求之则无绪矣。"

　　凡人为学，失于自主张太过。

　　平王名虽王，实不及一国之诸侯，齐晋虽侯而实僭王，皆《春秋》之名实也。子贡欲去告朔之饩羊。羊,名也。礼,实也。名存而实亡犹愈于名实俱亡,苟存其名,安知后世无王者作？是以有所待也。

《春秋》为君弱臣强而作,故谓之"名分之书"。

圣人之难在不失仁义忠信而成事业,何如则可？在于"绝四"。

有马者借人乘之,舍己从人也。

或问:"才难,何谓也?"曰:"临大事,然后见才之难也。"曰:"何独言才?"曰:"才者,天之良质也。学者,所以成其才也。"曰:"古人有不由学问而能立功业者,何必曰'学'?"曰:"周勃、霍光能成大事,唯其无学,故未尽善也。人而无学则不能烛理,不能烛理则固执而不通。"

人有出入之才必有"刚克"。中刚则足以立事业,处患难,若用于他,反为邪恶。故孔子以申枨为"焉得刚",既有欲心,必无刚也。

君子喻于义,贤人也,小人喻于利而已。义利兼忘者,唯圣人能之。君子畏义而有所不为,小人直不畏耳。圣人则动不逾矩,何义之畏乎？

颜子不贰过,孔子曰"有不善未尝不知,知之未尝复行",是也,是一而不再也。韩愈以为"将发于心而便能绝去",是过与颜子也。过与是为私意,焉能至于道哉？或曰:"与善,不亦愈于与恶乎?"曰:"圣人则不如是,私心过与善恶同矣。"

为学养心,患在不由直道。去利欲,由直道,任至诚,则无所不通。天地之道直而已,当以直求之。若用智数,由径以求之,是屈天地而徇人欲也,不亦难乎？

事无巨细,皆有天人之理。修身,人也,遇不遇,天也。得失不动心,所以顺天也。行险侥幸,是逆天也。求之者人也,得之与否天也。得失不动心,所以顺天也。强取必得,是逆天理也。逆天理者,患祸必至。

鲁之两观、郊天大禘,皆非礼也。诸侯苟有四时之禘,以为常祭可也,至于五年大禘,不可为也。

仲弓可使南面,可使从政也。

谁能出不由户。户,道也。未有不由道而能济者也。不由户者,锁穴隙之类是也。①

多闻,择其善者而从之。虽多闻,必择善而从之。多见而识之。识,别也。虽多见,必有以别之。

落下闳改颛帝历为《太初历》,子云准太初而作《太玄》,凡八十一卦,九分共二卦,凡一五隔一四,细分之则四分半当一卦,气起于中心,故首中卦。

元亨利贞,变易不常,天道之变也。吉凶悔吝,变易不定,人道之应也。

一阴一阳之谓道。道无声无形,不可得而见者也,故假道路之道而为名。人之有行,必由于道。一阴一阳,天地之道也。物由是而生,由是而成也。

显诸仁者,天地生万物之功,则人可得而见也。所以造万物,则人不可得而见,是藏诸用也。

十干,天也。十二支,地也。支干配天地之用也。

《易》始于三皇,《书》始于二帝,《诗》始于三王,《春秋》始于五霸。

自乾坤至坎离,以天道也。自咸恒至既济未济,以人事也。

---

① “锁”,疑当作“钻”。

人谋,人也。鬼谋,天也。天人同谋而皆可,则事成而吉也。

变从时而便天下之事,不失礼之大经,变从时而顺天下之理,不失义之大权者,君子之道也。

五星之说,自甘公、石公始也。

人智强则物智弱。

庄子著《盗跖》篇,所以明至恶,虽至圣亦莫能化,盖上智与下愚不移故也。

鲁国之儒一人者,谓孔子也。

天下之事,始过于重犹卒于轻,始过于厚犹卒于薄。况始以轻、始以薄者乎?故鲜失之重,多失之轻,鲜失之厚,多失之薄。是以君子不患过乎重,常患过乎轻,不患过乎厚,常患过乎薄也。

庄子齐物,未免乎较量,较量则争,争则不平,不平则不和。无思无为者,神妙致一之地也。所谓"一以贯之"。圣人以此洗心,退藏于密。

当仁不让于师者,进仁之道也。

秦穆公伐郑败而有悔过、自誓之言,此非止霸者之事,几于王道、能悔则无失矣。此圣人所以录于《书》末也。

刘绚问"无为",对曰:"时然后言,人不厌其言。乐然后笑,人不厌其笑。义然后取,人不厌其取。此所谓无为也。"

文中子曰:"易乐者必多哀,轻施者必好夺。"或曰:"天下皆争利弃义,吾独若之何?"子曰:"舍其所争,取其所弃,不亦君子乎?"若此之类,理义之言也。"心迹之判久矣。"若此之类,造化之言也。

庄子气豪。若吕梁之事,言之至者也。《盗跖》,言事之无可奈何者,虽圣人亦莫如之何。《渔父》,言事之不可强者,虽圣人,亦不可强。此言有为无为之理,顺理则无为,强则有为也。

金须百炼然后精,人亦如此。

佛氏弃君臣父子夫妇之道,岂自然之理哉?

"志于道"者,统而言之,"志"者,潜心之谓也。"德"者得于己,有形,故有"据"。德主于仁,故曰"依"。

庄子曰:"庖人虽不治庖,尸祝不越樽俎而代之。"此"君子思不出其位,素位而行"之意也。

晋狐射姑杀阳处父,《春秋》书:"晋杀其大夫阳处父。"上漏言也。君不密则失臣,故书"国杀"。

人得中和之气则刚柔均。阳多则偏刚,阴多则偏柔。

作《易》者其知盗乎?圣人知天下万物之理而一以贯之。

以尊临卑曰"临",以上观下曰"观"。

"毋意,毋必,毋固,毋我。"合而言之则一,分而言之则二。合而言之则二,分而言之则四。始于有意,成于有我。有意然后有必,必生于意。有固然后有我,我生于固。意有心,必先期,固不化,我有己也。

记问之学,未足以为事业。

学在不止,故王通云:"没身而已。"

道藏辑要之皇极经世书

经世衍易图

太阳 —
太阴 --　　阳 —
少阳 —　　　　　动 —
少阴 --　　阴 --

　　　　　　一动一静之间

少刚 —
少柔 --　　刚 —
太刚 —　　　　　静 --
太柔 --　　柔 --

经世天地四象图

　　案：邵子传先天之学者也。然伏羲卦以天地雷风水火山泽为八卦之象，而邵子以日月星辰水火土石为八卦之象。盖自为一家之学，非谓伏羲之本象如此也。

　　邵子以八者为天地之体，推而至于寒暑昼夜之往来，雨风露雷之聚散，性情形体之隐显，走飞草木之动静，在人身则有精神魂魄血气骨肉之精粗，在人事则有耳目鼻口声色气味之感应。元亨利贞，天之道也。吉凶悔吝，民之故也。大运世数则有元会运世之始终，道化功烈则有皇帝王霸之升降，要统以《易》《书》《诗》《春秋》之学而尽焉。其说错见于内外篇中，然其所推元会运世之数，非世系所可知，非星日所可步，正庄周所谓"存而不论"者。邵子之学之精盖不在此也。故旧图所载，今并未录。

经世声音图

　　　　　　正声
　　　　　　　平上去入
　　　　　　　　日月星辰
　　　　　正音
　　　　　　开发收闭
　　　　　　水火土石

		多可个舌
		禾火化八
一	声	开宰爱〇
		回每退〇
		古甲九癸
		□□近揆
音	一	坤巧丘弃
		□□乾虬

二　声
良两向○
光广况○
丁井亘○
兄永莹○

音　二
黑花香血
黄华雄贤
五瓦仰□
吾牙月尧

三　声
千典旦○
元犬半○
臣引艮○
君允巽○

音　三
安亚乙一
□爻王寅
母马美米
目兒眉民

四　声
刀早孝岳
毛宝报霍
牛斗奏六
○○○玉

音　四
夫法□飞
父凡□吠
武晚□尾
文万□未

五　声
妻子四日
衰○帅骨
○○○德
龟水贵北

		卜百丙必
		步白葡鼻
音五		普扑品匹
		旁排平瓶
		宫孔众〇
六声		龙甬用〇
		鱼鼠去〇
		乌虎兔〇
		东丹帝■
音六		兑大弟■
		土贪天■
		同覃田■
		心审禁〇
七声		〇〇〇十
		男坎欠〇
		〇〇〇妾
		乃妳女■
音七		内南年■
		老冷吕■
		鹿荦离■
		●●●●
八声		●●●●
		●●●●
		●●●●
		走哉足■
音八		自在匠■
		草采七■
		曹才全■

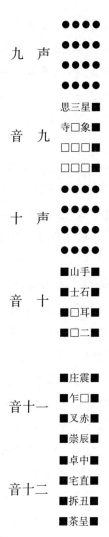

九　声

音　九

十　声

音　十

音十一

音十二

集说

钟氏过曰：右图，天之体数四十，地之体数四十八。天数以日
月星辰相因为一百六十，地数以水火土石相因为一百九十二。于
天数内去地之体数四十八得一百一十二，是谓天之用声；于地数内

去天之体数四十得一百五十二,是谓地之用音。凡日月星辰四象为声,水火土石四象为音。声有清浊,音有辟翕。遇奇数则声为清,音为辟;遇耦数则声为浊,音为翕。声皆为律,音皆为吕。以律倡吕,以吕和律。天之用声别以平上去入者一百一十二,皆以开发收闭之音和之;地之用音别以开发收闭者一百五十二,皆以平上去入之声倡之。

祝氏泾曰:声之位去不用之四十八止百十二,所以括《唐韵》之内外八转而分平上去入也;音之位去不用之四十止百五十二,所以括切字母唇舌牙齿喉而分开发收闭也。谓之无声,百六十位中有位而调不出者;谓之无音,百九十二位中有位而切不出者。以声音统摄万物之变及于无声无音则备矣。

案:上格四声即唐人韵部,下格四音即唐人等母也。多禾四声,歌麻韵也。开回四声,佳灰韵也。良光四声,阳韵也。丁兄四声,庚青韵也。千元四声,元寒删先韵也。臣君四声,真文韵也。刀毛四声,萧肴豪韵也。牛〇四声,尤韵也。妻衰四声,齐韵也。〇龟四声,支微韵也。宫龙四声,东冬江韵也。鱼乌四声,鱼虞韵也。心〇四声,侵韵也。男〇四声,覃盐咸韵也。古□四音,见母也。坤□四音,溪母也。黑黄四音,晓母也。五吾四音,疑母也。安□四音,影母也。母目四音,明母也。夫父四音,非母也。武文四音,微母也。卜步四音,邦母也。普旁四音,滂母也。东兑四音,端母也。土同四音,透母也。乃内四音,泥母也。老鹿四音,来母也。走自四音,精母也。草曹四音,清母也。思寺四音,心母也。□□四音,无字,盖对日母而取其轻齿音也。山士四音,审母也。耳二四音,日母也。庄乍四音,照母也。叉崇四音,穿母也。卓宅四音,知母也。拆茶四音,彻母也。此其大致相同者。其声之入声、音之清音有与唐人不同者,古今南北字韵异尔。

　　唐人广韵凡五十七部，通之则只三十部。《经世》括之以七声，又分为十四，又别为二十八，此声之不同者。等韵之母凡三十六，《经世》括之以十二，又分为二十四，又别为四十八，此音之不同者。

　　韵部之法，或分或合，故门类多寡，历代不同。惟等母则有定音，疑不可加损者，而有三十六、四十八之异，何也？盖字母原只二十四，此图所分二十四格是也；并清浊音则有四十八，此图所别四十八行是也。等韵专取平声之有字者，标题故止于三十六；《经世》兼取仄声之有字者，标题故终于四十八，此则虽小异而实大同矣。

　　精于乐府者，分《唐韵》为六部：支微齐鱼虞歌麻皆直收本字喉声，为第一部，此天地之元声也；佳灰与支微齐同收声，为第二部；萧肴豪尤与鱼虞同收声，为第三部；东冬江阳庚青蒸收鼻声，为第四部；真文元寒删先收舌齿声，为第五部；侵覃盐咸收唇声，为第六部。其法暗与本朝字书同，但乐家未知后五部皆第一部之所生尔。《经世》四声部分皆已得之，唯多禾与开回同部，宫龙与鱼乌同部为不合，此声之可疑者。

　　见溪群疑，鼻音也。端透定泥知彻澄娘与来字，皆舌音也。精清从心邪照穿床审禅与日字，皆齿音也。非敷奉微邦滂并明，皆唇音也。影喻晓匣，则喉音也。《经世》四音部分皆从其类，惟黑黄与五吾同部，安口与母目同部为不合，此音之可疑者。

　　又知彻澄娘等韵本为舌音，不知何时变入齿音，今惟闽广间尚是舌音不改尔。等韵次于舌音之后，《经世》次于齿音之后，则疑邵子之时此音已变也。

　　又韵母二十四音者，见溪疑端透泥知彻娘精清心照穿审非微邦滂明影晓来日也。群即见之清音，定即端之清音，澄即知之清

音,从即精之清音,邪即心之清音,床即照之清音,禅即审之清音,
奉即非之清音,敷似亦即微之浊音,古今音不同耳,并即邦之清音,
喻即影之清音,匣即晓之清音,凡为三十六也。《经世》二十四音
则无娘字,而以其位对日字为轻齿之音,亦如上条所云齿舌之变而
误也。

以等韵之例求之,敷字当自为一音,与滂字对,如此则等韵有
二十五母,而《经世》止于二十四,盖此字绝少,因失此音也。

又《经世》四音分开发收闭,意亦等韵开口齐齿合口撮口之
呼,然以类求之多不合者,当以等韵为正。

《经世》以为万物有声色气味而色不可图,气味不可写,惟声
出于人口,可以翻切而得。故为《声音图》,以穷色气味之变,以尽
动植之数。其说虽汗漫不可穷,然正声同文乃王政之切务,亦学者
所当知。自等韵之外,惟邵子之书最有条理。故稍为分晰其源流
同异之大致,以俟知者。

观物内篇

物之大者,无若天地,然而亦有所尽也。天之大,阴阳尽之矣。
地之大,刚柔尽之矣。

天,生于动者也。地,生于静者也。一动一静交,而天地之道
尽之矣。动之始则阳生焉,动之极则阴生焉。一阴一阳交,而天之
用尽之矣。静之始则柔生焉,静之极则刚生焉。一刚一柔交,而地
之用尽之矣。

动之大者谓之太阳,动之小者谓之少阳,静之大者谓之太阴,
静之小者谓之少阴。

太阳为日,太阴为月,少阳为星,少阴为辰。日月星辰交,而天
之体尽之矣。太柔为水,太刚为火,少柔为土,少刚为石。水火土

石交,而地之体尽之矣。

集说

邵氏伯温曰：混成一体,谓之太极;太极既判,初有仪形,谓之两仪;两仪又判而为阴阳刚柔,谓之四象;四象又判而为太阳少阳太阴少阴太刚少刚太柔少柔,而成八卦。太阳少阳太阴少阴成象于天而为日月星辰,太刚少刚太柔少柔成形于地而为水火土石,八者具备,然后天地之体备矣,天地之体备而后变化生成万物也。所谓八者,亦本乎四而已。在天成象,日也;在地成形,火也。阳燧取于日而得火,火与日本乎一体也。在天成象,月也;在地成形,水也。方诸取于月而得水,水与月本乎一体也。在天成象,星也;在地成形,石也。星陨而为石,石与星本乎一体也。在天成象,辰也;在地成形,土也。自日月星之外高而苍苍者,皆辰也;自水火石之外广而厚者,皆土也。辰与土,本乎一体也。天地之间,犹形影声响之相应,象见乎上体必应乎下,皆自然之理也。盖日月星辰犹人之有耳目口鼻,水火土石犹人之有血气骨肉,故谓之天地之体。阴阳刚柔则犹人之精神而所以主耳目口鼻血气骨肉者也,故谓之天地之用。夫太极者,在天地之先而不为先,在天地之后而不为后,终天地而未尝终,始天地而未尝始,与天地万物圆融和会而未尝有先后始终者也。有太极则两仪四象八卦以至于天地万物固已备矣,非谓今日有太极而明日方有两仪后日乃有四象八卦也。虽谓之曰"太极生两仪,两仪生四象,四象生八卦",其实一时具足,如有形则有影,有一则有二有三,以至于无穷皆然。是故知太极者有物之先本已混成,有物之后未尝亏损,自古及今无时不存。万物无所不禀则谓之曰命,万物无所不本则谓之曰性,万物无所不主则谓之曰天,万物无所不生则谓之曰心,其实一也。古之圣人穷理尽性以至于命,尽心知性以知天,存心养性以事天,皆本乎此也。

　　或曰：舍金木水火土而用水火土石，何也？曰：日月星辰，天之四象也；水火土石，地之四体也；金木水火土者，五行也。四象四体，先天也；五行，后天也。先天，后天之所自出也。水火土石，本体也；金木水火土，致用也。以其致用，故谓之"五行"，行乎天地之间者也。水火土石，盖五行在其间矣。金出于石而木生于土，有石而后有金，有土而后有木。金者从革而后成，木者植物之一类也。是岂舍五行而不用哉？

　　日为暑，月为寒，星为昼，辰为夜。暑寒昼夜交，而天之变尽之矣。水为雨，火为风，土为露，石为雷。雨风露雷交，而地之化尽之矣。

　　暑变物之性，寒变物之情，昼变物之形，夜变物之体。性情形体交，而动植之感尽之矣。雨化物之走，风化物之飞，露化物之草，雷化物之木。走飞草木交，而动植之应尽之矣。

　　夫人也者，暑寒昼夜无不变，雨风露雷无不化，性情形体无不感，飞走草木无不应。所以目善万物之色，耳善万物之声，鼻善万物之气，口善万物之味。灵于万物，不亦宜乎。

　　人之所以能灵于万物者，谓其目能收万物之色，耳能收万物之声，鼻能收万物之气，口能收万物之味。声色气味者，万物之体也。耳目鼻口者，万人之用也。

　　是知人也者，物之至者也。圣人者，人之至者也。物之至者，始得谓之物之物也。人之至者，始得谓之人之人也。夫物之物者，至物之谓也。人之人者，至人之谓也。以一至物而当一至人，则非圣而何？

　　何哉，谓其能以一心观万心，一身观万身，一物观万物，一世观万世者焉。又谓其能以心代天意，口代天言，手代天工，身代天事者焉。又谓其能以上识天时,下尽地理,中尽物情,通照人事者焉。又谓其能以弥纶天地,出入造化,进退古今,表里人物者焉。

噫!圣人者,非世世而效圣焉。吾不得而目见之也。虽然,吾不得而目见之,察其心,观其迹,探其体,潜其用,虽亿万千年亦可以理知之也。

《易》曰:"穷理尽性,以至于命。"所以谓之理者,物之理也。所以谓之性者,天之性也。所以谓之命者,处理性者也。所以能处理性者,非道而何?

是知道为天地之本,天地为万物之本。以天地观万物,则万物为物。以道观天地,则天地亦为万物。

道之道,尽之于天矣。天之道,尽之于地矣。天地之道,尽之于物矣。天地万物之道,尽之于人矣。人能知天地万物之道所以尽于人者,然后能尽民也。天之能尽物,则谓之曰昊天。人之能尽民,则谓之曰圣人。

夫昊天之尽物,圣人之尽民,皆有四府焉。昊天之四府者,春夏秋冬之谓也,阴阳升降于其间矣。圣人之四府者,《易》《书》《诗》《春秋》之谓也,礼乐污隆于其间矣。春为生物之府,夏为长物之府,秋为收物之府,冬为藏物之府。号物之庶谓之万,虽曰万之又万,其庶能出此昊天之四府者乎?《易》为生民之府,《书》为长民之府,《诗》为收民之府,《春秋》为藏民之府。号民之庶谓之万,虽曰万之又万,其庶能出此圣人之四府者乎? 昊天之四府者,时也;圣人之四府者,经也。昊天以时授人,圣人以经法天。天人之事,当如何哉?

孔子赞《易》自羲轩而下,序《书》自尧舜而下,删《诗》自文武而下,修《春秋》自桓文而下。自羲轩而下,祖三皇也。自尧舜而下,宗五帝也。自文武而下,子三王也。自桓文而下,孙五霸也。

人谓仲尼惜乎无土,吾独以为不然。独夫以百亩为土,大夫以百里为土,诸侯以四境为土,天子以九州为土,仲尼以万世为土。若然,则孟子言自生民以来,未有如孔子也,斯亦未为之过矣。

夫天下将治,则人必尚行也;天下将乱,则人必尚言也。尚行,则笃实之风行焉。尚言,则诡谲之风行焉。天下将治,则人必尚义也。天下将乱,则人必尚利也。尚义,则谦让之风行焉。尚利,则攘夺之风行焉。

三王,尚行者也。五霸,尚言者也。尚行者必入于义也,尚言者必入于利也。义利之相去,一何远之如是耶。

是知言之于口不若行之于身,行之于身不若尽之于心。言之于口,人得而闻之;行之于身,人得而见之;尽之于心,神得而知之。人之聪明犹不可欺,况神之聪明乎!是知无愧于口不若无愧于身,无愧于身不若无愧于心。无口过易,无身过难。无身过易,无心过难。既无心过,何难之有?吁,安得无心过之人而与之语心哉!是故知圣人所以能立于无过之地者,谓其善事于心者也。

日月星辰者,变乎暑寒昼夜者也;水火土石者,化乎雨风露雷者也。暑寒昼夜者,变乎性情形体者也;雨风露雷者,化乎走飞草木者也。暑变飞走草木之性,寒变飞走草木之情,昼变飞走草木之形,夜变飞走草木之体。雨化性情形体之走,风化性情形体之飞,露化性情形体之草,雷化性情形体之木。

性情形体者,本乎天者也;走飞草木者,本乎地者也。本乎天者,分阴分阳之谓也;本乎地者,分柔分刚之谓也。夫分阴分阳、分柔分刚者,天地万物之谓也。备天地万物者,人之谓也。

观物外篇

张氏岷曰:《观物》有《内》、《外篇》,《内篇》先生所著之书也,

《外篇》门弟子所记先生之言也。《内篇》理深而数略,《外篇》数详而理显。学先天者当自《外篇》始。

天数五,地数五,合而为十,数之全也。天以一而变四,地以一而变四。四者有体也,而其一者无体也,是谓有无之极也。天之体数四而用者三,不用者一也;地之体数四而用者三,不用者一也。

集说

张氏岷曰:一谓太极,四谓四象。天以一而变四,谓太阳太阴少阳少阴也。地以一而变四,谓太刚太柔少刚少柔也。天之体数四而用者三,三谓三阳,其不用一者,去太阴而言也。地之体数四而用者三,三谓三阴,其不用一者,去太刚而言也。由是而知十者天地之全数,包太极而言也。八者天地之体数,并交数而言也。六者天地之用数,去交数而言也。

天见乎南而潜乎北,极于六而余于七。是以人知其前,昧其后,而略其左右也。

天之有数起乾而止震,余入于无者,天辰不见也。地去一而起十二者,地火常潜也。故天以体为基,而常隐其基;地以用为本,而常藏其用也。

阳爻,昼数也。阴爻,夜数也。天地相衔,阴阳相交,故昼夜相离,刚柔相错。春夏阳也,故昼数多夜数少。秋冬阴也,故昼数少夜数多。

圆者星也,历纪之数,其肇于此乎!方者土也,画州井地之法,其仿于此乎!盖圆者《河图》之数,方者《洛书》之文。故羲文因之而造《易》,禹箕叙之而作《范》也。

《易》之大衍,何数也?圣人之"倚数"也。天数二十五,合之为五十。地数三十,合之为六十。故曰"五位相得而各有合"也。五十者蓍数也,六十者卦数也。五者蓍之小衍,故五十为大衍也。八者卦之小成,则六十四为大成也。蓍德圆,以况天之数,故七七四十九也。五十者,存一而言之也。卦德方,以况地之数,故八八六十四也。六十者,去四而言之也。蓍者用数也,卦者体数也。用以体为基,故存一也;体以用为本,故去四也。圆者本一,方者本四,故蓍存一而卦去四也。

归奇合挂之数:得五与四四,则策数四九也;得九与八八,则策数四六也;得五与八八、得九与四八,则策数皆四七也;得九与四四、得五与四八,则策数皆四八也。

五与四四,去挂一之数则四三十二也。九与八八,去挂一之数则四六二十四也。五与八八、九与四八,去挂一之数则四五二十也。九与四四、五与四八,去挂一之数则四四十六也。故去其三四五六之数,以成九八七六之策也。

太极既分,两仪立矣。阳下交于阴,阴上交于阳,四象生矣。阳交于阴,阴交于阳,而生天之四象;刚交于柔,柔交于刚,而生地之四象,于是八卦成矣。八卦相错,然后万物生焉。是故一分为二,二分为四,四分为八,八分为十六,十六分为三十二,三十二分为六十四,犹根之有干,干之有枝,枝之有叶,愈大则愈小,愈细则愈繁。

乾坤定位也,震巽一交也,兑离坎艮再交也。故震阳少而阴尚多也,巽阴少而阳尚多也,兑离阳浸多也,坎艮阴浸多也,是以辰与火不见也。

震始交阴而阳生,巽始消阳而阴生。兑阳长也,艮阴长也。震兑在天之阴也,巽艮在地之阴也。故震兑上阴而下阳,巽艮上阳而下阴。天以始生言之,故阴上而阳下,交泰之义也。地以既成言之,故阳上而阴下,尊卑之位也。

乾坤定上下之位,离坎列左右之门。天地之所阖辟,日月之所出入。是以春夏秋冬,晦朔弦望,昼夜长短,行度盈缩,莫不由乎此矣。

无极之前,阴含阳也。有象之后,阳分阴也。阴为阳之母,阳为阴之父,故母孕长男而为复,父生长女而为姤。是以阳始于复,阴始于姤也。

阳不能独立,必得阴而后立,故阳以阴为基。阴不能自见,必待阳而后见,故阴以阳为唱。阳知其始而享其成,阴效其法而终其劳。

阳能知而阴不能知,阳能见而阴不能见也。能知能见者为有,故阳性有而阴性无也。阳有所不遍,而阴无所不遍也。阳有去而阴常居也。无不遍而常居者为实,故阳体虚而阴体实也。

有变则必有应也。故变于内者应于外,变于外者应于内,变于下者应于上,变于上者应于下也。天变而日应之,故变者从天而应者法日也。是以日纪乎星,月会于辰。水生于土,火潜于石。飞者栖木,走者依草。心肺之相联,肝胆之相属。无他,变应之道也。

陆中之物,水中必具者,犹影象也。陆多走,水多飞者,交也。是故巨于陆者必细于水,巨于水者必细于陆也。

案:水中之飞,鳞之类也。水中之走,介之类也。在陆者牡巨而牝细,在水者牝巨而牡细。

飞者食木,走者食草。人皆兼之,而又食飞走也。故最贵于万物也。

天有四时,地有四方,人有四支。是以指节可以观天,掌文可以察地。天地之理,具乎指掌矣,可不贵之哉?

集说

吴氏澄曰：指节十二，合之二十四，有天之象焉。掌文后高前下，山崎川流，有地之法焉。

案：人有五指，巨指属土，余四指十二节应四时十二月，食指春也，中指夏也，无名指秋也，小指冬也。日冬短夏长而春秋平，故四指象之。

神统于心，气统于肾，形统于首。形气交而神主乎其中，三才之道也。

日月相食，数之交也。日望月则月食，月掩日则日食，犹水火之相克也。是以君子用智，小人用力。

集说

张氏岷曰：日月相对谓之望，相会谓之晦。日常食于朔，月常食于望。正如水火之相克，水之克火，掩而克之，小人用力也；火之克水，火隔物焉，君子用智也。

日随天而转，月随日而行，星随月而见。故星法月，月法日，日法天。天半明半晦，日半赢半缩，月半盈半亏，星半动半静，阴阳之义也。天昼夜常见，日见于昼，月见于夜而半不见，星半见于夜，贵贱之等也。

有意必有言，有言必有象，有象必有数。数立则象生，象生则言著，言著则意显。象数，则筌蹄也。言意，则鱼兔也。得鱼兔而谓必由筌蹄可也，舍筌蹄而求鱼兔则未见其得也。

天变而人效之，故元亨利贞，《易》之变也。人行而天应之，故吉凶悔吝，《易》之应也。以元亨为变则利贞为应，以吉凶为应则悔吝为变。元则吉，吉则利应之。亨则凶，凶则应之以贞。悔则吉,吝则凶,是以变中有应,应中有变也。变中之应,天道也。故元为变则亨应之,利为变则应之以贞。应中之变,人事也。故变则凶,应则吉,变则吝,应则悔也。悔者吉之先,而吝者凶之本。是以君子从天,不从人。

乾坤,天地之本;离坎,天地之用。是以《易》始于乾坤,中于离坎,终于既、未济。

坤统三女于西南,乾统三男于东北。

天之阳在南而阴在北,地之阴在南而阳在北。人之阳在上而阴在下,既交则阳下而阴上。

初与上同,然上亢不及初之进也。二与五同,然二之阴中不及五之阳中也。三与四同,然三处下卦之上,不若四之近君也。

天之神栖乎日,人之神发乎目。人之神寤则栖心,寐则栖肾,所以象天也,昼夜之道也。

云有水火土石之异,他类亦然。

集说

张氏岷曰:水火土石,地之体也。凡物皆具地之体。先生曰"水雨霖,火雨暴,土雨濛,石雨雹。水风凉,火风热,土风和,石风烈。水云黑,火云赤,土云黄,石云白。水雷玄,火雷虩,土雷连,石雷霹",故一物必通四象。

五行之木,万物之类也。五行之金,出乎石也。故水火土石不及金木,金木生其间也。

气则养性,性则乘气。故气存则性存,性动则气动也。

凡事,为之极几十之七,则可止矣。盖夏至之日止于六十,兼之以晨昏分,可辨色矣,庶几乎十之七也。

东赤,南白,西黄,北黑,此正色也。验之于晓午暮夜之时,可见之矣。

集说

张氏岷曰：东方木色青，南方火色赤，西方金色白，北方水色黑，中方土色黄，此五行之气色，色之分辨也。"东赤南白西黄北黑"者，一阳之气色，色之递变也。故婴儿始生而赤，稍变而白，人病则黄，老死而黑；物生地下而赤，稍长而白，萎苶则黄，枯槁而黑也。物皆资一阳以生此四变者，无物不然。

案：此乃五行之序也。始于水之黑，发于火之赤，变于木之青、金之白，终于土之黄而复交于水之黑也。

《图》虽无文，吾终日言而未尝离乎是。盖天地万物之理，尽在其中矣。

气一而已，主之者乾也。神亦一而已，乘气而变化，能出入于有无死生之间，无方而不测者也。

不知乾，无以知性命之理。

仁配天地谓之人。唯仁者，真可谓之人矣。

气者神之宅也，体者气之宅也。

月者日之影也，情者性之影也。

心为太极。又曰，道为太极。

草伏之兽，毛如草之茎。林栖之鸟，羽如林之叶。类使之然也。

案：以此类水中之飞走，则泳于水者鳞如水之纹，藏于石者介如石之体。

木结实而种之，又成是木而结是实。木非旧木也，此木之神不二也。此实生生之理也。

以物喜物，以物悲物，此发而中节者也。

任我则情，情则蔽，蔽则昏矣。因物则性，性则神，神则明矣。潜天潜地，不行而至，不为阴阳所摄者，神也。

在水者不瞑，在风者瞑。走之类上睫接下，飞之类下睫接上。类使之然也。

先天之学，心也。后天之学，迹也。

神者人之主，将寐在脾，熟寐在肾；将寤在肝，正寤在心。

集说

张氏岷曰：将寐在脾，犹时之秋也；熟寐在肾，犹时之冬也；将寤在肝，犹时之春也；正寤在心，犹时之夏也。

天地之交十之三。

案：上言夏至之日止于七分，故此以其三分为交数。

凡人之善恶，形于言发于行人始得而知之，但萌诸心发于虑鬼神已得而知之矣。此君子所以慎独也。

人之神则天地之神。人之自欺，所以欺天地，可不慎哉？

心一而不分则能应万变。此君子所以虚心而不动也。

夫圣人六经，浑然无迹，如天道焉。故《春秋》录实事而善恶形于其中矣。

寂然不动，反本复静，坤之时也。感而遂通天下之故，阳动于中，间不容发，复之义也。

理穷而后知性，性尽而后知命，命知而后知至。

凡处失在得之先，则得亦不喜。若处得在失之先，则失难处矣，必至于陨获。

人必有德器，然后喜怒皆不妄，为卿相，为匹夫，以至学问高天下,亦若无有也。

人必内重,内重则外轻。苟内轻,必外重,好利好名,无所不至。

天下言读书者不少,能读书者少。若得天理真乐,何书不可读,何坚不可破,何理不可精。

天下日月,悠久而已。故人当存乎远,不可见其近。

智数,或能施于一朝,盖有时而穷。惟至诚与天地同久,天地无则至诚可息。苟天地不能无,则至诚亦不息也。

汉儒以反经合道为权,得一端者也。权,所以平物之轻重。圣人行权,酌其轻重而行之,合其宜而已。故执中无权者,犹为偏也。王通言:"《春秋》王道之权。"非王通莫能及此。故权在一身则有一身之权,在一乡则有一乡之权,以至于天下则有天下之权,用虽不同,其权一也。

复次剥,明治生于乱乎! 姤次夬,明乱生于治乎! 时哉! 时哉! 未有剥而不复,未有夬而不姤者。防乎其防,邦家其长,子孙其昌。是以圣人贵未然之防,是谓《易》之大纲。

先天学,心法也。故《图》皆自中起,万化万事生乎心也。

知《易》者不必引用讲解,是为知《易》。孟子之言未尝及《易》,其间《易》道存焉,但人见之者鲜耳。人能用《易》,是为知《易》。如孟子,可谓善用《易》者也。

五霸者,功之首、罪之魁也。《春秋》者,孔子之刑书也。功过不相掩,圣人先褒其功,后贬其罪,故罪人有功亦必录之,不可不恕也。

某人受《春秋》于尹师鲁,师鲁受于穆伯长。某人后复攻伯长曰:"《春秋》无褒,皆是贬也。"田述古曰:"孙复亦云《春秋》有贬而无褒。"曰:"春秋礼法废,君臣乱,其间有能为小善者,安得不进之也？治《春秋》者不辨名实，不定五霸之功过，则未可言治《春秋》。先定五霸之功过而治《春秋》，则大意立。若事事求之，则无绪矣。"

人言"《春秋》非性命书"，非也。至于书"郊牛之口伤，改卜牛，又死，犹三望"，此因鲁事而贬之也。圣人何容心哉？无我故也，岂非由性命而发言也？又曰：《春秋》皆因事而褒贬，岂容人特立私意哉？人但知《春秋》圣人之笔削，为天下之至公，不知圣人之所以为公也。如因"牛伤"则知鲁之僭郊，因"初献六羽"则知旧僭八佾，因"新作雉门"则知旧无雉门。皆非圣人有意于其间，故曰《春秋》尽性之书也。

《春秋》为君弱臣强而作，故谓之名分之书。

或问："才难，何谓也？"曰："临大事，然后见才之难也。"曰："何独言才？"曰："才者，天之良质也，学者所以成其才也。"曰："古人有不由学问而能立功业者，何必曰学？"曰："周勃、霍光，能成大事。唯其无学，故未尽善也。人而无学则不能烛理，不能烛理则固执而不通。"

为学养心，患在不由直道。去利欲，由直道，任至诚，则无所不通。天地之道，直而已，当以直求之。若用智数，由径以求之，是屈天理而徇人欲也，不亦难乎。

事无巨细，皆有天人之理。修身人也，遇不遇天也。得失不动心，所以顺天也。行险侥幸，是逆天也。求之者人也，得之与否天也。得失不动心，所以顺天也。强取必得，是逆天理也。逆天理者，患祸必至。

鬼神者无形而有用。其情状可得而知也，于用则可见之矣。若人之耳目鼻口手足，草木之枝叶华实颜色，皆鬼神之所为也。福善祸淫，主之者谁耶？聪明正直，有之者谁耶？不疾而速，不行而至,任之者谁耶? 皆鬼神之情状也。

经纶天地之谓才,远举必至之谓志,并包含容之谓量。

法始乎伏羲,成乎尧,革于三王,极于五霸,绝于秦。万世治乱之迹,无以逃此矣。

起震终艮一节,明文王八卦也。天地定位一节,明伏羲八卦也。八卦相错者,明交错而成六十四也。

数往者顺,若顺天而行,是左旋也,皆已生之卦也,故云数往也。知来者逆,若逆天而行,是右旋也,皆未生之卦也,故云知来也。夫《易》之数由逆而成矣。此一节直解《图》意,若逆知四时之谓也。

天使我有是之谓命,命之在我之谓性,性之在物之谓理。

佛氏弃君臣父子夫妇之道,岂自然之理哉?

阴者阳之影,鬼者人之影也。

"毋意,毋必,毋固,毋我",合而言之则一,分而言之则二。合而言之则二,分而言之则四。始于有意,成于有我。有意然后有必,必生于意。有固然后有我,我生于固。意有心,必先期。固不化,我有己也。

学在不止,故王通云:"没身而已。"

四库全书总目皇极经世书提要

　　《皇极经世书》十二卷,通行本。宋邵子撰。据晁说之所作《李之才传》,邵子数学本于之才,之才本于穆修,修本于种放,放本陈抟。盖其术本自道家而来。当之才初见邵子于百泉,即授以义理、物理、性命之学。《皇极经世》盖即所谓物理之学也。其书以元经会、以会经运、以运经世。起于帝尧甲辰,至后周显德六年己未。凡兴亡治乱之迹,皆以卦象推之。厥后王湜作《易学》、祝泌作《皇极经世解起数诀》、张行成作《皇极经世索隐》,各传其学。《朱子语录》尝谓"自《易》以后,无人做得一物如此整齐,包括得尽",又谓"康节《易》看了,都看别人的不得",其推之甚至。然《语录》又谓:"《易》是卜筮之书,《皇极经世》是推步之书。《经世》以十二辟卦管十二会,绷定时节,却就中推吉凶消长,与《易》自不相干。"又谓:"康节自是《易》外别传。"蔡季通之数学,亦传邵氏者也。而其子沈作《洪范皇极内篇》,则曰:"以数为象,则畸零而无用,《太玄》是也。以象为数,则多耦而难通,《经世》是也。"是朱子师弟于此书,亦在然疑之间矣。明何瑭议其"天以日月星辰变为寒暑昼夜,地以水火土石变为风雨露雷,涉于牵强",又议其"乾不为天而为日,离不为日而为星,坤反为水,坎反为土,与伏羲之卦象大异"。至近时黄宗炎、朱彝尊攻之尤力。夫以邵子之占验如神,则此书似乎可信。而此书之取象配数,又往往实不可解。据王湜《易学》所言,则此书实不尽出于邵子。流传既久,疑以传疑可矣。至所云"学以人事为大",又云"治生于乱,乱生于治,圣人贵未然之防,是谓《易》之大纲",则粹然儒者之言,非术数家所能及。斯所以得列于周程张朱间欤?

四库全书子部术数类
皇极经世书提要

　　臣等谨案,《皇极经世书》十四卷,宋邵雍撰。邵子数学本于李挺之、穆修,而其源出于陈抟。当李挺之初见邵子于百泉,即授以义理性命之学。其作《皇极经世》,盖出于物理之学,所谓"《易》外别传"者是也。其书以元经会、以会经运、以运经世。起于帝尧甲辰,至后周显德六年己未。而兴亡治乱之迹,皆以卦象推之。朱子谓"《皇极》是推步之书",可谓能得其要领。朱子又尝谓"自《易》以后,无人做得一物如此整齐,包括得尽",又谓"康节《易》看了,却看别人的不得"。而张岷亦谓此书"本以天道质以人事,辞约而义广,天下之能事毕矣"。盖自邵子始为此学,其后自张行成、祝泌等数家以外,能明其理者甚鲜,故世人卒莫穷其作用之所以然。其起而议之者,则曰"元会运世之分无所依据,十二万九千余年之说近于释氏之劫数,水火土石本于释氏之地水火风。且五行何以去金去木,乾在《易》为天而《经世》为日,兑在《易》为泽而《经世》为月,以至离之为星、震之为辰、坤之为水、艮之为火、坎之为土、巽之为石,其取象多不与《易》相同,俱难免于牵强不合",然邵子在当日用以占验,无不奇中,故历代皆重其书。且其自述大旨亦不专于象数,如云"天下之事,始过于重,犹卒于轻,始过于厚,犹卒于薄",又云"学以人事为大",又云"治生于乱,乱生于治,圣人贵未然之防,是谓《易》之大纲",又云"天下将治,则人必尚义也。

天下将乱,则人必尚利也。尚义则谦让之风行焉,尚利则攘夺之风行焉",类皆立义正大,垂训深切。是《经世》一书,虽明天道而实责成于人事,洵粹然儒者之言,固非谶纬术数家所可同年而语也。

皇极经世三简表　　郭彧制

简要概括《皇极经世》"以元经会"的内容：

子会　始公元前六七〇一七年,一~三〇运,一~三六〇世

丑会　始公元前五六二一七年,三一~六〇运,三六一~七二〇世

寅会　始公元前四五四一七年,六一~九〇运,七二一~一〇八〇世

　　　开物始于公元前四〇〇一七年

卯会　始公元前三四六一七年,九一~一二〇运,一〇八一~一四四〇世

辰会　始公元前二三八一七年,一二一~一五〇运,一四四一~一八〇〇世

巳会　始公元前一三〇一七年,一五一~一八〇运,一八〇一~二一六〇世

　　　(二一五七世始公元前二三三七年,为尧二十一年)

午会　始公元前二二一七年,一八一~二一〇运,二一六一~二五二〇世

　　　(二二七〇世始公元一〇五四年,为宋仁宗三十二年)

未会　始公元八五八五年,二一一~二四〇运,二五二一~二八八〇世

申会　始公元一九三八四年,二四一~二七〇运,二八八一~

三二四〇世

酉会　始公元三〇一八四年,二七一~三〇〇运,三二四一~
　　　三六〇〇世

戌会　始公元四〇九八四年,三〇一~三三〇运,三六〇一~
　　　三九六〇世
　　　闭物始于公元四六三八四年

亥会　始公元五一七八四年,三三一~三六〇运,三九六一~
　　　四三二〇世

简要概括《皇极经世》"以会经运"的内容:

寅会之中"开物"　始七六运(九〇一世公元前四〇〇一七
　　　　　　　　　年)~九〇运

卯会　九一运~一二〇运

辰会　一二一运~一五〇运

巳会　一五一运~一八〇运　至一八〇运二一四九世始以干
　　　支纪年,至二一五六世甲辰(公元前二三五七年)标注
　　　"唐尧",二一五八世甲辰"洪水方割命鲧治之"、癸丑
　　　"徵舜登庸"、乙卯"荐舜于天命之位"、丙辰"虞舜正月上
　　　日舜受命于文祖",二一五九世癸未"帝尧殂落"、丙戌"月
　　　正元日舜格于文祖",二一六〇世丙辰"荐禹于天命之
　　　位"、丁巳(公元前二二二四年)标注"夏禹正月朔旦受命于
　　　神宗",至二一六〇世末癸亥(公元前二二一八年)为禹
　　　七年。

午会　一八一运~二一〇运　其中一八一运二一六一世~一
　　　九〇运二二八〇世末为干支纪年,人事标注始二一六
　　　一世癸酉(禹十七年)"舜陟方乃死",止二二七〇世丁

巳（宋神宗熙宁十年，公元一〇七七年，邵雍去世年）。

一九一运～二一〇运只列运数。

未会　二一一运～二四〇运

申会　二四一运～二七〇运

酉会　二七一运～三〇〇运

戌会　三〇一运～三一五运（戌会之中"闭物"，始公元四六三
　　　八四年）

简要概括《皇极经世》"以运经世"的内容：

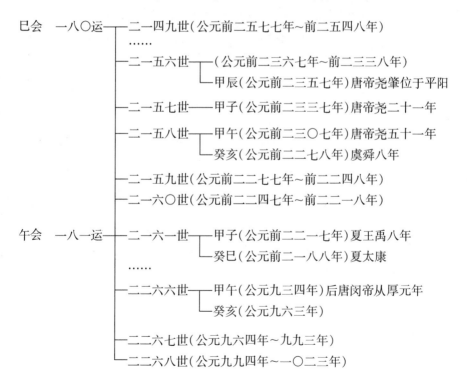

巳会　一八〇运——二一四九世（公元前二五七七年～前二五四八年）
　　　　　　　　　……
　　　　　　　　——二一五六世——（公元前二三六七年～前二三三八年）
　　　　　　　　　　　　　　　└甲辰（公元前二三五七年）唐帝尧肇位于平阳
　　　　　　　　——二一五七世——甲子（公元前二三三七年）唐帝尧二十一年
　　　　　　　　——二一五八世——甲午（公元前二三〇七年）唐帝尧五十一年
　　　　　　　　　　　　　　　└癸亥（公元前二二七八年）虞舜八年
　　　　　　　　——二一五九世（公元前二二七七年～前二二四八年）
　　　　　　　　——二一六〇世（公元前二二四七年～前二二一八年）
午会　一八一运——二一六一世——甲子（公元前二二一七年）夏王禹八年
　　　　　　　　　　　　　　　└癸巳（公元前二一八八年）夏太康
　　　　　　　　　……
　　　　　　　　——二二六六世——甲午（公元九三四年）后唐闵帝从厚元年
　　　　　　　　　　　　　　　└癸亥（公元九六三年）
　　　　　　　　——二二六七世（公元九六四年～九九三年）
　　　　　　　　——二二六八世（公元九九四年～一〇二三年）

皇极经世夏商周年表 *郭彧制*

朝代	公 元 前	干支纪年	王(帝)	在位年数
夏	二二二四～二一九八	丁巳一癸未	禹	二十七
	二一九七～二一八九	甲申一壬辰	启	九
	二一八八～二一六〇	癸巳一辛酉	太康	二十九
	二一五九～二一四七	壬戌一甲戌	仲康	十三
	二一四六～二一一九	乙亥一壬寅	相	二十八
	二一一八～二〇五八	癸卯一癸卯	少康	六十一
	二〇五七～二〇四一	甲辰一庚申	杼	十七
	二〇四〇～二〇一五	辛酉一丙戌	槐	二十六
	二〇一四～一九九七	丁亥一甲辰	芒	十九
	一九九六～一九八一	乙巳一庚申	泄	十六
	一九八〇～一九二二	辛酉一己未	不降	五十九
	一九二一～一九〇一	庚申一庚辰	扃	二十一
	一九〇〇～一八八〇	辛巳一辛丑	廑	二十一
	一八七九～一八四九	壬寅一壬申	孔甲	三十一
	一八四八～一八三八	癸酉一癸未	皋	十一
	一八三七～一八一九	甲申一壬寅	发	十九
	一八一八～一七六六	癸卯一乙未	癸	五十三

朝代	公 元 前	干支纪年	王(帝)	在位年数
商前期	一七六六~一七五四	乙未—丁未	汤	十三
	一七五三~一七二〇	戊申—庚辰	太甲	三十三
	一七一九~一六九二	辛巳—己酉	沃丁	二十九
	一六九一~一六六七	庚戌—甲戌	太庚	二十五
	一六六六~一六五〇	乙亥—辛卯	小甲	十七
	一六四九~一六三八	壬辰—癸卯	雍己	十二
	一六三七~一五六三	甲辰—戊午	太戊	七十五
	一五六二~一五五〇	己未—辛未	仲丁	十三
	一五四九~一五三五	壬申—丙戌	外壬	十五
	一五三四~一五二六	丁亥—乙未	河亶甲	九
	一五二五~一五〇七	丙申—甲寅	祖乙	十九
	一五〇六~一四九一	乙卯—庚午	祖辛	十六
	一四九〇~一四六六	辛未—乙未	沃甲	二十五
	一四六五~一四三四	丙申—丁卯	祖丁	三十二
	一四三三~一四〇八	戊辰—癸巳	南庚	二十六
	一四〇七~一四〇二	甲午—己亥	阳甲	六
商后期	一四〇一~一三七四	庚子—丁卯	盘庚	二十八
	一三七三~一三五三	戊辰—戊子	小辛	二十一
	一三五二~一三二五	己丑—丙辰	小乙	二十八
	一三二四~一二六六	丁巳—乙卯	武丁	五十九
	一二六五~一二五九	丙辰—壬戌	祖庚	七
	一二五八~一二二六	癸亥—乙未	祖甲	三十三
	一二二五~一二二〇	丙申—辛丑	廪辛	六

续　表

朝代	公 元 前	干支纪年	王(帝)	在位年数
商后期	一二一九~一一九九	壬寅—壬戌	庚丁	二十一
	一一九八~一一九五	癸亥—丙寅	武乙	四
	一一九四~一一九二	丁卯—己巳	太丁	三
	一一九一~一一五五	庚午—丙午	帝乙	三十七
	一一五四~一一二二	丁未—己卯	帝辛	三十三
西周	一一二二~一一一六	己卯—乙酉	武王	七
	一一一五~一〇七九	丙戌—壬戌	成王	三十七
	一〇七八~一〇五三	癸亥—戊子	康王	二十六
	一〇五二~一〇〇二	己丑—己卯	昭王	五十一
	一〇〇一~九四七	庚辰—甲戌	穆王	五十五
	九四六~九三五	乙亥—丙戌	共王	十二
	九三四~九一〇	丁亥—辛亥	懿王	二十五
	九〇九~八九五	壬子—丙壬	孝王	十五
	八九四~八七九	丁卯—壬午	夷王	十六
	八七八~八四二	癸未—己未	厉王	三十七
	八四一~八二八	庚申—癸酉	共和	十四
	八二七~七八二	甲戌—己未	宣王	四十六
	七八一~七七一	庚申—庚午	幽王	十一
东周	七七〇~七二〇	辛未—辛酉	平王	五十一
	七一九~六九七	壬戌—甲申	桓王	二十三
	六九六~六八二	乙酉—己亥	庄王	十五
	六八一~六七七	庚子—甲辰	釐王	五
	六七六~六五二	乙巳—己巳	惠王	二十五

朝代	公 元 前	干支纪年	王(帝)	在位年数
东周	六五一~六一九	庚午—壬寅	襄王	三十三
	六一八~六一三	癸卯—戊申	顷王	六
	六一二~六〇七	己酉—甲寅	匡王	六
	六〇六~五八六	乙卯—乙亥	定王	二十一
	五八五~五七二	丙子—己丑	简王	十四
	五七一~五四五	庚寅—丙辰	灵王	二十七
	五四四~五二〇	丁巳—辛巳	景王	二十五
	五二〇~五二〇	辛巳—辛巳	悼王	一
	五一九~四七六	壬午—乙丑	敬王	四十四
	四七五~四七〇	丙寅—辛未	元王	六
	四六九~四四二	壬申—己亥	贞定王	二十八
	四四一~四四一	庚子—庚子	哀王	一
	四四一~四四一	庚子—庚子	思王	一
	四四〇~四二六	辛丑—乙卯	考王	十五
	四二五~四〇二	丙辰—己卯	威烈王	二十四
	四〇一~三七六	庚辰—己巳	安王	二十六
	三七五~三六九	丙午—壬子	烈王	七
	三六八~三二一	癸丑—庚子	显王	四十八
	三二〇~三一五	辛丑—丙午	慎靓王	六
	三一四~二五六	丁未—乙巳	赧王	五十九

邵雍六十四卦易数表 郭彧制

分　　数		长　　数	
乾一	1	夬二	12
大有三	1×360^1	大壮四	12×360^1
小畜五	1×360^2	需六	12×360^2
大畜七	1×360^3	泰八	12×360^3
履九	1×360^4	兑十	12×360^4
睽十一	1×360^5	归妹十二	12×360^5
中孚十三	1×360^6	节十四	12×360^6
损十五	1×360^7	临十六	12×360^7
同人十七	1×360^8	革十八	12×360^8
离十九	1×360^9	丰二十	12×360^9
家人二十一	1×360^{10}	既济二十二	12×360^{10}
贲二十三	1×360^{11}	明夷二十四	12×360^{11}
无妄二十五	1×360^{12}	随二十六	12×360^{12}
噬嗑二十七	1×360^{13}	震二十八	12×360^{13}
益二十九	1×360^{14}	屯三十	12×360^{14}
颐三十一	1×360^{15}	复三十二	12×360^{15}
姤三十三	1×360^{16}	大过三十四	12×360^{16}
鼎三十五	1×360^{17}	恒三十六	12×360^{17}

分　　数		长　　数	
巽三十七	1×360^{18}	井三十八	12×360^{18}
蛊三十九	1×360^{19}	升四十	12×360^{19}
讼四十一	1×360^{20}	困四十二	12×360^{20}
未济四十三	1×360^{21}	解四十四	12×360^{21}
涣四十五	1×360^{22}	坎四十六	12×360^{22}
蒙四十七	1×360^{23}	师四十八	12×360^{23}
遁四十九	1×360^{24}	咸五十	12×360^{24}
旅五十一	1×360^{25}	小过五十二	12×360^{25}
渐五十三	1×360^{26}	蹇五十四	12×360^{26}
艮五十五	1×360^{27}	谦五十六	12×360^{27}
否五十七	1×360^{28}	萃五十八	12×360^{28}
晋五十九	1×360^{29}	豫六十	12×360^{29}
观六十一	1×360^{30}	比六十二	12×360^{30}
剥六十三	1×360^{31}	坤六十四	12×360^{31}